Mendrisio, Londra, dicembre 2014

Carlo Formenti

UTOPIE LETALI

CONTRO L'IDEOLOGIA POSTMODERNA

Jaca Book

Prima edizione italiana
novembre 2013

Copertina e grafica
Break Point / Jaca Book

Redazione e impaginazione
Elisabetta Gioanola, San Salvatore Monferrato (Al)

Stampa e confezione
Ingraf s.r.l., Milano
ottobre 2013

ISBN 978-88-16-41239-2

Per informazioni sulle opere pubblicate e in programma
ci si può rivolgere a Editoriale Jaca Book SpA, Servizio Lettori
via Frua 11, 20146 Milano, tel. 02/48561520, fax 02/48193361
e-mail: libreria@jacabook.it; internet: www.jacabook.it

INDICE

PREFAZIONE

Utopie letali è un titolo spiazzante, che suscita curiosità e perplessità. Questo perché si tratta in qualche modo di un ossimoro, visto che siamo soliti associare un significato positivo alla parola utopia, usandola come sinonimo di sogni, desideri e speranze in un mondo migliore. Perché dunque affiancarle quell'aggettivo: letali? Eppure sappiamo che, a volte, le utopie producono effetti imprevedibili, se non catastrofici. Le destre, per esempio, ce lo ricordano continuamente, soprattutto dopo la caduta dei regimi socialisti dell'Est Europa: avete visto quanti orrori ha generato l'utopia comunista? Un ritornello che, in campagna elettorale, viene usato per proiettare un'ombra inquietante su una sinistra socialdemocratica che ha scontato da tempo i suoi peccati e che della parola comunista non ricorda nemmeno il significato, mentre, negli attacchi alle sinistre radicali, acquisisce il sapore di un esorcismo contro il vecchio spettro che non si decide a sparire. Le utopie letali con cui polemizza questo libro sono però di tutt'altro genere: anche queste sono utopie «di sinistra», ma hanno poco a che fare con l'utopia comunista che ancora spaventa il capitale; si tratta delle utopie di quelle sinistre «movimentistiche» postmoderne, postideologiche, postmateriali, postindustriali (l'elenco potrebbe andare avanti per pagine e pagine, ma ve lo risparmio) che hanno sostituito le velleità rivoluzionarie con il sogno di un crollo indolore del capitalismo che dovrebbe essere provocato da improbabili mutazioni della psicologia e dell'antropologia individuali, oppure dalle lunghe marce per i nuovi diritti, o dall'invenzione di «terze vie» che ci proiettino oltre la dicotomia fra pubblico e privato, oppure da tutto questo assieme e da altro ancora.

La lista delle ideologie chiamate in causa è lunga e, apparentemente, eterogenea: neo- e postoperaisti, neoanarchici, benecomunisti, girotondini, parte dei movimenti femministi, ecologisti e pacifisti; soggetti in cerca di riconoscimento identitario; entusiasti della democrazia di Rete; paladini dei nuovi diritti, ecc. Ho detto apparentemente eterogenea perché, in realtà, le schegge di questa galassia presentano molti tratti comuni: danno per scontata la necessità di «andare oltre» (non di ripensare criticamente) la storia e la cultura politica del Novecento (dopodiché rispolverano ideologie ottocentesche); sono antigerarchiche e antiautoritarie (ma si organizzano in piccole sette guidate da piccoli leader carismatici); sono più attente ai diritti personali e individuali che ai diritti sociali e collettivi; esaltano il ruolo democratizzante dei nuovi media (ignorando il fatto che sono stati ormai colonizzati da governi e corporation); hanno occhio solo per il lavoro immateriale di *knowledge workers*, creativi o per il lavoro autonomo (che scambiano per una nuova avanguardia politica e culturale, in barba all'incapacità di questi soggetti di esprimere coscienza antagonistica); rifiutano l'idea stessa di partito come organizzazione degli interessi di una parte sociale contro il «bene comune», alla quale sostituiscono vaghi modelli movimentistici; infine sono radicalmente «antistataliste», pretendendo di condurre la lotta contro la proprietà privata in nome di un concetto di bene comune proiettato «oltre il pubblico e il privato». La tesi di fondo che troverete nel libro che avete in mano è che tali caratteristiche attribuiscono a queste culture politiche un alto livello di contiguità con l'ideologia liberale che vorrebbero combattere. Sono utopie letali perché, invece di canalizzare l'energia antagonistica che abita in un corpo sociale martoriato da trent'anni di «guerra di classe dall'alto», la disperdono su obiettivi illusori o marginali e, quindi, indeboliscono le possibilità di ripartenza di una «guerra di classe dal basso».

Questa la *pars destruens* del libro, la parte propositiva si articola viceversa su quattro tesi di fondo che vengono argomentate in altrettante parti del libro: 1) la crisi in corso segna un mutamento irreversibile del modello di accumulazione capitalistica e ha provocato il definitivo divorzio fra democrazia e mercato, per cui oggi viviamo sotto regimi postdemocratici in cui gli interessi del capitale globale governano direttamente, senza mediazione politica, le nostre vite; 2) le nuove classi medie occidentali, che negli anni Novanta avevano accarezzato il sogno di un'economia della conoscenza e di un superamento pacifico del capitalismo, sono state letteralmente fatte a pezzi dalla crisi; in compenso, oggi assistiamo a una controtendenza alla concentrazione del proletariato globale che ha i suoi nuclei di condensazione nella classe operaia dei Paesi in via di sviluppo, e nei nuovi poveri dei Paesi occidentali, perciò il fronte di opposizione antagonistica al sistema capitalistico può e deve essere ricostruito a partire da lì; 3) le esperienze dei movimenti degli ultimi decenni insegnano che spontaneismo, orizzontalismo organizzativo e culturalismo (si parte dalle identità e non dall'appartenenza di classe) non pagano; occorre quindi tornare a riflettere sull'idea di partito come organizzazione antagonistica degli interessi di classe, un concetto che va tuttavia adeguato alle attuali condizioni di frantumazione delle soggettività, inventando nuove forme organizzative e nuove procedure decisionali; 4) il capitalismo non cade da solo, né possiamo illuderci che siano le richieste di diritti e riconoscimenti identitari a rovesciarlo, quindi non basta tornare a ragionare sul partito, occorre tornare a ragionare, con Gramsci, anche sul «farsi Stato» delle classi subordinate e sulla loro capacità egemonica, se si vuole gestire la transizione a una civiltà postcapitalistica.

Carlo Formenti

Lecce, settembre 2013

Parte prima
I DUE VOLTI DELLA CRISI

Capitolo I
FINANZIARIZZAZIONE

L'esistenza di una stretta relazione fra il processo di finanziarizzazione dell'economia e la crisi globale iniziata nel 2007 viene data per scontata dalla maggioranza degli economisti ma, prima di analizzare forme ed effetti della crisi, occorre chiarire preliminarmente il concetto di finanziarizzazione. Parto da un dato che evidenzia l'enorme aumento del peso dell'economia «virtuale» rispetto all'economia «reale»[1]: a oggi, il valore totale dei titoli finanziari di ogni tipo supera di circa otto volte il valore del prodotto globale di industria, agricoltura e servizi. Negli Stati Uniti il sorpasso dei profitti finanziari nei confronti di quelli generati da ogni altra attività era avvenuto già negli anni Novanta, ma il fenomeno si è poi diffuso in tutte le maggiori economie mondiali. Uno degli effetti di questa evoluzione è stato la ridefinizione dei rapporti di forza fra lobby industriali e lobby finanziarie: l'influenza che le seconde esercitano sulle decisioni di governi nazionali e agenzie transnazionali è in costante aumento. Del resto, la convergenza di interessi fra caste politiche e caste finanziarie non dovrebbe sorprendere, ove si consideri che sono state proprio una serie di decisioni politiche a favorire l'ascesa della finanza globale. A inaugurare il processo di *deregulation* dei mercati finanziari furono, negli anni Ottanta del secolo scorso, i governi di Ronald Reagan negli Stati Uniti e Margaret Thatcher nel Regno Unito. Da allora, scelte analoghe sono state effet-

[1] Il motivo dell'uso delle virgolette verrà chiarito più avanti.

tuate in tutti i Paesi capitalistici, senza distinzione fra amministrazioni di destra e sinistra[2].

Uno dei primi effetti della *deregulation* è stato l'accelerazione del processo di globalizzazione dei mercati finanziari – processo al quale ha dato un contributo determinante anche il rapido sviluppo delle tecnologie digitali. Infatti, fin dalle sue origini negli anni Novanta, il capitalismo digitale ha intrattenuto un rapporto simbiotico con il capitalismo finanziario[3]: in primo luogo, il capitale finanziario ha favorito il decollo della New Economy alimentando la bolla speculativa dei titoli tecnologici; a sua volta, l'industria hi tech ha messo a disposizione dei mercati finanziari l'apparato tecnologico che ha consentito la vertiginosa accelerazione delle transazioni e ha agevolato la progressiva integrazione delle borse di tutto il mondo in un unico grande mercato globale[4]. Un secondo, importante effetto dell'indebolimento dei dispositivi di controllo politico sulle attività finanziarie è stato l'avvento della cosiddetta «finanza creativa», termine cui si associa il proliferare di titoli speculativi ad alto rischio come *hedge fund*, *future* e derivati, che si potrebbero definire come «scommesse» sull'andamento futuro dei mercati delle materie prime e degli alimenti, o sulle oscillazioni dei tassi di cambio fra monete e dei tassi di interesse dei titoli di Stato. Le tecnologie digitali (reti informatiche e algoritmi) non hanno svolto solo la funzione di comprimere fino ai nanosecondi il tempo di reazione dei mercati alle minime fluttuazioni di valore, ma hanno anche fornito legittimazione «scientifica» ai modelli matematici che intendevano dimostrare la possibilità di contenere in limiti accettabili il rischio statistico associato alle nuove forme di investimento (tesi clamorosamente smentita dalla crisi!). Un terzo effetto è stato l'allungamento della leva finanziaria: l'allentamento delle regole che impone-

2 Mi limito a fare due esempi della tendenza dei politici «progressisti» a sposare la linea della *deregulation*: il primo si riferisce alla decisione del presidente democratico Bill Clinton di abrogare, nel 1999, la legge Glass-Steagall – che vietava la commistione fra attività bancarie tradizionali e attività speculative –; il secondo riguarda le riforme con cui i governi italiani di centrosinistra hanno favorito l'apertura dei mercati finanziari e le privatizzazioni di imprese pubbliche (presentate come scelte di modernizzazione e «democratizzazione» dell'economia!).

3 Cfr. C. Formenti, *Mercanti di futuro*, Einaudi, Torino 2002.

4 Senza dimenticare che ha contribuito a legittimare sul piano linguistico-culturale i processi di smaterializzazione dell'economia (basti pensare al successo del termine «virtualizzazione»).

vano che il capitale investito dagli istituti finanziari non eccedesse oltre una certa misura il capitale di garanzia di cui gli stessi potevano disporre ha contribuito notevolmente ad accrescere la volatilità dei mercati. Infine, come accade ogniqualvolta vengano eliminati tutti i vincoli esterni (cioè politici) alle dinamiche spontanee del mercato, abbiamo assistito a un formidabile processo di concentrazione monopolistica: al primo trimestre del 2011, cinque società di intermediazione mobiliare – JP Morgan, Bank of America, Citybank, Goldman Sachs, HSBC USA – e cinque banche – Deutsche Bank, UBS, Credit Suisse, Citycorp-Merril Linch, BNP Parisbas – controllavano il 90% dei titoli derivati, per un ammontare di 466.000 miliardi di dollari[5].

Le ricostruzioni storiche del processo di finanziarizzazione negli ultimi decenni del XX secolo distinguono due fasi: una prima finanziarizzazione, che coincide con il progressivo mutamento della concezione dell'impresa capitalistica, da dispositivo produttivo a portafoglio di attività, e una seconda finanziarizzazione, nel corso della quale l'interesse degli azionisti è venuto gradualmente occupando una posizione preminente nella determinazione degli obiettivi dell'impresa, i quali hanno finito per coincidere quasi esclusivamente con la massimizzazione del valore azionario della stessa[6]. «Ciò che conta oggi», scrive Luciano Gallino riferendosi a quest'ultimo fenomeno, «è il valore di mercato dell'impresa, quindi non serve saper produrre oggetti e servizi utili ma far crescere il valore per l'azionista»[7]. A conclusione delle due fasi appena descritte, ci si è trovati di fronte a un'impresa che ha cessato di strutturare la propria organizzazione in relazione a considerazioni di tipo produttivo e/o commerciale, per adottare modelli funzionali alla valorizzazione specificamente finanziaria degli investimenti. Ecco perché, qualche riga sopra, ho usato le virgolette per gli aggettivi virtuale e reale: dal punto di vista del capitalismo contemporaneo, la loro contrapposizione appare infatti obsoleta, dal momento che funzioni produttive e funzioni finanziarie, attività tecnico-materiali e attività speculative convivono ormai nell'ambito di ogni impresa. La

[5] Cfr. P. Ferrero, *Pigs! La crisi spiegata a tutti*, Derive Approdi, Roma 2012.

[6] Cfr., in proposito, A. Salento, G. Masino, *La fabbrica della crisi. Finanziarizzazione delle imprese e declino del lavoro*, Carocci, Roma 2013.

[7] L. Gallino, *La lotta di classe dopo la lotta di classe* (Intervista a cura di P. Borgna), Laterza, Roma-Bari 2012, p. 116. Vedi anche, dello stesso autore, *Finanzcapitalismo*, Einaudi, Torino 2011.

finanza viene intesa sempre meno come mezzo per alimentare la crescita della produzione di beni e servizi e sempre più come specifica attività «industriale». Il problema è che il ciclo produttivo dell'industria finanziaria è assai più breve di quello dell'industria tradizionale, per cui le imprese tendono ad abbandonare i progetti di lungo periodo per concentrarsi sulle operazioni che promettono un rapido aumento del valore azionario. Ecco perché i manager tecnici vengono soppiantati da manager finanziari[8], ecco perché le fusioni e le acquisizioni si fanno sempre più frequenti allo scopo di ottenere un miglioramento dell'immagine aziendale e l'apprezzamento dei mercati (oppure per anticipare la concorrenza in un gioco sempre più competitivo); ecco perché, infine, a causa della riduzione della quota dei profitti derivanti dalla produzione e dalla vendita di merci, gli apparati produttivi vengono sottoposti a continue operazioni di «dimagramento», allo scopo di abbattere i costi fissi e in particolare i costi di lavoro[9].

Poco sopra si accennava alla tendenza a concepire l'impresa come «portafoglio di attività»: ciò comporta una focalizzazione sul *core business* che, in base alla filosofia appena descritta, coincide con le attività che assicurano i livelli di rendimento più soddisfacenti per gli investitori. Dal momento che raramente tali attività coincidono con quelle di tipo tradizionale, ne consegue una costante spinta al ridimensionamento di apparati produttivi e livelli occupazionali. In altre parole, il modello ideale dell'impresa finanziarizzata è quello incarnato dai colossi dell'industria hi tech e della Internet Economy: imprese come Amazon, Google, Facebook, Apple sono infatti caratterizzate da elevato valore di borsa e da un numero relativamente esiguo di dipendenti diretti; al tempo stesso (come vedremo più avanti), esse sono in grado di appropriarsi del valore generato da centinaia di migliaia di lavoratori dispersi in catene di subfornitura sparse per il mondo, nonché dai milioni di consumatori catturati nei rispettivi ecosistemi aziendali. Come sottolineano Angelo Salento e Giovanni Masino[10], questo modello comporta la destrutturazione del rapporto di appartenenza fra lavoratori e contesto produttivo, per cui alla volatilità del capitale

8 I quali, se ottengono buoni risultati (e a volte anche se non li ottengono), vengono premiati con compensi stratosferici.

9 Cfr. A. Salento, G. Masino, *La fabbrica della crisi*, cit.

10 *Ibidem*.

fa riscontro l'evanescenza del lavoro. Il processo di esternalizzazione del lavoro, concepito come costo fisso da ridurre al minimo, è una «filosofia» che contagia tutti i comparti delle filiere produttive, arrivando fino al *freelance* che subappalta ad altri *freelance* una parte della propria attività per evitare di doverli associare in un'impresa ed essere costretto a sobbarcarsi i relativi costi fissi[11].

Fin qui la descrizione del fenomeno, ma quali le cause? Le risposte sono divergenti, anche da parte di chi adotta un punto di vista neomarxista. Anzi, in questo campo teorico, non tutti concordano nell'attribuire alla finanziarizzazione la responsabilità esclusiva o prevalente della crisi. Per alcuni, il fatto che essa abbia assunto forma finanziaria non dovrebbe distogliere l'attenzione dalle sue lontane radici strutturali, come la caduta del saggio medio del profitto, già in atto a partire dagli anni Sessanta del secolo scorso[12]. Ma la caduta del saggio medio del profitto è un fenomeno che richiede a sua volta spiegazione, per cui viene messo in relazione, di volta in volta, con l'aumento della composizione tecnica del capitale (secondo la classica tesi di Marx), con la saturazione dei mercati dei beni di consumo durevole, con l'aumento del costo delle materie prime, ecc. Altri puntano il dito sul calo dell'occupazione e sul conseguente indebolimento dei redditi delle classi subalterne, che ha determinato una crisi di sottoconsumo. Infine gli autori postoperaisti[13], dopo avere ricordato che la caduta del profitto negli anni Sessanta e Settanta del XX secolo è stata il prodotto di un intenso ciclo di lotte operaie, e dell'impossibilità per il capitale di mantenere il controllo sulla forza lavoro fordista, sostengono che anche oggi sarebbe in atto un processo analogo, nel senso che la finanziarizzazione è lo strumento con cui il capitale tenta di fronteggiare i

11 Questi processi di individualizzazione del lavoro vengono spesso descritti (vedi Parte seconda) come esempi del potenziale «democratizzante» dei nuovi modelli produttivi, che offrirebbero al lavoratore margini di libertà e autonomia assai più ampi di quelli di cui godevano i lavoratori delle imprese fordiste. In realtà, all'apparente distribuzione di responsabilità corrisponde un formidabile accentramento delle funzioni di comando e controllo, due tendenze apparentemente contraddittorie la cui compatibilità è viceversa garantita dalle tecnologie digitali.

12 Questo è, per esempio, il punto di vista di L. Vasapollo, *Il risveglio dei maiali*, Jaca Book, Milano 2011, 2012[2].

13 Cfr. C. Marazzi, *Il comunismo del capitale. Finanziarizzazione, biopolitiche del lavoro e crisi globale*, ombre corte, Verona 2010; vedi anche A. Fumagalli, S. Mezzadra, *Crisi dell'economia globale*, ombre corte, Verona 2009.

livelli di autonomia conquistati dal lavoro postfordista. Personalmente, ritengo che il rapporto fra finanziarizzazione e crisi appaia in una luce più chiara ove osservato da una prospettiva di lungo periodo, come quella suggerita da Giovanni Arrighi[14] e altri autori. Da questo punto di vista, la finanziarizzazione è un fenomeno ciclico che si ripresenta ogni volta che un certo modello di accumulazione capitalistica esaurisce la sua spinta propulsiva, e serve a gestire la fase di transizione verso un nuovo modello di accumulazione. Dal momento che il capitalismo non può sopravvivere senza riprodursi su scala allargata, e dal momento che tale riproduzione può assumere due forme: D-M-D' – dove D sta per l'investimento iniziale in capitale fisso e forza lavoro, M per le merci prodotte, D' per il plusvalore generato dal processo produttivo – e D-D' – che consiste nella produzione di denaro a mezzo di denaro, nelle rendite generate da investimenti speculativi –, è chiaro che quando il percorso D-M-D' si inceppa – come è successo quando il modello di accumulazione fordista è entrato in crisi – la finanziarizzazione diventa una scelta obbligata. Detto altrimenti: quando la produzione non genera più una quantità sufficiente di profitto, il profitto tende a trasformarsi in rendita.

Prima di analizzare le implicazioni di queste analisi sul piano della ridefinizione dei rapporti di forza fra capitale e lavoro, e prima di affrontare il tema della lotta di classe nell'era della finanziarizzazione, è tuttavia il caso di esaminare brevemente il punto di vista neokeynesiano sulla crisi. Paul Krugman, uno degli esponenti più noti di tale scuola, è ferocemente critico[15] nei confronti delle politiche economiche adottate da Stati Uniti ed Europa per affrontare la sfida. La sua diagnosi è semplice: la depressione in atto è l'effetto di una domanda insufficiente – e importa relativamente stabilire che cosa abbia provocato il calo della domanda – e, se i governi la smettessero di attuare disastrose politiche di austerità per imboccare la via degli stimoli, potremmo ottenere una rapida ripresa. Per Krugman, la descrizione che Keynes aveva fatto della crisi del 1929 – definendola una cronica condizione di attività al di sotto della norma senza che si manifestassero tendenze alla ripresa – si adatta perfettamente anche alla crisi iniziata nel 2007, per cui anche le ricette che Keynes aveva indicato

14 Cfr. in particolare, G. Arrighi, *Il lungo XX secolo*, il Saggiatore, Milano 1996.
15 Cfr. P. Krugman, *End This Depression Now!*, Norton, New York 2013.

per risolverla restano valide. Invece i governi di Stati Uniti ed Europa vanno nella direzione opposta: tagliano la spesa pubblica, annullano investimenti che avrebbero potuto apportare benefici futuri, sono ossessionati dalla crescita del debito pubblico e dai pericoli di inflazione, invitano i lavoratori a tirare la cinghia e i consumatori a risparmiare. Gli effetti sono sotto gli occhi di tutti: calano redditi e consumi, quindi calano anche produzione e investimenti, in una spirale che sembra non avere fine. Per uscire dallo stallo non c'è che una soluzione: visto che i debitori cercano di risparmiare per pagare i propri debiti, occorre che qualcuno faccia il contrario per rilanciare l'economia, e quel qualcuno non può essere che il governo, il che significa accettare un tasso di inflazione più alto e aumentare la spesa pubblica mettendo da parte l'ossessione del debito. I politici sanno quali sono gli strumenti con cui potrebbero porre fine alla crisi, per cui non hanno scuse. Ma se nessun governo imbocca la via indicata da Krugman – che pure sembra dettata dal buon senso –, allora vuol dire che le cose sono più complicate di quanto pensi l'economista americano. Il fatto è, come vedremo nelle prossime pagine, che la politica economica non è governata dal buon senso, bensì dagli interessi di classe.

* * *

La transizione dal ciclo D-M-D' al ciclo D-D' non cambia il presupposto su cui si basa il processo di accumulazione capitalistico: per sostenersi, tale processo deve potersi espandere all'infinito e, nel caso del ciclo finanziarizzato, l'espansione deve progredire a un ritmo più accelerato. Poco sopra ho affermato che questa iperaccelerazione non si sarebbe potuta innescare senza le politiche di *deregulation*. In questo nuovo paragrafo, cercherò di dimostrare che queste politiche rappresentano l'inizio di una vera e propria controrivoluzione: il liberalliberismo – che dopo la caduta dei regimi socialisti ha rapidamente conquistato un'egemonia politica e culturale incontrastata – non è solo una rappresentazione ideologica della realtà: è l'arma strategica di una vera e propria guerra che il capitalismo globale ha dichiarato contro le classi subordinate di tutto il mondo, con l'obiettivo di distruggere i rapporti di forza che queste avevano acquisito fra la fine della seconda guerra mondiale e l'inizio degli anni Settanta. Descrivendo questa controffensiva del capitale, Luciano Gallino parla di «lotta di classe dall'alto»[16] – immagine che trovo particolarmente azzeccata in quanto mette in rilievo l'unidirezionalità del conflitto. Infatti, le socialdemocrazie occidentali – dopo avere gestito per decenni il compromesso fra capitale e lavoro – non solo avevano scordato la teoria della lotta di classe, ne avevano dimenticato persino il lessico; la contrattazione sindacale su salari, orari di lavoro e condizioni di vita in fabbrica, e la capacità dei partiti di sinistra di strappare continui miglioramenti dello Stato sociale avevano mandato in pensione ogni velleità antagonista. Finché a riscoprire l'antagonismo ci ha pensato il capitale, non appena sono entrati in crisi sia il modello produttivo fordista sia il modello keynesiano di ridistribuzione dei redditi. Stabilire se a provocare la svolta siano stati la saturazione del mercato dei beni di consumo durevole, l'aumento della composizione organica del capitale, le richieste operaie di redditi sganciati dalla produttività, la crisi fiscale dello Stato o, come è più probabile, gli effetti combinati di questi e altri fattori, importa fino a un certo punto: ciò che importa è che, nel momento in cui il capitale ha imboccato la strada della finanziarizzazione, la civiltà del welfare è tramontata, sostituita dalla lotta di classe dall'alto – mentre sindacati e sinistre si dimostravano del tutto incapaci di reagire e di riacquistare a loro volta la volontà e la capacità di sostenere una lotta antagonista.

Poco sopra scrivevo che il ciclo finanziarizzato è più rapido, e che l'accelerazione è favorita dai processi di smaterializzazione/virtualizzazione della produzione che comportano una drastica riduzione dei costi fissi, a partire dal costo del lavoro. Per andare in questa direzione occorreva ridurre i livelli di occupazione, comprimere i salari reali, ristabilire la disciplina nelle fabbriche e negli uffici. Al tempo stesso, lo spostamento della produzione di valore verso il settore dei servizi imponeva di sottrarre i servizi sociali al controllo pubblico e restituirli alla gestione del capitale privato. Tutto ciò non sarebbe stato possibile in presenza di una forte resistenza della classe operaia e delle sue organizzazioni politiche e sindacali. Purtroppo, questa resistenza non c'è stata, perché l'accettazione del paradigma liberista da parte di buona parte delle sinistre ha fatto sì che la classe operaia si presentasse allo scontro priva di riferimenti ideologici e strutture organizzative, ridotta a «classe in sé», a coacervo di atomi individuali incapaci di iden-

[16] Cfr. L. Gallino, *La lotta di classe dopo la lotta di classe*, cit.

tificazione e autoriconoscimento collettivi. Viceversa, sul fronte opposto, una classe capitalistica guidata da manager, finanzieri e proprietari di grandi patrimoni si è dimostrata perfettamente in grado di agire come soggetto collettivo consapevole della propria identità e dei propri interessi, come classe «per sé», anche grazie alla possibilità di cooptare nei propri ranghi le caste politiche, di destra e di sinistra[17].

Analizzando le politiche economiche condotte da tutti i governi occidentali negli ultimi decenni, se ne ricava un'impressione di incredibile uniformità, a partire dai continui sgravi fiscali per i ricchi, motivati dal fatto che, in questo modo, si sarebbero promossi gli investimenti e, di conseguenza, sarebbero aumentati i livelli di occupazione e i redditi. Le timide obiezioni di chi faceva notare che la disuguaglianza fra i redditi dei manager e quelli dei lavoratori stava crescendo a ritmo vertiginoso venivano tacitate con l'argomento secondo cui l'aumento delle diseguaglianze relative sarebbe stato compensato dall'aumento assoluto dei redditi delle classi inferiori; finché non è apparso chiaro che i salari stavano diminuendo anche in cifra assoluta, e che i capitali «liberati» dagli sgravi fiscali non venivano reinvestiti in attività produttive ma alimentavano solo le speculazioni finanziarie. Passiamo a un secondo *Leitmotiv* delle politiche liberiste, vale a dire le massicce privatizzazioni di beni comuni e servizi pubblici: restituire la produzione di servizi sociali al mercato, si sostiene, significa sottoporli alle leggi della concorrenza, contribuendo a migliorarne la qualità e ridurne i costi, ma soprattutto significa ridurre la spesa pubblica combattendo sprechi e inefficienze. La realtà ha al contrario dimostrato[18] che a migliorare sono solo i profitti privati, mentre i costi aumentano e la qualità dei servizi peggiora. Consideriamo, infine, le «riforme» del diritto del lavoro che avanzano a ritmo serrato in tutti i Paesi occidentali perseguendo più o meno gli stessi obiettivi: 1) abbattere il potere di contrattazione dei lavoratori attraverso l'attacco ai contratti collettivi e alla presenza del sindacato in fabbrica; 2) ridurre le tutele nei confronti di disoccupati e sottoccupati; 3) promuovere forme contrattuali che favoriscono la precarizzazione, la flessibilizzazione e l'intermittenza del lavoro; 4) tagliare e ridurre le pensioni, aumentando nel

17 Sui processi di integrazione fra caste politiche e classi dominanti vedi il prossimo capitolo.

18 A volte con esiti catastrofici, come vedremo nell'Interludio 1 a proposito del caso inglese.

contempo l'età pensionabile, ecc. Rompere la «rigidità» delle vecchie forme del lavoro, si sostiene, offrirebbe nuove opportunità di impiego a giovani e donne, e la riforma del welfare consentirebbe di estendere a nuovi strati sociali le tutele fino ad ora monopolio di minoranze. Si tenta così di approfondire le divisioni interne alle classi lavoratrici: garantiti contro precari, anziani contro giovani, donne contro uomini, autoctoni contro migranti, ecc. In particolare, vengono lanciate continue, martellanti campagne propagandistiche in merito all'insostenibilità economica e all'ingiustizia sociale dei «privilegi» goduti dalle minoranze di lavoratori dipendenti a tempo indeterminato, ancora tutelati da contratti collettivi di lavoro e dai residui del welfare. Ma finora queste politiche non hanno prodotto l'aumento dell'occupazione giovanile e femminile, né hanno dato vita a forme più eque di welfare; al contrario, il loro effetto è stato l'universalizzazione della miseria, il livellamento generalizzato verso il basso dei redditi e delle condizioni di vita.

L'arma più potente nelle mani del capitale per spezzare la resistenza operaia è stata tuttavia la globalizzazione. La globalizzazione, infatti, non è solo un fenomeno – o meglio un complesso di fenomeni – economico: è anche un lucido disegno *politico* che mira a distruggere i rapporti di forza del proletariato americano ed europeo attraverso l'arruolamento di sterminate masse di neosalariati nei Paesi in via di sviluppo. Gli apologeti della globalizzazione sostengono che, se è vero che essa provoca un peggioramento delle condizioni dei lavoratori dei Paesi sviluppati, è altrettanto vero che migliora quelle dei lavoratori dei Paesi in via di sviluppo, sottraendo centinaia di milioni di persone alla miseria. Per accreditare questa mistificazione, si citano i dati relativi alla nascita di consistenti «classi medie» in Paesi come la Cina e l'India. In effetti, è vero che in questi Paesi si è sviluppato uno strato sociale di lavoratori qualificati che stanno sostituendo i *knowledge workers* occidentali[19], ma mentre costoro godono di un moderato benessere, centinaia di milioni di loro connazionali, impiegati come operai nelle filiali delle multinazionali occidentali, vivono e lavorano in condizioni spaventose, paragonabili solo a quelle che il proletariato inglese ha dovuto sopportare nella fase dell'accumulazione primitiva,

[19] I quali, come vedremo nella Parte seconda, sprofondano nella disoccupazione o vengono ricacciati nel terziario arretrato.

fra fine Settecento e primo Ottocento. Oltretutto, i salari irrisori percepiti da questi schiavi del XXI secolo consentono alla Cina e ad altri Paesi in via di sviluppo di esportare prodotti a bassissimo prezzo negli Stati Uniti e in Europa, il che rende possibile pagare ancora meno i lavoratori occidentali, innescando un ciclo perverso che è stato definito Walmart Economy[20]. Se la ristrutturazione della divisione internazionale del lavoro è un momento strategico della lotta di classe dall'alto, essa è anche uno dei terreni su cui si giocano le nuove forme di competizione intercapitalistica, come dimostra il caso europeo. Con l'abbattimento delle barriere doganali, l'Europa si è vista trasformare nel «cortile di casa» della Germania. Utilizzare la stessa moneta in un Paese esportatore, qual è la Germania, e in Paesi importatori, quali sono i Paesi dell'area mediterranea, significa infatti favorire la prima a danno dei secondi[21]. Così la Germania, anche imponendo l'allargamento dell'Unione ai Paesi dell'Est Europa, dove ha attinto a riserve di mano d'opera specializzata a basso costo, ha potuto rafforzare ulteriormente il suo ruolo egemone di Paese esportatore, costringendo i partner deboli del Sud Europa a trasformarsi in fornitori di semilavorati e servizi a basso costo per le sue imprese e in importatori dei suoi prodotti finiti. Da questa posizione di forza, la Germania è stata inoltre in grado di imporre ai partner riforme finalizzate a tagliare la spesa pubblica e abbattere ulteriormente il costo del lavoro. Ma la guerra di classe dall'alto non è priva di controindicazioni anche per il capitalismo globale che la conduce: il crollo dei redditi delle classi subordinate implica inevitabilmente il rischio di una crisi da sottoconsumo (vedi le tesi di Krugman citate nelle pagine precedenti). Uno degli strumenti con cui si è cercato di fronteggiare il rischio è la Walmart Economy – alla quale ho fatto riferimento poco sopra – ma questa soluzione era insufficiente: per venirne fuori senza arrendersi alla necessità di riadottare politiche neokeynesiane, vietate dal dogma liberista, è stato necessario sostenere i consumi sostituendo il volano del debito privato a quello del debito pubblico: la figlia bastarda della finanziarizzazione e della lotta di classe dall'alto è l'economia del debito.

* * *

20 Sulla Walmart Economy cfr. G. Arrighi, *Il lungo XX secolo*, cit.; vedi anche, dello stesso autore, *Adam Smith a Pechino*, Feltrinelli, Milano 2008.

21 Cfr. P. Ferrero, *Pigs! La crisi spiegata a tutti*, cit., pp. 96-97.

La contrazione dei salari riduce i consumi, quindi occorre far crescere i consumi finanziati da redditi non salariali; questi possono arrivare solo da due fonti: le rendite e i debiti contratti dai salariati sottoretribuiti ma, dal momento che le rendite – malgrado gli enormi profitti di manager e finanzieri – non possono risolvere da sole il problema, non resta che far crescere i debiti dei salariati[22]. Come abbiamo imparato nel 2007-2008, a seguito dello scoppio della bolla dei titoli *subprime*, la spinta ad accrescere l'esposizione debitoria delle classi subalterne si era concentrata soprattutto nel settore immobiliare. Del resto, come ha messo in luce David Harvey[23], il ricorso alla speculazione immobiliare come espediente per stabilizzare l'economia in momenti critici è una costante storica. È successo nel XIX secolo, quando la reinvenzione dell'urbanistica parigina da parte di Hausmann ha funzionato come una sorta di «keynesismo immobiliare» *ante litteram*, che non servì solo ad assorbire le eccedenze di capitale, ma anche a creare nuovi stili di vita; è tornato a succedere alle soglie del XXI secolo, quando il capitale finanziario americano, per stabilizzare il mercato dopo il crollo borsistico dell'industria hi tech, ha scommesso sulla speculazione immobiliare – una mossa imitata da altri Paesi, come Inghilterra, Irlanda e Spagna. Banche e istituti finanziari hanno iniziato a offrire mutui a tassi elevati anche a famiglie povere e, per finanziare i mutui, hanno emesso prodotti simili a obbligazioni – i famigerati *subprime* – e li hanno venduti in tutto il mondo. Questi debiti contratti per l'acquisto di abitazioni sono cresciuti fino a rappresentare il 40% dell'immane debito privato accumulato dagli Stati Uniti, ma la loro funzione, suggerisce Harvey[24], non era solo economica: da un lato, il mito della «casa per tutti» alimenta le illusioni in merito al possibile *empowerment* dei poveri tramite ridistribuzione proprietaria, dall'altro lato, il povero indebitato è una controparte sociale ideale, dal momento che i proprietari di case gravate da mutui difficilmente fanno sciopero. Infine il debito immobiliare contribuisce ad alimentare ulteriormente i consumi grazie alla crescita del valore teorico delle abitazioni, che viene spinto verso l'alto dalla speculazione. Il debito

22 Per sostenere il suo modello di accumulazione, scrive Marazzi in uno dei due lavori citati sopra, alla nota 13, la finanza ha bisogno di coinvolgere anche i poveri.
23 Cfr. D. Harvey, *Il capitalismo contro il diritto alla città*, ombre corte, Verona 2012.
24 *Ibidem*.

funziona cioè da moltiplicatore del debito, alimentando una spirale perversa in cui economia, ideologia e politica vanno a braccetto.

Il dispositivo appena descritto ha generato effetti particolarmente devastanti nel caso della Spagna, ben descritti da un libro curato dall'Osservatorio Metropolitano di Madrid[25]. Quando la crisi globale ha iniziato a far sentire i suoi effetti, sono emerse le fragilità di un'economia spagnola che – imitando gli Stati Uniti senza poter contare sui «fondamentali» di quel Paese – aveva a sua volta imboccato la strada della speculazione immobiliare. La Spagna non aveva dovuto imporre drastici tagli ai redditi salariali, perché i salari non erano aumentati in misura paragonabile a quelli che le lotte degli anni Sessanta e Settanta avevano garantito ai proletari di altre nazioni, ma, al pari di tutti i Paesi capitalistici entrati nell'era della finanziarizzazione, poteva far crescere l'economia solo pompando artificialmente i consumi delle classi subordinate. Ha quindi tentato di «inventare» una classe media, mettendo il maggior numero possibile di cittadini nelle condizioni di diventare proprietari della propria abitazione. I redditi di questa «classe dei proprietari» non sono cresciuti attraverso l'aumento dei salari bensì grazie all'aumento del valore nominale delle abitazioni – aumento che incoraggiava a sommare altri debiti a quello del mutuo[26]. Quando la festa è finita, i mutui «generosamente» elargiti negli anni precedenti hanno iniziato a superare il prezzo attuale delle case, provocando più di 200.000 sfratti nel solo biennio 2009-2010[27]. Qual è stata la risposta del governo? Invece di tassare i sovraprofitti imprenditoriali e finanziari e utilizzare le risorse così ottenute per rilanciare produzione e consumi, il «socialista» Zapatero ha imposto ai lavoratori spagnoli le ricette dettate dai dogmi monetaristico-liberisti della Comunità Europea: ha distribuito incentivi indiscriminati al settore immobiliare, ha soppresso le imposte sul patrimonio, ha aumentato l'IVA, ha tagliato salari, pensioni e servizi sociali[28].

Il vizio di curare la malattia con dosi massicce dello stesso farmaco che l'aveva causata non è tuttavia una prerogativa spagnola. Né è frut-

25 Osservatorio Metropolitano di Madrid (con una Introduzione di C. Formenti), *La crisi desnuda*, Manni, Lecce 2012.

26 In pochi anni il credito ipotecario è decuplicato, mentre il debito delle famiglie si è moltiplicato per sette.

27 Osservatorio Metropolitano di Madrid, *La crisi desnuda*, cit.

28 *Ibidem*.

to di stupidità politica, come sembrano pensare i neokeynesiani alla Krugman: l'economia del debito è piuttosto iscritta nella logica stessa della crisi finanziaria. Lo spiega bene François Chesnais, ricostruendo i passaggi storici che hanno condotto alla situazione attuale[29]. Ancor prima della svolta imposta da Reagan e Thatcher, argomenta, la City di Londra aveva avviato – fra la fine degli anni Sessanta e l'inizio dei Settanta – un processo di accumulazione finanziaria attraverso la creazione di un mercato del prestito deregolamentato[30]. Dopo la recessione petrolifera degli anni 1974-1976, i depositi della City si sono ulteriormente gonfiati grazie all'accesso di enormi masse di petrodollari. A quel punto le grandi banche, già incamminate verso la fusione di ruoli fra banca commerciale e banca di investimento, iniziano a consorziarsi e a cercare sbocco al surplus di capitale così accumulato investendo in prestiti ai Paesi poveri. Perciò, a partire dall'inizio degli anni Ottanta, si assiste, da un lato, alla crescita dei debiti pubblici, dall'altro lato, al fatto che i nuovi redditi da capitale, invece di alimentare investimenti produttivi e consumi, vengono reimmessi a ciclo continuo nel mercato finanziario, generando forme di investimento ad alto rischio, fra i cui i *subprime* nati dalla cartolarizzazione dei crediti immobiliari e ipotecari. Il gioco consiste nel «ridistribuire il rischio», scaricandolo sulle spalle di altre banche e fondi di investimento. Finché, quando è esplosa la bolla immobiliare, le banche si sono trovate impigliate nella trappola che loro stesse avevano architettato. Invece di lasciarle fallire, i governi sono intervenuti per salvarle, svuotando ulteriormente le loro casse, già prosciugate da decenni di tagli alle tasse per i ricchi. In questo modo il circolo vizioso dell'economia del debito si chiude: 1) gli Stati socializzano le perdite delle banche scaricandole sui cittadini; 2) il debito pubblico aumenta; 3) le stesse banche che hanno provocato il disastro trovano nuove opportunità di profitto finanziandolo; 4) infine, per evitare che il debito salga fino a configurare rischi di default, pretendono, e ottengono, misure ancora più draconiane in tema di tagli a salari, pensioni e servizi pubblici.

Per tamponare il disastro, governi e mercati ci chiedono di stringere la cinghia. Commentando duramente gli inviti all'austerità che i go-

[29] Cfr. F. Chesnais, *Debiti illegittimi e diritto all'insolvenza*, Derive Approdi, Roma 2011.

[30] Non a caso le multinazionali americane andavano a investire su quella piazza per aggirare i vincoli allora vigenti nel loro Paese.

verni rivolgono ai cittadini, chiedendo loro di rinunciare alla pretesa di vivere «al di sopra dei propri mezzi», e di onorare i debiti, Chesnais scrive[31] che ciò che viene fatto passare per una «legge» di mercato altro non è se non servitù volontaria dei politici nei confronti della finanza. Ma non mancano altri complici: dai media, univocamente schierati a sostegno del dogma liberistico-monetarista, alla stragrande maggioranza degli economisti, impegnati a diffondere menzogne che spacciano per «scientifiche». Esemplare, a tale proposito, il caso di Carmen Reinhart e Kenneth Rogoff[32]: i due – in uno studio del 2010 che intendeva legittimare la tesi della necessità di ridurre il debito pubblico per rilanciare l'economia – hanno teorizzato l'esistenza di una stretta correlazione fra livello del debito e crescita, sostenendo che, quando il rapporto debito/PIL di un Paese supera il 90%, il rischio di recessione è inevitabile. Peccato che alcuni studenti di economia dell'Università del Massachusetts-Amherst abbiano dimostrato che i calcoli statistici su cui si basava la tesi erano sbagliati e che, una volta corretto l'errore, si ottiene tutt'altro risultato: i Paesi oltre il 90% crescono in media del 2,2%[33]. In ogni caso, a chiudere qualsiasi discussione basterebbe l'evidenza empirica degli effetti devastanti che la «cura» dell'austerità ha provocato nei Paesi più colpiti dalla crisi. Il risultato dei tagli selvaggi che la Comunità Europea ha imposto alla Grecia, per esempio, è stato che, oltre ad aggravare la recessione, e ad abbattere i livelli di occupazione e di reddito al punto da ridurre letteralmente alla fame larghi strati di popolazione, il debito greco è schizzato in soli tre anni dal 129% al 170%[34]. Ma anche negli altri Paesi «curati» con l'austerità, come perfino il FMI ha finito per ammettere, il risultato è lo stesso: consumi e occupazione calano, mentre il PIL crolla a sua volta, peggiorando il rapporto con il deficit e il debito pubblico. Inoltre il combinato delle politiche di austerità e della *dere-*

[31] F. Chesnais, *Debiti illegittimi e diritto all'insolvenza*, cit.

[32] Ne parla P. Krugman in un articolo nella *New York Review of Books*, consultabile all'indirizzo http://www.nybooks.com/articles/archives/2013/jun/06/how-case-austerity-has-crumbled/?pagination=false

[33] Costretti ad ammettere l'errore (che hanno attribuito a un *bug* del software!), i due, invece di fare autocritica, si sono limitati a correggere la loro tesi, sostenendo che il tasso di crescita dei Paesi con alti livelli di debito è la metà di quello dei Paesi «virtuosi».

[34] Cfr. P. Ferrero, *Pigs! La crisi spiegata a tutti*, cit., p. 21.

gulation finanziaria induce le banche a ridurre l'offerta di credito alle imprese. Queste ultime, infatti, in un contesto di contrazione della domanda aggregata, possono offrire meno garanzie, per cui le banche non solo concedono meno prestiti, ma tendono a concederli esclusivamente alle grandi imprese[35].

Come si giustifica, allora, l'ostinazione con cui si insiste a percorrere la via dell'austerità? Il fatto è che, per quanto le politiche di austerità rischino di costituire un rimedio peggiore del male, esse rappresentano una soluzione obbligata per la coalizione di politica e finanza che governa l'economia globale, perché l'alternativa rappresentata dal ritorno a strategie espansive di tipo keynesiano è incompatibile con il modello di accumulazione fondato sulla speculazione finanziaria. Riflettendo su questa contraddizione apparentemente senza via di uscita, c'è chi ne trae l'ottimistica – s'intende dal punto di vista marxista – conclusione che della crisi non esiste altra soluzione se non la transizione a una società postcapitalistica. La crisi del 1929 è stata risolta con il New Deal, vale a dire grazie all'avvento di una *governance* politica e sociale che ha favorito la transizione verso un nuovo modello di accumulazione; oggi nulla del genere sembra possibile, perciò, se il processo di finanziarizzazione non è in grado di garantire l'espansione illimitata dei mercati, il futuro può riservarci solo un aumento costante di conflittualità sociale, governabile solo con continui ricorsi allo Stato di eccezione. «La crisi», scrive per esempio Andrea Fumagalli, «diventa strumento di *governance* e quindi è crisi perenne, la crisi diventa norma»[36]. Ci troviamo dunque di fronte a una crisi senza fine? Abbiamo finalmente raggiunto la tanto agognata – sempre dal punto di vista marxista – «fase terminale» del capitalismo? Personalmente ritengo che questa diagnosi sia troppo ottimistica[37]. Il capitalismo ha sempre dimostrato una straordinaria energia vitale, fondata tanto sulla sua formidabile capacità di adattarsi rapidamente a inediti

[35] Cfr. G. Forges Davanzati, «La recessione trainata dal credito», *Micromega*, 18 aprile 2013, articolo consultabile all'indirizzo http://temi.repubblica.it/micromega-online/la-recessione-trainata-dal-credito/

[36] Cfr. A. Fumagalli, «Lo stato di crisi permanente», *Alfabeta2*, n. 22, febbraio 2013, articolo consultabile all'indirizzo http://www.alfabeta2.it/2013/02/22/lo-stato-di-crisi

[37] Come recita una vecchia battuta, ironizzando sulla fretta di dare per spacciato il modo di produzione capitalistico: «Il capitalismo ha i secoli contati».

contesti sociali, culturali politici e tecnologici, quanto sulla violenza distruttiva che non ha mai esitato a mettere in atto ogni volta che ha dovuto lottare per sopravvivere. Non mi sento quindi di escludere che il capitalismo riesca a uscire dal vicolo cieco inventandosi un secondo New Deal, oppure qualcosa di simile alla Grande Trasformazione descritta da Karl Polanyi[38], allorché lo Stato salvò da se stesso un capitalismo ottocentesco divorato dalle pulsioni autodistruttive dell'utopia liberista. Difficile? Forse, ma non impossibile. Né andrebbe dimenticato che, dalla crisi del 1929, non si uscì solo grazie al New Deal, ma anche e soprattutto grazie alla seconda guerra mondiale, che rimise in moto il processo di accumulazione grazie all'olocausto di milioni di vite umane: le transizioni fra i «grandi secoli»[39] della storia del capitalismo non sono mai state pranzi di gala. Ciò detto, condivido l'idea che quella attuale sia una crisi «senza fine», sia perché non è immaginabile un ritorno al modello di accumulazione novecentesco, sia perché le classi subalterne non potranno riconquistare rapporti di forza accettabili senza tornare a praticare forme di lotta antagonistiche, sia perché le sue proporzioni sono effettivamente tali da configurare la possibilità (non la necessità!) di una svolta di civiltà. Ma perché ciò diventi nuovamente pensabile dopo il crollo delle «sinistre reali», occorre riaprire il confronto su composizione di classe, organizzazione politica e forme della possibile transizione a una civiltà postcapitalistica. È quello che cercherò di fare nelle tre parti che seguono.

[38] Cfr. K. Polanyi, *La grande trasformazione*, Einaudi, Torino 1974.
[39] Cfr. G. Arrighi, *Il lungo XX secolo*, cit.

Capitolo II
POSTDEMOCRAZIA

Siamo di fronte a una crisi della democrazia o viviamo già in una società postdemocratica? In un precedente lavoro[1] ho sostenuto la tesi secondo cui la risposta a tale domanda dipende da una scelta preliminare, dipende, cioè, dal fatto se chi risponde attribuisca o meno valore metastorico all'idea di democrazia. Per esempio, chi condivide l'approccio dei filosofi della politica che colgono le analogie, più che le differenze, fra le istituzioni della *polis* ateniese e quelle dei moderni Stati democratici è in generale disposto a riconoscere natura democratica anche alle nuove forme di governo che lo Stato ha assunto in epoca postmoderna. Dal mio punto di vista, viceversa, la democrazia è (è stata) un sistema storicamente determinato di princìpi, valori, regole e procedure strettamente associato alla nascita e all'evoluzione degli Stati-nazione occidentali – un'evoluzione scandita dalle seguenti tappe fondamentali: il nuovo ordine europeo generato dalle guerre di religione del XVI secolo; le grandi rivoluzioni borghesi – inglese, americana e francese – che hanno dato vita al moderno diritto pubblico; le rivoluzioni tecnico-scientifiche e industriali che, assieme alle grandi scoperte geografiche, hanno consentito la formazione del mercato capitalistico mondiale; l'avvento del suffragio universale e la conseguente integrazione delle classi subalterne nelle istituzioni politiche; infine la nascita dello Stato sociale fondato sul compromesso fra capitale e

[1] C. Formenti, *Se questa è democrazia*, Manni, Lecce 2009.

lavoro mediato dallo Stato. Se si sceglie questo approccio, occorre ammettere che, negli ultimi decenni, tutti i pilastri dell'edificio democratico sono crollati: lo Stato-nazione ha perso la sua sovranità, che è ora in mano a organismi transnazionali privi di legittimazione democratica; il mercato globale – sfuggito a ogni controllo politico – ha imposto lo smantellamento dello Stato sociale, decretando la fine del patto sociale fondato sulla contrattazione fra governi, capitale e lavoro; infine i processi di mediatizzazione, spettacolarizzazione e personalizzazione della politica hanno svuotato di senso i tradizionali meccanismi della rappresentanza. A questo punto la risposta alla nostra domanda iniziale è univoca e chiara: viviamo in una società postdemocratica. Eppure le sinistre rifiutano di prendere atto della realtà e, invece di ragionare su come sia possibile garantire rappresentanza e partecipazione politiche alle classi subalterne nel nuovo contesto, invocano il rispetto di princìpi e procedure costituzionali che esistono ormai solo sulla carta, sprecano energie in competizioni elettorali la cui posta in palio appare ormai irrisoria; oppure coltivano illusioni in merito alla possibilità che la Rete rivitalizzi la democrazia, ignorando il fatto che proprio la Rete è uno dei fattori che ne stanno accelerando il tramonto (vedi più avanti, Interludio 3). Nella parte iniziale di questo capitolo, prima di descrivere, nella parte successiva, alcuni eventi contemporanei che confermano la tesi appena esposta, discuterò il contributo di due autori, Colin Crouch e Pierre Rosanvallon, che hanno esplicitamente adottato il concetto di postdemocrazia, e proverò a mettere in luce l'attualità di alcuni aspetti del pensiero gramsciano in merito al tema.

Partiamo da Crouch. Prendendo avvio da alcuni dei fenomeni che ho analizzato nel primo capitolo – finanziarizzazione dell'economia, crisi del modello produttivo fordista e del corrispondente sistema di relazioni politiche e sociali – questo autore sostiene che tali fenomeni, dopo avere sepolto le aspettative di democrazia partecipativa generate dal ciclo di lotte operaie e studentesche degli anni Sessanta e Settanta, hanno irreversibilmente liquidato anche il ruolo della classe operaia come pilastro del ciclo produttivo fondato sui consumi di massa, con conseguente caduta di redditi e livelli di occupazione[2]. È a partire da questa svolta che l'idea stessa di democrazia viene progres-

2 Cfr. C. Crouch, *Postdemocrazia*, Laterza, Roma-Bari 2003, p. 13.

sivamente appiattita fino a coincidere con la «democrazia reale», vale a dire con un modello neo-ottocentesco di democrazia liberale in cui l'unica forma di partecipazione politica concessa alle masse è quella elettorale[3]. Nel frattempo lo Stato si ritira progressivamente dall'economia, innescando una serie di effetti a catena: aumento dei margini di manovra e di manipolazione delle lobby; perdita di distinzione fra interesse pubblico e interessi privati, per cui l'amministrazione pubblica adotta modelli organizzativi, valori e finalità simili a quelli delle imprese private, trasformando il cittadino in «cliente»; proliferano le privatizzazioni dei servizi pubblici; la convergenza fra élite politiche ed economiche si fa stretta, per cui i manager (pubblici e privati) diventano la classe che controlla e domina amministrazioni e governi, in ossequio alla regola secondo cui «gli affari possono interferire col governo a loro piacimento, ma non viceversa»[4]. Avanza il processo di terziarizzazione/mercificazione delle relazioni sociali, per cui attività umane che prima si svolgevano al di fuori del mercato (come i lavori di cura domestici) vengono trasformate in lavoro salariato e i loro prodotti convertiti in servizi commerciali. Non avendo più legami – famigliari, comunitari o politici – con i fornitori dei servizi commercializzati e privatizzati, il cittadino/cliente non è più in grado di avanzare rivendicazioni in merito alle loro modalità di erogazione; in altre parole si può dire che «il servizio è diventato postdemocratico»[5]. La società postdemocratica somiglia, insomma, alle società predemocratiche: nell'una come nelle altre le speranze di ridistribuire potere e ricchezza sono pari a zero.

Possiamo quindi affermare che il concetto di postdemocrazia, in Crouch, si fonda su argomenti di tipo socio-economico più che politologico: la perdita della possibilità di far valere i propri interessi e diritti da parte dei cittadini non passa tanto dallo stravolgimento delle regole del sistema politico, quanto dall'indebolimento dei rapporti di forza delle classi subalterne in generale e della classe operaia in particolare – un indebolimento che, da un lato, ne provoca la perdita di compattezza e identità culturale, dall'altro lato, riduce la capacità di sindacati e partiti di rappresentarne e difenderne gli interessi. Decisa-

[3] *Ibid.*, p. 5.
[4] *Ibid.*, p. 110.
[5] *Ibid.*, p. 114.

mente modesto appare invece il contributo di Crouch in merito all'emergere di nuovi strati di classe e ai nuovi valori, culture e modelli organizzativi che essi introducono sulla scena politica. Riferendosi genericamente alle «nuove classi medie», per esempio, egli si limita ad annotare che gli individui che ne fanno parte, pur non essendo indifferenti alla vita pubblica (come dimostrerebbe il fatto che sono spesso membri di organizzazioni e gruppi di interesse) «si disperdono in uno spettro politico molto ampio e non sottopongono al sistema politico un programma chiaro di richieste»[6]. Inoltre, analizzando i motivi per cui i nuovi tipi di occupazione creati dall'economia postindustriale non hanno finora generato nuove identità politiche, Crouch scrive che ciò non dipende dall'assenza di un bisogno di rappresentanza, bensì dal «rifiuto delle organizzazioni esistenti di dare voce a queste identità» e dalla «difficoltà delle nuove organizzazioni di emergere negli spazi della politica contemporanea»[7]. La soluzione suggerita da Crouch consiste quindi nell'invitare i partiti di sinistra a rinnovare la propria cultura e i propri modelli organizzativi, onde riuscire a rappresentare anche questi nuovi soggetti. Soprattutto perché il fatto di delegarne la rappresentanza ai movimenti ha effetti devastanti, nella misura in cui tali movimenti tendono a collocarsi nel campo liberale, piuttosto che nel campo democratico. Mentre condivido quest'ultimo giudizio (vedi più avanti, Parti seconda e terza), penso invece che l'idea di un rinnovamento della sinistra tradizionale sia irrealistica e velleitaria, nella misura in cui il contesto postdemocratico obbliga a ripensare dalle fondamenta obiettivi e forme del conflitto fra capitale e lavoro.

Passiamo ora a Rosanvallon[8]. Con questo autore entriamo in tutt'altro ordine di discorso, per cui l'attenzione si concentra meno sull'analisi delle cause socio-economiche del fenomeno che sulle presunte opportunità di «controdemocrazia» che da esso potrebbero scaturire. Trascurando le radici economiche della mutazione, Rosanvallon concede invece molto spazio all'analisi dell'impatto del crollo del socialismo sull'immaginario politico e sociale. Il venir meno di un'idea di politica come scelta fra modelli di società, o addirittura di civiltà, op-

6 *Ibid.*, p. 66.

7 *Ibidem.*

8 Cfr. P. Rosanvallon, *Controdemocrazia*, Castelvecchi, Roma 2012.

posti affianca (e potenzia) la crisi delle vecchie identità di classe, determinando lo sviluppo di comportamenti politici inediti, i quali dissolvono le espressioni dell'appartenenza a un mondo comune[9]. Ciò non toglie, tuttavia, che si tratti di comportamenti politici nel senso pieno della parola: Rosanvallon rifiuta infatti l'idea secondo cui i cittadini di quest'era postideologica sarebbero passivi, politicamente apatici e predisposti al ripiegamento nel privato. Ciò a cui stiamo assistendo, sostiene, non è il trionfo della spoliticizzazione, bensì il trionfo dell'impolitica, intendendo con quest'ultimo termine tanto la mancanza di comprensione dei problemi legati all'organizzazione del mondo comune, quanto l'abbandono della prospettiva di «un grande avvenire», sostituita da un atteggiamento di sfiducia nei confronti del potere. I cittadini non vogliono più conquistare il potere, si accontentano di contenerlo e ridurlo[10]: abbandonato ogni progetto di sovranità alternativa, l'opposizione si manifesta sotto forma di un susseguirsi di rifiuti puntuali.

È pur vero che le elezioni non costituiscono più un momento di reale partecipazione politica, nel quale si confrontano visioni del mondo contrapposte, bensì una banale scelta tecnica dei governanti[11], ma è altrettanto vero, aggiunge Rosanvallon, che – dal momento che esse non bastano più a garantire la legittimità delle scelte politiche – ciò fa sì che tali scelte rimangano permanentemente sottoposte allo scrutinio di un elettorato critico e diffidente. La «controdemocrazia» sarebbe esattamente questo: l'erosione della fiducia non si esaurisce in forme di cinismo e disincanto, ma si trasforma in «organizzazione della sfiducia». A promuovere questa evoluzione sono i movimenti, i quali non rappresentano l'altra faccia del liberalismo trionfante ma incarnano appunto la potenza della controdemocrazia[12]. Accantonato il progetto di una rappresentanza utopica, e deposta la carica antagonistica della lotta di classe, i nuovi movimenti (pacifisti, ecologisti, femministi, ecc.), conducono un'azione di contestazione permanente e, premendo sui governanti, esercitano un potere di controllo che si mani-

9 *Ibid.*, p. 22.

10 *Ibid.*, p. 183.

11 Almeno da questo punto di vista Rosanvallon sembra condividere le idee di Crouch.

12 E qui invece le strade di Rosanvallon e Crouch divergono di centottanta gradi.

festa come potenza di rifiuto, di democrazia negativa[13]. Occorre precisare che, per Rosanvallon, questa opposizione politica «informale», priva cioè di prerogative costituzionali, non rappresenta in alcun modo un residuo o una forma mutata del vecchio antagonismo di classe; al contrario: l'obiettivo dichiarato di questo autore è quello di «comprendere le manifestazioni della sfiducia come facenti politicamente sistema»[14]. Ci troviamo dunque nell'ambito di un paradigma che riduce il conflitto a segnale di *feedback* negativo, a occasione per capire che cosa turba gli equilibri omeostatici del sistema e come intervenire per restaurarli. Ecco perché Rosanvallon esprime un giudizio negativo nei confronti delle «degenerazioni populiste», che rappresentano una radicalizzazione patologica delle funzioni di sorveglianza e vigilanza dei movimenti. A queste degenerazioni, egli contrappone un modello di *governance* in cui potere postdemocratico e contropotere democratico dovrebbero bilanciarsi attraverso tre dispositivi: 1) associare una pluralità di attori, una rete eterogenea e interattiva di partecipanti, alle procedure decisionali; 2) ammettere che le decisioni non sono mai irreversibili, perché i governanti devono continuamente venire a patti con la società civile; 3) incorporare nel sistema una pluralità di regole eterogenee in cui convergono diritto statale e internazionale, elementi di arbitrato, convenzioni e costumi che formano un insieme complesso e multiforme. Non è un caso se questa lettura tende a ignorare le cause strutturali (leggi la transizione a un modello di accumulazione fondato sulla finanziarizzazione) della mutazione sistemica: solo questa rimozione consente infatti a Rosanvallon di sorvolare sull'esplosione delle diseguaglianze economiche, politiche e sociali che si è verificata proprio nel momento in cui le istanze di controdemocrazia sembrano proliferare[15].

Per completare questo *excursus* teorico, è infine il caso di dedicare qualche parola – sulla scia di un articolo di Loris Caruso[16] – all'attualità di certe riflessioni gramsciane sulla crisi della democrazia nel pri-

[13] P. Rosanvallon, *Controdemocrazia*, cit., pp. 50, 51.

[14] *Ibid.*, p. 12.

[15] Ciò che lo stesso Rosanvallon è del resto indotto ad ammettere: vedi più avanti, capitolo VII, nota 20.

[16] L. Caruso, «Gramsci e la politica contemporanea. Azione collettiva, fasi di transizione e crisi della modernità nei 'Quaderni dal carcere'», *Filosofia politica*, n. 2, 2012.

mo dopoguerra. Secondo Caruso, nel concetto gramsciano di Stato economico-corporativo, riferito appunto alle forme assunte dallo Stato in conseguenza della crisi delle moderne democrazie dopo la prima guerra mondiale, riconosciamo caratteristiche simili a quelle assunte dalle forme statali nell'era neoliberista. Lo Stato economico-corporativo di cui parla Gramsci nei *Quaderni dal carcere* appare infatti caratterizzato da fattori quali: la sovrapposizione fra Stato e governo e fra Stato e società civile; il prevalere della rendita sul profitto; l'intensificazione dello sfruttamento del lavoro; in altre parole, da una eclissi del politico e dalla regressione alla pura economicità. Fattori che ricompaiono nella realtà contemporanea, argomenta Caruso[17], in particolare grazie a tre fenomeni che ripropongono una situazione di sovrapposizione fra Stato e società civile: 1) la crescita del potere dell'interesse privato a danno dell'interesse pubblico; 2) le pratiche di *governance* che vedono attori pubblici e privati concorrere al *policy making*; 3) il fatto che l'aumento dei candidati estranei al professionismo politico nelle liste elettorali venga percepito come un requisito indispensabile alla conquista del consenso. Ancora Caruso insiste sul peso crescente esercitato dalla sfera della comunicazione per promuovere e rafforzare questi fenomeni: l'attenzione del pubblico viene distolta dalle condizioni materiali di vita e dalle loro cause strutturali e spostata sugli aspetti immaginari della vita sociale, mentre le politiche conservatrici vengono mascherate con il belletto del «moderno», del «nuovo» e del «rivoluzionario» (attributi riferiti prevalentemente, se non esclusivamente, alla sfera della tecnica, della comunicazione e delle «riforme» politiche guidate da interessi economici). In poche parole: l'egemonia irradia direttamente dalla sfera economica, bypassando la sfera politica con l'aiuto dei media – una situazione che, per Gramsci, creava le condizioni per la nascita di regimi di tipo bonapartistico, dominati da «uomini della provvidenza» chiamati a risolvere l'*impasse* politica generata dalla crisi della democrazia, mentre oggi apre la strada al successo dei vari tipi di populismo che guidano la transizione alla postdemocrazia. Definita la cornice teorica in cui si iscrive il concetto, passiamo a illustrarne la fenomenologia empirica.

* * *

[17] *Ibidem*.

Negli Stati Uniti il dibattito sulla crisi della democrazia appare decisamente più intenso – e radicale – che in Europa; con la differenza che l'attenzione si concentra in primo luogo sulle responsabilità della classe politica, sottovalutando, se non ignorando, le cause strutturali del fenomeno. Troviamo un esempio di tale approccio nell'appassionata denuncia[18] di Jacob Hacker e Paul Pierson contro le spaventose vette di diseguaglianza economica e sociale che gli Stati Uniti hanno scalato a partire dagli anni Settanta del secolo scorso. Hacker e Pierson non puntano il dito contro i processi di globalizzazione e finanziarizzazione dell'economia né contro la rivoluzione digitale, bensì contro quello che considerano un lucido disegno politico. Al netto di questa ingenuità teorica, il loro lavoro ha il merito di mettere a nudo la deriva oligarchica del sistema politico americano, ma soprattutto di spiegare come la responsabilità di tale deriva non spetti solo alle amministrazioni repubblicane, ma anche e soprattutto a quelle democratiche[19], le quali hanno contribuito a loro volta a rendere le competizioni elettorali sempre più costose, fino a farne un gioco riservato ai ricchi, che non taglia fuori dalla possibilità di ottenere rappresentanza politica per i propri interessi solo le classi lavoratrici, ma anche le classi medie[20]. Del resto, Hacker e Pierson non sono certo gli unici a sostenere che negli Stati Uniti è in atto una sovversione delle regole del gioco democratico da parte del denaro: il giurista Lawrence Lessig[21], ha pubblicato un libro[22] in cui denuncia a sua volta l'effetto distorsivo dei soldi sul regolare svolgimento del processo politico. In un'interessante recensione[23] di tale lavoro, Steve Strauss traccia addirittura un

18 Cfr. J. Hacker, P. Pierson, *Winner Take All Politics*, Simon & Schuster, New York 2011.

19 Non a caso, notano i due autori, il processo è iniziato nel 1978, sotto la presidenza di Jimmy Carter.

20 A conferma di tale tesi, Hacker e Pierson citano il seguente dato statistico: le leggi appoggiate dal 10% della popolazione (quindi dalle minoranze ricche che si organizzano in gruppi di pressione) vengono approvate molto più spesso di quelle appoggiate dal 90%.

21 Noto soprattutto per il suo impegno in favore della riforma delle leggi sulla proprietà intellettuale.

22 L. Lessig, *Republic Lost. How Money Corrupts Congress*, Hachette, New York 2011.

23 Consultabile all'indirizzo http://www.alternet.org/economy/our-republic-ending-8-striking-parallels-between-fall-rome-and-us

parallelo fra le cause della crisi del sistema democratico americano e quelle che provocarono la caduta della Repubblica romana: l'enorme aumento dei costi delle campagne elettorali, unitamente all'opacità delle relative fonti di finanziamento; il ricorso alla carriera politica come strumento di arricchimento personale; l'impoverimento e il conseguente crollo del ruolo politico delle classi medie; il peso crescente di interessi economici maturati all'estero (i governatori delle province romane, gli insediamenti stranieri delle multinazionali americane). Da notare che alcuni di questi argomenti sono tutt'altro che inediti: già Max Weber, fra gli altri, aveva espresso il suo stupore[24] per il fatto che gli americani preferiscono rendere elettive cariche pubbliche che in Europa sono di nomina statale, pur sapendo che il vincitore non esiterà a sfruttare la posizione acquisita per rifarsi con gli interessi delle spese sostenute in campagna elettorale. La novità consiste nel fatto che oggi il fenomeno ha assunto inedite dimensioni quantitative: per capire a che punto è arrivata la sovrapposizione fra élite economiche ed élite politiche, basti citare il seguente, impressionante dato statistico: nel Congresso americano i milionari – categoria che nel Paese non supera l'1% della popolazione – occupano il 47% dei posti[25] e, grazie agli alti tassi di corruzione politica, molti di coloro che all'atto dell'elezione milionari ancora non sono lo diventeranno entro la fine del mandato. A peggiorare la situazione contribuiscono i «soldi neri» (*dark money*) che le cosiddette SuperPAC[26] distribuiscono a questo o quel candidato, garantendo l'assoluta anonimità dei donatori. I tentativi di vietare tale pratica si sono scontrati con una sentenza della Corte Suprema – nota come Citizens United – la quale, nel 2010, ha stabilito che, rispetto al principio costituzionale che sancisce la libertà di espressione, le corporation devono essere equiparate ai comuni cittadini, per cui godono dello stesso diritto di sostenere economicamente le cause politiche che preferiscono. Mentre scrivo, il Congresso sta

[24] Cfr. M. Weber, «La politica come professione», in *Scritti politici*, Donzelli, Roma 1998.

[25] Cfr. L. Gerard, «One Percenters Buying Themselves an Aristocracy», *Huffington Post*, 30 agosto 2012, articolo consultabile all'indirizzo http://www.huffingtonpost.com/leo-w-gerard/alec-money-in-politics_b_1830360.html

[26] Così vengono definite le società finanziarie che raccolgono fondi per sostenere le campagne elettorali dei politici ritenuti «amici» di determinati interessi.

esaminando alcune proposte di emendamento costituzionale[27] che mirano a rovesciare tale sentenza; tuttavia, data la composizione del Congresso (vedi sopra) è lecito dubitare che tali iniziative abbiano concrete probabilità di successo.

Uno degli argomenti cui fanno ricorso coloro che, al contrario, negano la necessità di regolamentare, se non vietare, l'intrusione dei soldi nella politica si riferisce al fatto che un candidato come Barack Obama sia riuscito a battere due volte di seguito competitori repubblicani che potevano contare su colossali finanziamenti da parte delle lobby. Grazie alla Rete, che consente di raccogliere enormi somme attraverso milioni di piccole donazioni effettuate da comuni cittadini, sostengono costoro, è ormai possibile neutralizzare il vantaggio competitivo dei politici milionari[28]. Si tratta di una variante dell'argomento liberista secondo il quale sarebbero le stesse leggi del mercato a impedire la formazione di monopoli – argomento che, in questo caso, suona così: lasciamo pure che il mercato colonizzi la politica, tanto sarà lo stesso mercato a impedire che ciò favorisca una parte sola. Purtroppo la tesi secondo cui la concorrenza impedirebbe la concentrazione monopolistica appare ormai ampiamente screditata in economia, per cui risulta ancora più difficile immaginare che possa funzionare in politica. Del resto, i sostenitori repubblicani della libertà di lobbying non hanno molto da temere dall'elezione del democratico Obama, che non ha minimamente contribuito a ridimensionare il peso politico del denaro: in primo luogo, perché nella campagna del 2012 sono stati battuti tutti i record in materia di «investimento» elettorale, ma anche e soprattutto perché Obama non ha alcun interesse a rimettere in discussione le regole del gioco, visto che il suo successo è dipeso dall'appoggio delle Internet company non meno di quanto il successo di Bush fosse dipeso dall'appoggio dalle lobby petrolifere[29]. In-

27 Sul tema vedi due articoli dello *Huffington Post* consultabili ai seguenti indirizzi: http://www.huffingtonpost.com/2013/02/26/scott-peters-citizens-united_n_2759194.html e http://www.huffingtonpost.com/2013/03/01/adam-schiff-citizens-united_n_2791060.html

28 Tornerò sul tema nell'Interludio 3.

29 Secondo alcuni analisti, il caso Snowden (di cui mi occuperò più avanti, nell'Interludio 3), l'ex agente della NSA che ha rivelato al mondo l'esistenza di un enorme apparato di controllo sulle comunicazioni elettroniche dei cittadini americani e di altri Paesi, gestito dai servizi di sicurezza con l'attiva partecipazione delle multinazionali hi tech, è la punta dell'iceberg di un «complesso securitario-digitale» che avrebbe preso

somma: la trasformazione della democrazia americana in repubblica aristocratica fondata sul censo è un fatto compiuto e irreversibile.

* * *

Il percorso italiano verso la postdemocrazia è stato più tortuoso – e sotto certi aspetti più interessante – di quello americano. Alla fine di un ciclo di lotte operaie e sociali durato più a lungo che in ogni altro Paese occidentale, e dopo la disfatta della classe operaia e della sinistra radicale, il sistema politico italiano ha vissuto fenomeni di degenerazione politica non meno gravi ma di natura diversa da quelli appena descritti. Nella prima fase – dalla fine degli anni Settanta all'inizio degli anni Novanta – una classe politica corrotta, più che integrarsi con le élite economiche, ne ha gestito gli interessi – in assenza di forme istituzionalizzate di lobbying – attraverso pratiche informali di sottogoverno e di scambio. In tale contesto, la sinistra e i sindacati tradizionali – che altrove venivano spazzati via dalla controrivoluzione liberal-liberista o sceglievano, come i laburisti inglesi, di esserne protagonisti in prima persona – hanno potuto conservare margini di trattativa sufficienti a impedire lo smantellamento totale del welfare. La svolta è arrivata con il crollo della Prima Repubblica, travolta dagli scandali di Tangentopoli, e con il successivo avvento del «ventennio» berlusconiano. Con la «discesa in campo» del *tycoon* delle televisioni private, Silvio Berlusconi, l'Italia si avvia su quella strada di patrimonializzazione della politica che gli Stati Uniti avevano imboccato da tempo. La differenza è che, nel caso italiano, la colonizzazione della politica da parte del mercato si fonda soprattutto sulla *leadership* carismatica di Berlusconi, che appare accompagnata solo in parte dall'integrazione fra élite economiche e politiche[30]. Questa relativa arretratezza è controbilanciata da un altro fattore, che non a caso ha contribuito a far sì che il caso italiano divenisse oggetto di interesse scienti-

il posto del vecchio complesso militare-industriale e di cui Obama sarebbe l'esponente politico di punta. Cfr. R. Eskow, «Big Money and the NSA Scandal», *Huffington Post*, 10 giugno 2013, consultabile all'indirizzo http://www.huffingtonpost.com/rj-eskow/big-money-and-the-nsa-sca_b_3418234.html

30 Un passo in tale direzione viene compiuto grazie al modello di «partito azienda» fondato da Berlusconi, ma la via regia continua a essere quella del sottogoverno mafioso.

fico a livello internazionale: Berlusconi non è solo un semplice imprenditore che assume un ruolo direttamente politico, è un imprenditore televisivo – evento impensabile negli Stati Uniti dove, malgrado i processi degenerativi sopra descritti, il sistema dei media conserva qualche margine di autonomia nei confronti del potere politico ed economico. Per questo Berlusconi è diventato una vera e propria icona per gli studiosi di comunicazione[31]: perché la sua figura incarna entrambi i versanti del fenomeno postdemocratico: da un lato, la sovrapposizione di ruoli fra manager e politici, dall'altro lato, il processo di personalizzazione, spettacolarizzazione e mediatizzazione della politica. Eppure nemmeno il regime berlusconiano è stato in grado di condurre fino in fondo l'opera di smantellamento del welfare. Per realizzare tale impresa, è stata necessaria una terza fase, caratterizzata dall'intervento diretto della tecnocrazia europea e della finanza globale, le quali, insoddisfatte della gestione personalistica di un leader incapace di farsi garante dei loro «interessi generali», ha prima imposto il governo «tecnico» di Mario Monti, poi la «grande coalizione» fra centrodestra e centrosinistra emersa dalle elezioni del febbraio 2013.

Non mi interessa qui ricostruire la cronaca della caduta di Berlusconi: mi limito a ricordare che, a provocarla, non è stata un'imbelle opposizione di centrosinistra, bensì la pressione speculativa dei mercati finanziari sul debito pubblico italiano – pressione il cui carattere strumentale è apparso evidente nel momento in cui, a far calare lo spread fra titoli di Stato italiani e tedeschi, è bastato l'insediamento di un governo tecnico guidato dal bocconiano Mario Monti – professore di economia di provata fede liberista, editorialista del *Corriere della Sera* e già consulente del colosso della finanza globale Goldman Sachs. Un atto di fiducia da parte dei mercati che Monti ha ricambiato avviando riforme che hanno messo in chiaro come l'obiettivo dell'operazione fosse recuperare il terreno perduto nella corsa alla «modernizzazione» – leggi alla trasformazione in senso postdemocratico – del sistema politico italiano. Le tre realizzazioni più importanti, in questa direzione, sono state: 1) una riforma delle pensioni, che ha spostato l'età del pensionamento più avanti di ogni altro Paese europeo; 2) la flessibilizzazione del mercato del lavoro attraverso la riduzione delle

[31] Di lui si sono occupati, in Italia, soprattutto Alberto Abruzzese e alcuni suoi allievi; vedi, in particolare, A. Abruzzese, V. Susca, *Tutto è Berlusconi*, Lupetti, Milano 2004.

tutele contro i licenziamenti; 3) una riforma costituzionale (articolo 81) che ha reso vincolante il rispetto dei princìpi sanciti dal Fiscal Compact, cioè dal patto europeo che obbliga gli Stati membri a cedere la propria sovranità fiscale e di bilancio alla Commissione e alla Corte di Giustizia europee. Commentando quest'ultima «riforma» – consumata con il totale accordo del centrosinistra – nelle pagine di *Alfabeta2*, Alberto Burgio ha scritto[32] che essa sancisce la fine della democrazia costituzionale, nella misura in cui, impedendo di fatto qualsiasi tipo di politica ridistributiva, nega alle radici lo spirito stesso del dettato costituzionale.

L'analisi di Burgio trova del resto numerose conferme nel testo della cosiddetta Agenda Monti – il documento programmatico con cui l'economista si è presentato alle elezioni del 2013, nel tentativo di succedere a se stesso – nella quale leggiamo frasi come le seguenti: «dobbiamo sempre più abituarci al fatto che le nostre scelte di politica economica siano guardate e valutate con attenzione dagli altri Stati dell'Unione»; «le politiche economiche di ogni Stato membro sono questione di interesse comune della UE e come tali soggette a coordinamento, orientamento e monitoraggio»; «il destino di ogni Paese non si decide più nei suoi confini ma è strettamente intrecciato a quello del sistema di relazioni globali in cui è inserito». Un vero e proprio manifesto della tecnocrazia finanziaria globale, nel quale vengono ribaditi i dogmi neoliberisti che ho contestato nel primo capitolo: 1) non si cresce senza ridurre il debito pubblico; 2) la dismissione del patrimonio pubblico – cioè le privatizzazioni – sono la base di una politica economica che «mette al centro l'interesse dei cittadini-consumatori»; 3) per ridurre la disoccupazione e venire incontro agli interessi di giovani e donne è necessario rendere ancora più flessibili i rapporti di lavoro, anche attraverso la semplificazione normativa (cioè la libertà di licenziamento e la precarizzazione del lavoro) e il decentramento della contrattazione aziendale (cioè l'annientamento dei residui rapporti di forza sindacali).

Com'è noto, questa Agenda non ha conquistato il cuore dell'elettorato italiano che, viceversa, in assenza di una credibile alternativa di sinistra, ha espresso la propria opposizione con massicci tassi di asten-

[32] A. Burgio, «Europa, una nuova guerra civile», *Alfabeta2*, n. 21, luglio-agosto 2012.

sione e regalando milioni di voti al movimento populista 5 Stelle. Ne è derivata una situazione di ingovernabilità, con tre schieramenti – centrodestra, centrosinistra e populisti – che si sono quasi equamente spartiti la rappresentanza parlamentare. Tuttavia il vuoto politico è durato poco: rispondendo al coro dei media che invocavano lo «Stato di eccezione»[33], centrodestra e centrosinistra hanno fatto blocco contro la «minaccia populista» e, attraverso una manovra ai limiti della legittimità costituzionale – anche se molti sostengono che si è andati ben oltre tali limiti –, hanno rieletto (caso senza precedenti nella storia della Repubblica Italiana) il quasi novantenne Giorgio Napolitano; costui, già sponsor politico dell'operazione Monti, ha incaricato Enrico Letta di formare un governo di unità nazionale che, fin dai primi passi, ha lasciato capire che intende proseguire sulla via tracciata da Monti: ulteriore alleggerimento dei vincoli alla flessibilità del lavoro (naturalmente per «aiutare» donne e giovani, costantemente invocati ogniqualvolta si tratti di indebolire i diritti dei lavoratori); riforma del welfare in senso «universalistico», che prevede cioè l'allargamento della tutela agli esclusi a condizione che i beneficiari si impegnino a recuperare autonomia economica[34]. A prescindere dalla durata del travagliato governo Letta (che al momento della pubblicazione di questo libro potrebbe già essere caduto), possiamo tranquillamente affermare che la transizione postdemocratica si è ormai conclusa anche nel nostro Paese. Ma se è vero, come ho sostenuto in questa Parte prima, che la mutazione del modello di accumulazione capitalistica comporta la fine della democrazia e la transizione a sistemi politici postdemocratici, occorre ammettere che la sinistra che ha gestito il compromesso fordista fra capitale e lavoro ha definitivamente esaurito il suo ruolo: ogni spazio di mediazione e compromesso è chiuso, per cui non esiste alternativa alla ripresa della lotta di classe dal basso contro la lotta di classe dall'alto.

33 Com'è noto, nella filosofia politica di Carl Schmitt lo Stato di eccezione svolge il ruolo di definire chi sia, in ultima istanza, il sovrano; perciò, in un'epoca in cui la sovranità nazionale ha abdicato a favore dei mercati finanziari, evocare lo Stato di eccezione significa ribadire che sovrano è il mercato.

34 Letta si ispira qui al modello inglese, che prevede la transizione dal welfare al *workfare* – modello che obbliga i beneficiari a «guadagnarsi» l'assistenza, sottostando a una serie di regole, procedure e controlli che, in certi casi, evocano il sistema ottocentesco del lavoro coatto (vedi oltre, Interludio 1).

Interludio 1
PERCHÉ IL LIBERISMO È UN'IDEOLOGIA CRIMINALE[1]

Banksters sembra un neologismo inventato da qualche intellettuale di sinistra, una variante del celebre detto secondo cui il vero reato è fondare una banca, non rapinarla. Invece è il titolo di un articolo[2] dell'autorevole e ultraliberista *The Economist* dedicato allo scandalo LIBOR. Il London Interbank Offered Rate è il tasso interbancario calcolato giornalmente in base ai tassi di interesse richiesti per cedere a prestito depositi in una determinata divisa; si tratta di un indice del costo del denaro a breve che serve a calcolare gli interessi relativi a numerose operazioni finanziarie, dai mutui ai *future*. Dal LIBOR dipende quanto corporation e persone comuni pagano per ottenere un mutuo, o quanto guadagnano dai loro depositi e/o investimenti: sono dunque numeri che influenzano l'andamento di flussi globali di miliardi di dollari. Ebbene: nell'estate del 2012 succede che il gruppo Barclays ammette di avere manipolato l'indice in questione, accettando di pagare una multa di 450 milioni di dollari; poi, nei mesi successivi, si scopre che nello scandalo sono coinvolti altri colossi bancari, come JP Morgan Chase, Citygroup, Bank of America e UBS; ma soprattutto che la manipolazione del LIBOR era una pratica che andava avanti da anni e della quale gli addetti ai lavori erano da tempo a conoscenza. Que-

1 Per non appesantire la lettura, nelle note di questo Interludio i numerosi articoli di testate online citati verranno identificati solo con il relativo indirizzo Web.

2 Consultabile all'indirizzo http://www.economist.com/node/21558260

sto crimine ha consentito alle banche, fra l'altro, di sfilare miliardi dalle tasche dei clienti prestando soldi a tassi di interesse «gonfiati».

Ancora: negli anni immediatamente successivi alla crisi finanziaria iniziata nel 2007, i *banksters* hanno cospirato per nascondere al pubblico la reale consistenza delle perdite che stavano subendo a causa dei loro esperimenti di «finanza creativa»[3]. Peggio: per rifarsi di tali perdite, alcuni di loro si sono dedicati alla nobile arte del riciclaggio: il gruppo HSBC, per esempio, come riferisce un articolo di *The Guardian*[4], ha confessato di avere effettuato massicce operazioni di «pulizia» per conto di organizzazioni terroristiche, cartelli della droga e altre organizzazioni criminali. A far emergere questi e altri scandali ha contribuito la pressione dell'opinione pubblica, inferocita per le conseguenze di una crisi addebitata ai comportamenti irresponsabili e criminali del capitale finanziario; ma la speranza di vedere finire in galera i responsabili – o di ottenere almeno che le loro pratiche venissero ricondotte nei limiti di una «normale» ricerca del profitto – si sono rivelate illusorie. Infatti, mentre in un primo momento si è detto che certe banche erano «troppo grandi per fallire», poi si è arrivati a dire che certe banche sono «troppo grandi per essere incriminate», come si è lasciato scappare il ministro della Giustizia dell'amministrazione Obama, Eric Holder. Costui, riferendosi alla malefatte del gruppo HSBC, ha dichiarato[5] che incriminare una corporation di tali dimensioni avrebbe rischiato di provocarne il fallimento, innescando una reazione a catena di dimensioni imprevedibili. Nemmeno una petizione sottoscritta da centomila cittadini americani che chiedevano all'amministrazione di scindere le grandi banche in società più piccole e di processare i criminali che si sono serviti del loro potere per distruggere l'economia ha sortito effetti[6]. Anzi, non solo l'ineffabile Holder non ha cambiato idea, ha anche annunciato l'intenzione di perseguire se-

[3] Una delle banche più esposte in questa storia è la JP Morgan; al punto che, mentre scrivo, sono stati incriminati alcuni funzionari del gruppo: cfr. l'articolo consultabile all'indirizzo http://dealbook.nytimes.com/2013/08/14/government-charges-two-former-jpmorgan-employees

[4] Consultabile all'indirizzo http://www.guardian.co.uk/commentisfree/2012/jul/20/bare-faced-bankers-criminals-prosecuted

[5] Cfr. l'articolo dello *Huffington Post* consultabile all'indirizzo http://www.huffingtonpost.com/william-k-black/4-insane-ideas-behind-oba_b_2329539.html

[6] Il senatore Bernie Sanders ha presentato un progetto di legge per imporre il ridimensionamento delle banche «troppo grandi per essere incriminate». Vedi, in propo-

veramente sia le «gole profonde» che trasmettono ai giornalisti notizie riservate, sia i giornalisti che le rendono pubbliche[7].

Del resto, nemmeno sul fronte delle sanzioni amministrative, le grandi banche corrono rischi eccessivi: nella maggioranza dei casi, le procedure di infrazione si concludono con il pagamento di multe che non pesano più di tanto sui bilanci, e in generale non vengono costrette ad ammettere di avere violato le regole (formula che le mette al riparo da onerose cause civili e dal rischio di risarcire le vittime). I maligni sostengono che questa politica della mano leggera da parte della Securities and Exchange Commission è il risultato del «balletto» che vede un continuo scambio di ruoli fra consulenti delle banche e funzionari delle autorità di controllo: secondo il *New York Times*[8], i due terzi dei centosettanta senior executive del Promotory Financial Group – una delle più potenti società di consulenza che aiuta Wall Street a navigare fra le insidie dei controlli pubblici – sono ex funzionari delle agenzie federali; è quella che chiamano la pratica della «porta girevole», per cui gli stessi manager passano con disinvoltura da una parte all'altra della barricata ignorando il conflitto di interessi. Il che ci riconduce al tema dell'integrazione fra caste politiche, amministrative e finanziarie, già affrontato nel secondo capitolo: le lobby fanno corpo unico con il potere politico, il quale, in materia di *deregulation*, non si comporta in modo sostanzialmente diverso a seconda che al posto di comando siedano progressisti o conservatori: ad abolire la legge Glass-Steagall (varata nel 1933 per porre fine alla commistione fra attività bancarie e attività speculative) è stato (nel 1999) il democratico Bill Clinton, né il presidente Obama sembra disposto a profondere eccessive energie per porre freno alla speculazione: per esempio, la cosiddetta Volcker Rule – che pure si limita a porre qualche timido limite alle attività collaterali delle banche – continua a subire rinvii ed emendamenti.

La speranza di poter tornare a un mercato sottoposto a controlli simili a quelli vigenti prima della grande corsa alla *deregulation*, del re-

sito, l'articolo dello *Huffington Post* all'indirizzo http://www.huffingtonpost.com/ 2013/03/28/bernie-sanders-banks_n_2973435.html

7 Ne riferisce lo *Huffington Post* all'indirizzo http://www.huffingtonpost.com/rj-eskow/holder-says-leak-required_b_3276450.htm

8 Vedi all'indirizzo http://dealbook.nytimes.com/2013/04/09/for-former-regulators-a-home-on-wall-street

sto, non è irrealistica solo a causa della convergenza di interessi fra finanza globale, caste politiche e alta burocrazia, ma anche a causa delle innovazioni culturali e tecnologiche che hanno sovvertito i meccanismi di funzionamento dei mercati finanziari. Mi riferisco a fenomeni come le *dark pool* e lo *high frequency trading* (HFT). Le *dark pool* sono piattaforme finanziarie private (interbancarie) sulle quali si contratta in forma anonima. Questi mercati paralleli alle borse «ufficiali» sono un fenomeno di enormi dimensioni[9] che sfugge a tutte le normative internazionali sulla trasparenza e implica enormi rischi di volatilità. Quanto al termine HFT, si riferisce al fatto che gran parte delle transazioni finanziarie non viene più effettuata da operatori umani, bensì da algoritmi informatici che reagiscono in tempo reale alle minime fluttuazioni di valore dei titoli, comprandone e vendendone quantità stratosferiche nel giro di millisecondi. Gli effetti combinati dei fenomeni appena descritti – opacizzazione e supervelocizzazione delle transazioni – sono intuibili: aumento della volatilità, riduzione della quota degli investimenti destinati al finanziamento delle attività produttive, aumento dell'evasione fiscale, disconnessione fra stato dell'economia reale e andamento delle borse. Per questi motivi, diversi Paesi – fra cui Germania, Canada e Australia – stanno valutando l'opportunità di imporre un «limite di velocità» alle transazioni, mentre negli Stati Uniti analoghe proposte vengono frenate sia dalle reticenze dei regolatori a limitare la liquidità dei mercati, sia dagli ammonimenti di alcuni «esperti», i quali hanno sostenuto che, dal fenomeno dello HFT, l'economia può trarre solo benefici[10].

* * *

A far infuriare i cittadini – ancor più dei crimini dei *banksters* – è però la sistematica evasione fiscale da parte delle corporation. LIBOR, *dark pool* e HFT sono argomenti tecnici che sfuggono alla comprensione di molti; gli effetti dell'evasione fiscale in un momento di crisi, al

9 Si stima che accolgano un traffico quantificabile in 15.000 miliardi di dollari al giorno, mentre la Commissione Europea valuta che oltre il 10% delle operazioni azionarie dell'Eurozona avvenga attraverso tali sistemi.

10 Vedi le tesi di alcuni ricercatori della Columbia University citate in un articolo dello *Huffington Post* all'indirizzo http://www.huffingtonpost.com/2013/03/26/high-speed-trading-columbia-paper_n_2957871.html

contrario, sono evidenti per tutti: quei soldi che non entrano nelle casse dello Stato significano tagli radicali alla spesa pubblica e un ulteriore, generale peggioramento delle condizioni di vita. Nella Parte prima, ho ricordato come uno degli ingredienti fissi delle politiche economiche, di destra e sinistra, siano stati i tagli fiscali a favore di imprese e grandi patrimoni privati. Ma evidentemente quei tagli non sono bastati a placare la sete di profitto delle multinazionali, che inventano trucchi sempre più sofisticati per sottrarsi alle proprie responsabilità sociali. Il record in materia di evasione spetta ai colossi dell'industria hi tech. Nel momento in cui scrivo, per esempio, il Senato degli Stati Uniti ha pubblicato un rapporto di quaranta pagine in cui accusa la Apple di avere evaso – tra il 2009 e il 2012 – tasse per una cifra pari a 74 miliardi di dollari (un milione all'ora!) sfruttando «una complessa rete di entità all'estero, senza dipendenti né sedi effettive»[11]. La società di Copertino ha replicato sostenendo di non avere commesso illegalità, in quanto l'accusa si riferisce ad attività svolte in Irlanda nel più rigoroso rispetto delle leggi fiscali di quel Paese. Una linea difensiva identica a quella adottata qualche mese prima dal presidente di Google, Eric Schmidt, il quale, di fronte alle rimostranze di una serie di Stati-nazione (fra cui Inghilterra, Francia e Italia) che accusano la società di Mountain View di avere trasferito miliardi di dollari in una società di comodo con sede alle Bermuda, non si è però limitato a rispondere che tutte le operazioni effettuate da Google sono perfettamente legali, ma ha aggiunto di essere «orgoglioso» delle procedure di «ottimizzazione fiscale» messe in atto e ha completato il concetto con la seguente dichiarazione: «Non abbiamo intenzione di pagare più tasse. Si chiama capitalismo. Siamo orgogliosamente capitalisti. Su questo non ho alcun dubbio»[12], alla faccia tanto delle chiacchiere sul «mercato sociale» e sul «capitalismo responsabile», quanto dello stile da *dandy* tecnologico caro ai manager della New Economy. Questo *acting out* ha messo in serio imbarazzo una casta politica che vorrebbe far credere ai cittadini di essere impegnata a recuperare una parte del mal tolto dalle tasche di *banksters* e baroni della New Economy. Così –

[11] Cito dall'articolo di Alessandra Farkas, «Gli Stati Uniti accusano Apple», *Corriere della Sera*, 22 maggio 2013.

[12] Questa franca quanto cinica dichiarazione si trova all'indirizzo http://www.key4biz.it/News/2012/12/14/Net_economy/ottimizzazione_fiscale_google_Erich_Schmidt_amazon_facebook_ebay_web_company_fisco_tasse_214599.html

dopo che il tesoriere dei Tories, Lord Fink, aveva candidamente dichiarato (nel settembre del 2012) che l'unica soluzione per fronteggiare la sfida dei paradisi fiscali consisterebbe nel far loro concorrenza, cioè nel far sì che la Gran Bretagna divenga a sua volta un paradiso fiscale[13] – il premier David Cameron si è visto costretto, qualche mese dopo, a placare l'opinione pubblica ribadendo l'impegno del proprio governo per costringere i colossi dell'hi tech a sborsare il dovuto. «Questo non è anticapitalismo» (un dubbio che nessuno nutriva!), ha detto Cameron riferendosi alle parole di Schmidt citate poco sopra, ma un'azione di responsabilità necessaria per «poter guardare negli occhi i cittadini che pagano le tasse e assicurar loro che lo faranno tutti»[14]. Ma la realtà è che i governi del mondo, quand'anche lo volessero, non dispongono di strumenti in grado di combattere seriamente l'evasione, ma soprattutto non ne hanno alcuna intenzione, visto che la loro stessa sopravvivenza dipende dall'appoggio delle lobby finanziarie.

* * *

Uno dei reati economici più odiosi – al punto da essere oggetto di condanna morale da parte di molte grandi religioni – è sempre stato lo strozzinaggio. Nell'era del liberismo, tuttavia, le cose sono cambiate: a commetterlo non è più solo il crimine organizzato, ma sono anche le grandi banche, le istituzioni finanziarie internazionali e gli Stati dei Paesi ricchi, mentre a farne le spese sono soprattutto gli strati sociali inferiori e i Paesi poveri. Fra le vittime che suscitano particolare sdegno – in quanto a essere colpite sono le giovani generazioni – troviamo gli studenti. Negli Stati Uniti il fenomeno del debito studentesco ha assunto proporzioni apocalittiche[15]: sommando i debiti contratti

13 Dichiarazioni riportate in un articolo del *Guardian* consultabile all'indirizzo http://www.guardian.co.uk/business/2012/sep/20/tory-treasurer-make-uk-tax-haven

14 La fonte è ancora il *Guardian*: vedi all'indirizzo http://www.key4biz.it/News/2013/01/24/Net_economy/Ott_tasse_web_company_profit_shifting_ottimizzazione_fiscale_david_Cameron_g8_world_economic_forum_215187.html

15 I dati che cito in queste pagine si trovano in tre articoli dell'*Economist*, consultabili ai seguenti indirizzi: http://www.economist.com/node/21534792; http://www.economist.com/node/21534781; http://www.economist.com/news/united-states/21567373-american-universities-represent-declining-value-money-their-students-not-what-it

dai giovani americani per poter frequentare l'università, si arriva alla cifra fantasmagorica di 1,1 trilioni di dollari; ad avere contratto debiti sono i due terzi degli studenti e il debito medio accumulato da chi si è laureato nel corso dell'anno 2011 era di 26.000 dollari, il doppio rispetto a quello di quindici anni prima; il costo degli studi universitari – al netto dell'inflazione – è cresciuto di cinque volte dal 1983 ad oggi, mentre dal 2001 al 2010 l'incidenza del debito sul reddito annuo è passata dal 23% al 38%; infine, il tasso di default – misurato in base al numero dei debitori che non versano interessi da almeno 270 giorni – era dell'8,8% nel 2009, e si presume sia significativamente cresciuto negli ultimi anni. Chi sono gli strozzini che stringono alla gola gli studenti americani? In primo luogo le università, pubbliche e private, che da qualche anno non cessano di aumentare le tasse di iscrizione. Si tratta di aumenti giustificati solo in parte dalle conseguenze che i tagli della spesa pubblica provocano sui bilanci, mentre la vera causa sta nella loro trasformazione in «fabbriche del sapere» che inseguono il profitto come ogni altra impresa. Poi ci sono le finanziarie che vendono i mutui agli studenti e il governo federale che li «assiste». I giovani che devono contrarre un debito per accedere all'università si trovano davanti a un'offerta articolata e complessa: dagli innumerevoli prodotti privati, cofinanziati o meno dal governo, alle forme dirette di finanziamento pubblico; ma qualunque sia la loro scelta, devono affrontare più o meno gli stessi problemi. Il più grande dei *banksters* che taglieggiano gli studenti è Sallie Mae, nata come impresa sponsorizzata dal governo e successivamente privatizzata (nel 2004). Grazie ai suoi «servizi», i venditori di formazione vengono messi in condizione di sfruttare due volte lo stesso studente: prima facendogli pagare tasse di iscrizione elevate, poi investendo il mal tolto nei fondi gestiti dalla stessa Sallie Mae[16]. Il governo federale non è meno coinvolto in questo sporco affare, al punto che alcuni senatori e membri della Camera dei Rappresentanti hanno denunciato che il Ministero dell'Educazione – lucrando sulla differenza fra le somme stanziate per gli studenti e gli interessi che costoro e le loro famiglie versano – avrebbe intascato 51 miliardi di dollari. Se fosse andato in porto, un progetto di legge

[16] I clienti più affezionati di Sallie Mae sono proprio le università, le quali sfruttano così i loro surplus finanziari per alimentare i fondi di pensione degli insegnanti.

presentato dalla senatrice Kirsten Gillibrand[17] avrebbe almeno in parte risolto il problema, costringendo il ministro dell'Educazione a congelare al 4% il tasso di interesse per i debiti universitari, ma le cose sono andate diversamente e, a conclusione di una tormentata trattativa fra repubblicani e democratici, si è approdati a una soluzione che garantirà allo Stato 185 miliardi di dollari di profitti realizzati a spese degli studenti indebitati[18].

* * *

Nel Novecento il tema della povertà in America è stato affrontato soprattutto in relazione ai ghetti afroamericani, all'immigrazione dall'America Latina e alla decadenza di alcune regioni industriali, come quella degli Appalachi. La grande crisi iniziata nel 2007 ha spostato l'attenzione sul declino della *middle class* – termine che, negli Stati Uniti, connota un insieme variegato ed eterogeneo di soggetti sociali accomunati dai modelli di consumo e dai valori dell'*American Way of Life*: classe operaia, colletti bianchi, lavoratori autonomi, ecc. – elenco che, a seguito delle trasformazioni produttive generate dalla rivoluzione digitale e dai processi di finanziarizzazione e terziarizzazione dell'economia, si è arricchito inglobando *knowledge workers* e membri delle «classi creative» (vedi, più avanti, Parte seconda). Ebbene, oggi anche questi strati sociali contribuiscono in misura crescente ad alimentare il fenomeno della povertà a stelle e strisce. Prima di analizzare le dimensioni quantitative del fenomeno, vale tuttavia la pena di ricordare che – nei Paesi anglosassoni che hanno introiettato i princìpi e i valori dell'etica protestante – la povertà non è solo una penosa condizione economica e sociale, ma comporta uno stigma morale. Per i membri della *middle class*, soprattutto se bianchi, la povertà è sempre stata sintomo di inettitudine e pigrizia, se non di depravazione: non si è poveri in ragione delle proprie origini familiari, di un salario insufficiente o di eventi sfortunati, bensì a causa di cattive abitudini e di un'attitudine sbagliata nei confronti della vita e del mondo. Questo pregiudizio viene oggi messo a dura prova dal fatto che, a sprofonda-

[17] Ne parla un articolo dello *Huffington Post*, consultabile all'indirizzo http://www.huffingtonpost.com/2013/05/19/kirsten-gillibrand-student-loans_n_3303754.html

[18] Cfr. l'articolo dello *Huffington Post* all'indirizzo http://www.huffingtonpost.com/2013/07/24/obama-student-loan-profit_n_3648747.html

re nella povertà, sono sempre più anche quegli strati sociali intermedi che con più energia tentavano di distanziarsene – un'esperienza tanto più scioccante in quanto, durante la sbornia della New Economy, i membri delle «classi emergenti» si erano illusi di poter scalare in massa i gradini della scala sociale.

Lo choc è aggravato dalla divaricazione dei destini fra una esigua minoranza e la stragrande maggioranza dei cittadini. Negli Stati Uniti la corsa alla concentrazione della ricchezza è in corso dagli anni Ottanta del secolo scorso, ma il fenomeno è sembrato tollerabile finché si è potuto sostenere che anche i molti che restavano indietro avrebbero beneficiato dell'ascesa dei pochi. La falsità di tale assunto è apparsa evidente nel momento in cui la crisi ha tracciato un confine netto fra vincitori e sconfitti. Una ricerca[19] condotta da Pew Research Social & Demographic Trends rivela che gli otto milioni di famiglie americane più ricche hanno intascato 5,6 trilioni di dollari dal 2009 al 2011, mentre tutti gli altri (111 milioni di famiglie) hanno perso 669 miliardi di dollari. Da un'altra ricerca, condotta dalla University of California e citata dal *New York Times*[20], risulta che, più o meno nello stesso periodo, i guadagni dell'1% sono cresciuti mediamente dell'11,2%, mentre quelli del restante 99% sono calati dello 0,4%. Infine un libro di Bruno Cartosio[21] fornisce dati ancora più impressionanti: uno statunitense su sei vive in stato di povertà; la disoccupazione e la sottoccupazione (non quelle ufficiali, ma quelle reali, che tengono conto anche di chi non cerca più lavoro, e di chi vorrebbe un lavoro a tempo pieno ma trova solo lavori part time o a tempo determinato) coinvolgono 24 milioni di persone (pari al 15% della forza lavoro). Infine i poveri sono, nella stragrande maggioranza, *working poor*, cioè gente che lavora ma percepisce salari talmente bassi che non consentono di uscire dalla condizione di povertà.

19 Consultabile all'indirizzo http://www.pewsocialtrends.org/2013/04/23/a-rise-in-wealth-for-the-wealthydeclines-for-the-lower-93

20 Vedi alla pagina http://www.nytimes.com/2013/02/16/business/economy/income-gains-after-recession-went mostly-to-top-1.html

21 Cfr. B. Cartosio, *La grande frattura. Concentrazione della ricchezza e disuguaglianze negli Stati Uniti*, ombre corte, Verona 2013. Secondo una ricerca commissionata dall'Associated Press (vedi alla pagina http://www.huffingtonpost.com/2013/07/28/poverty-unemployment-rates_n_3666594.html), gli americani adulti che vivono in uno stato di quasi povertà sarebbero addirittura l'80%.

A precipitare nella condizione di *working poor* – come anticipato poco sopra – non sono solo neri, migranti e lavoratori *unskilled*, ma larghe fette della *middle class*, ivi compresi quei *knowledge workers* che, negli anni Novanta, erano stati indicati come la nuova classe dirigente. Le cause del fenomeno sono note: il crollo della New Economy, fra la fine dei Novanta e l'inizio del XXI secolo, ha provocato massicci licenziamenti di colletti bianchi e membri delle nuove professioni hi tech e, nella breve ripresa intercorsa fra lo scoppio della bolla tecnologica e la crisi dei *subprime*, solo una minima parte di questi lavoratori è stata riassorbita nel processo lavorativo. A provocare questa perdita secca di mansioni qualificate ha contribuito il radicale processo di concentrazione monopolistica in atto nei nuovi settori produttivi, mentre le poche grandi imprese uscite vincitrici dalla crisi hanno organici relativamente ridotti: sia perché decentrano buona parte delle attività nei Paesi in via di sviluppo, sia perché le innovazioni tecnologiche – da loro stesse introdotte – hanno determinato un formidabile aumento della produttività del lavoro. La tesi secondo cui la rivoluzione tecnologica starebbe generando un «mondo senza lavoro» – a lungo ridicolizzata dai sostenitori della teoria «classica», la quale afferma che le rivoluzioni tecnologiche distruggono lavoro non qualificato a breve termine, ma creano lavoro qualificato a lungo termine – comincia a riscuotere i favori anche di alcuni ex ottimisti tecnologici, i quali, in considerazione del fatto che le tecnologie «intelligenti» sostituiscono mansioni elevate, non escludono più la possibilità di una depressione permanente del mercato del lavoro qualificato. Del resto, una ricerca citata dal *New York Times*[22] documenta come non solo le corporation hi tech, ma anche le startup stiano progressivamente perdendo la loro capacità di creare lavoro: il numero medio di dipendenti alla nascita per queste imprese si è ridotto da 7,7 (1999) a 4,7 (2011).

Dove vanno a finire questi ex lavoratori creativi? Alcuni sprofondano nella miseria e nella disoccupazione; altri devono accontentarsi delle sole opportunità che la timida ripresa della domanda di lavoro sta offrendo, cioè di lavori dequalificati e mal retribuiti. Secondo un rapporto stilato dal National Employment Law Project[23], le mansioni meno

[22] Consultabile all'indirizzo http://www.nytimes.com/2012/10/05/business/entrepreneurs-starting-up-with-fewer-employees.html?pagewanted=all

[23] Vedi alla pagina http://www.nytimes.com/2012/08/31/business/majority-of-new-jobs-pay-low-wages-study-finds.html

retribuite (fra i 7,69 e i 13,83 dollari l'ora), che avevano subìto un calo del 21% durante la crisi, costituiscono attualmente il 58% delle nuove offerte di lavoro, si stanno cioè «mangiando» la quota delle offerte di lavoro qualificato e ben pagato. L'ondata di indignazione morale che si è sollevata contro l'1% dei super-ricchi (e che ha trovato espressione politica nel movimento Occupy Wall Street, di cui mi occuperò più avanti) è il prodotto dello choc culturale provocato da questo «declassamento» degli strati intermedi della società americana. Così molti stanno iniziando a capire quale errore sia stato assistere passivamente alla feroce guerra contro i sindacati che governi, imprese e media hanno condotto dagli anni Ottanta a oggi[24]. In assenza di forti organizzazioni dei lavoratori, la battaglia per l'aumento dei minimi salariali resta infatti affidata alla buona volontà dell'*establishment* democratico, il quale non ha la minima intenzione di scontrarsi con i repubblicani per imporre gli aumenti significativi che sarebbero necessari[25]. Inutilmente gli economisti neokeynesiani come Krugman (vedi capitolo I) spiegano che un aumento generalizzato dei salari è l'unica via per rilanciare i consumi e uscire dalla crisi: questa posizione, apparentemente dettata da puro buon senso, non tiene conto del fatto che il capitale finanziarizzato, digitalizzato e terziarizzato non estrae i suoi profitti dai consumi dei proletari e della *middle class*, bensì dalla speculazione finanziaria globale, dallo sfruttamento della classe operaia dei Paesi in via di sviluppo e dai consumi delle nuove classi medie di quegli stessi Paesi.

* * *

Non a caso, molti film fantapolitici hanno scelto l'Inghilterra come scenario di un nuovo regime nazista. A motivare questa scelta non è solo l'ammirazione che non pochi conservatori britannici avevano espresso nei confronti di Hitler negli anni precedenti la seconda guerra mondiale: il fatto è che, nella storia recente, l'ideologia liberista ha assunto in Inghilterra forme estreme, al punto da assumere i tratti di

24 La percentuale di iscritti ai sindacati – che era del 35% negli anni Cinquanta – è oggi caduta al di sotto del 7% nelle imprese private, mentre resta relativamente più alta – ma in calo costante – nel pubblico impiego.

25 Obama ha proposto di elevare il salario minimo a 9 dollari l'ora, laddove, se si tenesse conto della crescita della produttività, non dovrebbe essere inferiore ai 21 dollari l'ora.

una vera e propria guerra civile contro i poveri – una guerra iniziata negli anni Ottanta sotto la guida della più feroce nemica della classe operaia che il mondo abbia conosciuto nella seconda metà del XX secolo: Margaret Thatcher. Eppure, in occasione dei solenni onori di Stato tributati dalla classe dirigente inglese alla Lady di ferro durante i suoi recenti funerali, non sono mancati omaggi ed elogi da parte dei socialdemocratici di tutta Europa. Solo qualche centinaio di dimostranti ha avuto il coraggio di contestare quel rito osceno, disponendosi lungo il percorso del corteo funebre per voltare ostentatamente le spalle al feretro durante il suo passaggio, o indossando magliette con la scritta «Una generazione di militanti sindacali danzerà sulla tomba della Thatcher». Ma tutto ciò non è poi tanto sorprendente, ove si consideri che il New Labour di Tony Blair si è impegnato a sdoganare gli obiettivi e i valori della controrivoluzione thatcheriana agli occhi delle classi sociali che più ne avevano pagato il prezzo.

Quanto al governo conservatore di David Cameron, occorre prendere atto che ci troviamo di fronte al protagonista di un attacco alle classi lavoratrici e allo Stato sociale, se possibile, ancora più feroce di quello condotto dalla Thatcher. Per legittimare tale attacco, è stata orchestrata una campagna di odio contro i poveri di tale intensità che non è esagerato definire nazi-liberista. Il *Guardian* ha puntigliosamente documentato questa ributtante strategia comunicativa, in cui si è particolarmente distinto il ministro del Lavoro Iain Duncan Smith. Puntando il dito contro «il più grande scandalo morale che la Gran Bretagna si trova oggi ad affrontare», l'ineffabile Smith dichiarava, nel gennaio del 2012[26], che il sistema inglese del welfare si è trasformato in un'industria di proporzioni pantagrueliche, la quale, oltre a impoverire l'intera popolazione, «intrappola la gente in una condizione di dipendenza e irresponsabilità», concludendo che la vera causa della crisi finanziaria sono i poveri e il sistema di welfare costruito per assisterli. Spalleggiati dai tabloid scandalistici, che danno ampio spazio alle notizie relative ai crimini commessi da disoccupati, abitanti di quartieri periferici e degradati, minoranze etniche, ecc., i politici conservatori non perdono occasione per ripetere che i poveri sono tali a causa dei loro stili di vita, della pigrizia, della dipendenza da alcol e

[26] Cfr. l'articolo del *Guardian* all'indirizzo http://www.guardian.co.uk/commentisfree/2012/jan/26/tories-bloody-battle-benefits

droghe, dell'assenza di ambizioni. Analizzando il lessico dei discorsi tenuti dal solito Duncan Smith nel corso di un anno, il *Guardian* ha trovato[27] 85 ricorrenze del termine «frode», riferito ai tentativi di ottenere un'assistenza da parte di coloro che non ne avrebbero diritto, 41 ricorrenze del termine «dipendenza», 38 del termine «tossicomania». Un linguaggio che ha ottenuto buoni risultati nel manipolare l'opinione pubblica, visto che, secondo i sondaggi, i cittadini inglesi pensano che il 41% dei fondi del welfare venga impiegato per elargire sussidi ai disoccupati (la quota reale è il 3%) e che il tasso delle frodi sia del 27% (mentre ammonta allo 0,7%). Tutte queste campagne mirano ad alimentare l'odio verso la pigrizia e la disonestà degli assistiti, additati come responsabili e non come vittime della crisi, ma soprattutto cercano di distogliere l'attenzione dal fatto che la disuguaglianza è cresciuta in Inghilterra a ritmi superiori a quelli di ogni altra nazione ricca, disegnando una piramide sociale al cui vertice troviamo una élite (con un reddito superiore alle 140.000 sterline) ridotta al 6%, mentre la classe media appare – come negli Stati Uniti – in netta contrazione numerica, essendosi ridotta a circa un quarto della popolazione. Infine la guerra ideologica contro i poveri serve a nascondere la realtà di un processo di immiserimento che sta facendo sprofondare larghi strati della popolazione in condizioni simili a quelle descritte nei romanzi di Charles Dickens, come vedremo nelle pagine seguenti.

Le statistiche del Department of Environment Food and Rural Affairs rivelano che, dall'inizio della crisi, le famiglie con i redditi più bassi hanno ridotto del 30% i consumi in frutta e verdura, facendoli calare a poco più della metà della porzione minima indicata dal governo come necessaria per una dieta equilibrata[28]. Ancora: secondo un sondaggio della Food Standard Agency, sono in costante aumento i casi di avvelenamento provocati dal consumo di cibi scaduti perché molta gente, per risparmiare, acquista a prezzo ridotto confezioni di cibo che hanno superato la data di scadenza e conserva il cibo in frigo per periodi più lunghi di quelli raccomandati[29]. Infine, secondo le as-

27 Vedi l'articolo all'indirizzo http://www.guardian.co.uk/society/2013/apr/05/goverment-loaded-language-welfare

28 Ricavo la notizia da un articolo del *Guardian*, consultabile all'indirizzo http://www.guardian.co.uk/lifeandstyle/2012/jan/22/fruit-vegetable-consumption-poorer-families

29 Anche questa notizia viene da un articolo del *Guardian*, consultabile all'indirizzo http://www.guardian.co.uk/world/2012/jun/11/food-safety-food-and-drink

sociazioni benefiche, i tagli alla spesa sociale hanno ridotto letteralmente alla fame mezzo milione di cittadini britannici, costringendoli a ricorrere alle «banche del cibo»[30].

Non meno devastanti gli effetti dei tagli al welfare sulla situazione abitativa delle famiglie meno abbienti. Mentre i prezzi delle case, dal 2001 al 2011, sono aumentati del 94% – invertendo la tendenza alla crescita del numero dei proprietari di case che era stata costante nell'ultimo decennio del secolo precedente –, l'imposizione di tetti di spesa sempre più bassi alle sovvenzioni alle famiglie in difficoltà per coprire i costi degli affitti ha creato una situazione ingestibile per le amministrazioni locali: impossibilitate a fare fronte alle richieste di alloggi a buon mercato da parte di migliaia di famiglie, queste si vedono costrette a risolvere il problema deportando la gente in sobborghi distanti anche centinaia di chilometri dal luogo originale di residenza, creando gravi disagi sia ai bambini, che vengono allontanati dalla loro scuola e dalla rete di amicizie e relazioni sociali che si erano costruiti, sia agli adulti, che devono trasformarsi in pendolari per conservare il lavoro. La situazione è ulteriormente peggiorata a causa del giro di vite legale contro gli *squatters* imposto dal governo Cameron[31]: reprimendo l'occupazione di case sfitte o abbandonate, che funzionava in qualche modo come una sorta di welfare autogestito, si è provocato un immediato aumento degli *homeless*. Paradossalmente questa linea politica, invece di contribuire alla riduzione della spesa pubblica, ha fatto sì che oggi l'Inghilterra debba spendere due miliardi di sterline per sistemare provvisoriamente sfrattati e senza casa in Bed & breakfast, alberghi, ostelli e altre strutture di accoglienza[32].

Dopo alimentazione e abitazione, la salute. Una campagna selvag-

[30] Cfr. l'articolo del *Guardian* alla pagina http://www.theguardian.com/society/2013/may/30/food-banks-oxfam-parliamentary-inquiry. Anche negli Stati Uniti è in continuo aumento il numero delle persone costrette a ricorrere ai buoni cibo per integrare un'alimentazione insufficiente e, mentre i repubblicani protestano per gli «sprechi» provocati dagli abusi, una ricerca citata dallo *Huffington Post* (vedi alla pagina http://www.huffingtonpost.com/2013/08/14/food-stamps_n_3757052.html) sostiene che sono milioni i cittadini che ne avrebbero diritto, ma non ricorrono a questo servizio perché si vergognano o ne ignorano l'esistenza.

[31] Vedi, in proposito, l'articolo del *Guardian* all'indirizzo http://www.guardian.co.uk/society/2012/aug/31/charities-end-squatters-rights-homelessness

[32] Su questa follia cfr. l'articolo del *Guardian* all'indirizzo http://www.guardian.co.uk/society/2013/may/19/uk-spends-2bn-housing-homeless-short-term

gia di privatizzazioni, che ha esternalizzato un'impressionante quantità di servizi affidandoli a imprese for profit, unitamente ai tagli della spesa pubblica destinati al settore, ha causato un drastico peggioramento delle prestazioni del servizio sanitario nazionale, con gravi conseguenze sui pazienti. I servizi privatizzati funzionano a organico ridotto, per contenere il costo del lavoro e accrescere i margini di profitto, a scapito degli standard di sicurezza: il *Guardian* denuncia[33], per esempio, chc il servizio di pronto intervento gestito dalla società Harmoni (titolare di un contratto di assistenza che riguarda otto milioni di cittadini) ha ridotto i dipendenti in misura tale da rallentare i tempi di intervento, mettendo a rischio vite umane. Altre ditte private hanno ottenuto di accedere – dietro pagamento di modesti compensi – ai dati e ai profili clinici di milioni di pazienti, sollevando, oltre alle ovvie perplessità in merito a questa «svendita» di pazienti pubblici, preoccupazioni in merito alle possibili violazioni della privacy. Intanto il servizio pubblico, con le casse sempre più vuote, vede precipitare la qualità dei propri servizi, legittimando il luogo comune sulla necessità di aprire ulteriormente alla concorrenza privata. L'elenco degli effetti di questa politica criminale è impressionante: drastica riduzione delle risorse necessarie a fronteggiare malattie killer come il cancro, gli infarti e i colpi apoplettici; drastica riduzione dell'assistenza a disabili e malati mentali; pazienti «parcheggiati» sulle barelle e costretti a lunghe attese nei corridoi prima di essere assistiti. Infine violente pressioni nei confronti delle infermiere che avevano iniziato a denunciare all'opinione pubblica il degrado del servizio, invitate dagli amministratori a tenere la bocca chiusa pena il licenziamento[34]. A pagare il prezzo più alto dei disastri provocati dai nipotini della Thatcher sono donne e bambini, esposti a malnutrizione, mancanza di alloggi decenti, mancanza di cure adeguate, degrado famigliare provocato dalla miseria. Oliver Twist abita di nuovo qui.

Per completare il quadro dei crimini liberistici in Inghilterra occorre spendere ancora qualche parola sul *workfare*, cioè quelle «riforme» del welfare che si propongono di imporre a tutti coloro che usu-

[33] Vedi alla pagina http://www.guardian.co.uk/society/2012/dec/17/harmoni-gp-service-patients-risk

[34] A documentare questa pratica odiosa con una serie di interviste è il *Guardian*, in un articolo consultabile all'indirizzo http://www.guardian.co.uk/society/2013/apr/23/nhs-culture-fear-stops-nurses

fruiscono di sussidi di disoccupazione di «guadagnarseli», lavorando gratuitamente in attesa di ottenere una qualsiasi occupazione retribuita. Per trovare qualcosa di analogo occorre risalire alle leggi sul vagabondaggio e sul lavoro coatto che dal Seicento al primo Ottocento sono servite a costringere con la forza decine di migliaia di «vagabondi» – cioè di ex contadini espulsi dalle campagne – ad arruolarsi nelle fabbriche-galere del capitalismo impegnato a realizzare la propria accumulazione primitiva. In primo luogo, visto che si dà per scontato che i disoccupati siano tali per pigrizia, per cui sarebbero felici di campare di denaro pubblico senza lavorare, si sono studiate una serie di misure per verificare se cerchino davvero lavoro e punirli nel caso non lo facciano. Si è chiesto ai centri di collocamento di verificare che gli assistiti trascorrano almeno cinque ore al giorno a cercare lavoro. Si sono imposte condizioni ricattatorie di ogni tipo per poter continuare a usufruire del sussidio: controlli sull'eventuale abuso di alcol; test psicometrici, che, pur essendo stati definiti inutili e persecutori da esperti del settore, sono stati confermati in quanto svolgono – si dice – una funzione «responsabilizzante»(!); multe e/o sospensioni fino a tre anni dal sussidio dopo ripetuti rifiuti di accettare un qualsiasi posto di lavoro; pressioni nei confronti di disabili e malati di cancro[35] perché accettino lavori penosi per il loro stato; imposizione ai responsabili dei centri di collocamento di un target minimo di sanzioni da comminare ai soggetti assistiti; sei mesi di lavoro gratuito (chi rifiuta perde il sussidio) che, originariamente concepito come una sorta di servizio civile, si è rivelato un regalo alle imprese: i «volontari» vengono spediti a fare di tutto: dalla pulizia degli uffici, alle mansioni di sottoinfermieri negli ospedali, a una serie di attività da svolgere in alcune grandi catene commerciali. Nell'ultimo caso, i sindacati si sono mobilitati per ostacolare una pratica che non è solo ingiusta per chi la subisce, ma è anche in contraddizione con il fine dichiarato di combattere la disoccupazione, visto che le imprese sfruttano il lavoro gratuito dei disoccupati per sostituire una parte dei propri dipendenti, creando in questo modo nuovi disoccupati[36]. La spinta a livelli di flessibilità sem-

[35] Una misura particolarmente odiosa documentata da un articolo consultabile all'indirizzo http://www.guardian.co.uk/society/2012/sep/17/plans-forcing-cancer-sufferers-seek-work

[36] Alcune catene commerciali hanno accettato la critica dei sindacati e si sono impegnate a non aderire più a questi programmi di «reinserimento», dimostrandosi meno

pre più elevati, agevolata dalle misure capestro appena elencate, ha partorito mostruosità giuridiche come i cosiddetti contratti a zero ore, che consistono nell'assumere gente senza che vengano preliminarmente fissate le ore di lavoro da svolgere né la retribuzione oraria. Presentata come un esperimento per favorire l'aumento dell'occupazione in certi settori, questa pratica riguarda ormai più di un milione di lavoratori in ogni comparto dell'economia britannica e, secondo i sindacati, viene usata per far svolgere attività a tempo pieno con paghe inferiori anche del 40% alla media[37].

* * *

I crimini più atroci commessi in nome delle «leggi» del mercato con la benedizione dell'ideologia liberista, tuttavia, avvengono nei Paesi in via di sviluppo che ospitano le catene di subfornitura delle imprese multinazionali. Di alcune di queste realtà mi occuperò nella prossima parte, dedicata alla composizione del proletariato globale; qui mi limito a ricordare su chi ricada la responsabilità della più grande strage di lavoratori (in maggioranza donne) della storia mondiale dell'industria dell'abbigliamento. Nel novembre 2012 più di millecento persone muoiono a causa del crollo di una fabbrica fatiscente nel Bangladesh (nei mesi precedenti altre centinaia di vittime erano state provocate dagli incendi che avevano distrutto altre fabbriche dello stesso Paese). Dopo il disastro, i media cercano di appurare quali grandi imprese occidentali si servano abitualmente della forza lavoro a bassissimo costo che si concentra nelle fabbriche della morte, prive dei più elementari requisiti per garantire la salute e la vita di chi vi lavora. Fra i marchi costretti ad ammettere di avere usufruito delle prestazioni di questi lager – mentre in un primo momento avevano negato ogni responsabilità – troviamo anche l'italiana Benetton. Un articolo dello *Huffington Post*[38] «giustifica» Benetton e soci spiegando che le catene di subfornitura dei giganti del settore sono ormai talmente

forcaiole del governo Tory. Cfr., in merito, l'articolo alla pagina http://www.guardian.co.uk/business/2012/feb/10/unions-shops-unpaid-work-schemes

37 Vedi l'articolo alla pagina http://www.theguardian.com/uk-news/2013/aug/05/zero-hours-contracts-cover-1m-uk-workers

38 Vedi alla pagina http://www.huffingtonpost.com/peter-s-goodman/bangladesh-tragedy-garment-trade_b_3246277.html

ramificate e complesse che chi ne tira le fila conosce solo le imprese con cui ha concluso certi contratti, ma non è assolutamente in grado di ricostruire a quante e quali altre imprese sia stata affidata la realizzazione concreta delle lavorazioni e, a maggior ragione, non può controllare se i subfornitori finali rispettino gli standard minimi di sicurezza. Lo stesso articolo, tuttavia, ha anche il buon gusto di ricordare che al committente interessa solo che vengano rispettati i vincoli rigidi di tempo, costo e qualità imposti dalle «leggi» della concorrenza, e che tali vincoli sono talmente feroci da avere come conseguenza «naturale» disastri come quello appena ricordato.

Dopo la catastrofe, per paura di subire danni di immagine, ma anche e soprattutto perché la strage ha provocato la reazione dei lavoratori con una serie di scioperi e manifestazioni che minacciano di danneggiare la produzione, i colossi dell'abbigliamento iniziano a cercare alternative in Cambogia, Vietnam e Indonesia. Anche se, come nota giustamente il *New York Times*[39], è improbabile che analoghi problemi non si presentino prima o poi anche in questi Paesi. Forse avrebbe più senso se i committenti si mettessero d'accordo per adottare procedure comuni di controllo sulle condizioni di lavoro nelle imprese che lavorano per loro. In effetti diversi marchi, soprattutto europei, tentano di varare un piano – denominato Accord on Factory and Building Safety in Bangladesh – che va in tale direzione. Peccato che la maggioranza delle imprese americane, come spiega ancora il *New York Times*[40] rifiuti di aderirvi, per paura che ciò consenta alle vittime di eventuali nuovi incidenti di citarle per danni davanti a un tribunale americano. Come i *banksters* che mentono e rubano, come le corporation che evadono il fisco, come i governanti che riducono alla fame i propri cittadini, anche i marchi dell'abbigliamento rivendicano insomma libertà di delinquere senza correre il rischio di dover pagare per i propri crimini. L'ideologia liberista conosce del resto un'unica legge: quella del profitto.

[39] Vedi alla pagina http://www.nytimes.com/2013/05/16/business/global/after-bangladesh-seeking-new-sources.html?pagewanted=all&_r=0

[40] Vedi alla pagina http://www.nytimes.com/2013/05/23/business/legal-experts-debate-us-retailers-risks-of-signing-bangladesh-accord.html?pagewanted=all

Parte seconda
SULLA COMPOSIZIONE DI CLASSE

Capitolo III
AMERICANISMI

Un articolo di Rebecca Solnit[1], dedicato al primo compleanno di Occupy Wall Street, indica, fra i meriti di questa esperienza politica, quello di avere contribuito a spezzare lo stato di isolamento in cui tante persone erano sprofondate a causa della virtualizzazione dei rapporti sociali. Il movimento, sostiene Solnit, ha reinventato uno spazio pubblico dove si è riscoperto il gusto del confronto faccia a faccia, e dove molti hanno potuto condividere la passione per la giustizia economica e la democrazia reale, denunciando le sofferenze generate dal capitalismo. Uno spazio, aggiunge, nel quale si sono formati legami «che hanno superato le tradizionali divisioni di età e razza e classe». Quel mettere il superamento delle divisioni di classe sullo stesso piano del superamento delle divisioni di età e razza la dice lunga sull'ideologia del movimento Occupy; un'ideologia che trova espressione compiuta nello slogan «we the 99%» – frase che ha suscitato l'entusiasmo delle sinistre radicali europee per la sua efficacia nel tracciare il confine fra un'infima minoranza di straricchi e la quasi totalità dei comuni cittadini, costretti a subire gli effetti di una crisi di cui non hanno alcuna responsabilità. Ma non appena si ponga fra parentesi l'efficacia propagandistica di tale parola d'ordine, per concentrare invece l'attenzione sulle sue implicazioni teoriche, diviene chiaro come la neutralizzazione delle differenze di classe all'interno di quel 99% implichi

[1] R. Solnit, «La pazienza di Occupy», *Alfabeta2*, n. 24, novembre 2012, p. 5.

una visione populistica che identifica i nemici del capitalismo in una massa di atomi individuali posti su un piano di orizzontalità. Della versione «moltitudinaria» di tale ideologia mi occuperò oltre, per il momento vorrei sottolineare come essa non sia un'invenzione di Occupy, ma affondi le radici in una tradizione, quella della New Left americana, che ha ripudiato da tempo la visione «classista» delle sinistre europee.

A Stanley Aronowitz, sociologo e allievo di Marcuse, dobbiamo una delle formulazioni più chiare dell'approccio della sinistra radicale americana al tema della relazione fra classi sociali e lotta politica[2]. La tesi di Aronowitz è che le classi sociali non hanno esistenza «oggettiva», ma esistono solo se e nella misura in cui esprimono una propria autonomia culturale, fondata sulla consapevolezza dei propri interessi, sulla memoria storica delle lotte, nonché su un set di narrazioni che ne sostanziano l'identità. Una concezione che rispecchia la visione «costruttivistica» degli accademici americani di sinistra, più vicina ai *cultural studies* che al marxismo. Si tratta di un punto di vista che cancella la distinzione marxiana fra «classe in sé» e «classe per sé», cioè fra classe intesa come mera categoria socio-economica e classe come soggetto politico organizzato. Per Aronowitz, e per tutti coloro che ne condividono la prospettiva, la classe esiste solo come manifestazione intermittente di una soggettività collettiva di natura eminentemente linguistica; per cui, quando questa soggettività non appare in grado di esprimere autoriconoscimento, essa letteralmente sparisce, si dissolve in una galassia di individui e gruppi frammentari. Analogo a quello di Aronowitz è il punto di vista del filosofo argentino Ernesto Laclau[3], il quale, con una discutibile reinterpretazione del concetto gramsciano di egemonia, sostiene che le identità sociali non sono determinate da fattori oggettivi (dal ruolo nel processo produttivo), ma sono il prodotto mutevole di formazioni egemoniche (tesi di cui mi occuperò più avanti). Le implicazioni dei discorsi di Aronowitz e Laclau sono chiare, nel senso che questi autori si propongono di dissolvere la relazione determinata (ancorché non immediata e meccanica) fra essere sociale

[2] Cfr. S. Aronowitz, *Post-Work. Per la fine del lavoro senza fine*, Derive Approdi, Roma 2006.

[3] Cfr. E. Laclau, *La ragione populista*, Laterza, Roma-Bari 2008. Vedi anche M. Baldassari, D. Melegari (a cura di), *Populismo e democrazia radicale. In dialogo con Ernesto Laclau*, ombre corte, Verona 2012.

e coscienza istituita da Marx. È per questo che Aronowitz rilancia un *Leitmotiv* che ha accompagnato la storia della New Left americana a partire dagli anni Sessanta: in America, i protagonisti delle lotte anticapitalistiche della seconda metà del Novecento sono stati studenti, minoranze etniche e donne, mentre la classe operaia tradizionale, i colletti blu, si sono quasi sempre schierati a destra. Questo paradossale scambio di identità sociali, culturali e politiche nell'incrocio alto/basso – destra/sinistra si è radicalizzato in concomitanza con i processi di terziarizzazione del lavoro che hanno accompagnato la rivoluzione digitale e la New Economy, rovesciando i rapporti numerici fra colletti bianchi e colletti blu: mentre i primi venivano infatti rivendicando sempre più spesso il ruolo di «progressisti», i secondi indossavano i panni dei conservatori (anche se, in anni recenti, abbiamo assistito a saltuari episodi di alleanza fra classe operaia e movimenti sociali – come in occasione della mobilitazione No Global di Seattle, nel 1999, o della convergenza fra sindacati e militanti di Occupy durante le celebrazioni del primo maggio 2012 – mentre l'impatto della crisi sembrerebbe avere invertito la tendenza, dirottando parzialmente il voto operaio dai repubblicani ai democratici).

La paradossale divergenza fra *status* sociale e orientamento ideologico, tuttavia, può essere spiegata in altri modi. Per esempio, i teorici della moltitudine – lo vedremo meglio più avanti – interpretano le inversioni appena descritte come effetto di una mutata composizione di classe: da un lato, la moltitudine assorbe in sé e integra differenti strati sociali, estendendo a dismisura il numero dei soggetti subordinati ai processi di sfruttamento capitalistico, dall'altro lato, i nuovi movimenti sarebbero espressione di una nuova e diversa «avanguardia di classe», vale a dire di quei *knowledge workers* che l'evoluzione del capitalismo pone al centro della produzione di valore. Esistono, tuttavia, anche obiezioni più «classiche» alle tesi della New Left, in base alle quali gli operai americani non rifiuterebbero le ideologie della nuova sinistra perché privi di identità e coscienza di classe, ma *proprio perché* mantengono chiara consapevolezza dei propri interessi. Ad argomentare in modo convincente tale tesi è, fra gli altri, Slavoj Žižek[4]. Di fronte al paradosso di una classe operaia schierata a destra, sostiene Žižek, non possiamo cavarcela ricordando che non necessariamente esiste un

[4] Cfr. S. Žižek, *The Parallax View*, The MIT Press, Cambridge, Mass. 2006.

legame fra posizione socio-economica e ideologia. Questo è ovvio, meno ovvio è rendersi conto di come l'emergenza di una nuova classe media legata alle professioni del terziario avanzato abbia contribuito a indirizzare la cultura e i programmi delle sinistre tradizionali (democratici in America, laburisti in Inghilterra, socialdemocrazie in Europa) verso rivendicazioni «postmaterialistiche» (ambientalismo, ecopacifismo, lotte contro razzismo, sessismo e fondamentalismi, rivendicazione di nuovi diritti civili, ecc.) e, nel contempo, abbia comportato il ripudio degli interessi delle «vecchie» classi produttive, colpite dalla ristrutturazione capitalistica e dallo smantellamento del welfare. La classe operaia odia i *liberal* «illuminati» che hanno acquisito il controllo della sinistra, inducendola a imboccare la «terza via» tracciata dai Bill Clinton e dai Tony Blair; un odio che non è dettato da ragioni ideologiche né, tanto meno, da una conversione ai valori e ai princìpi della destra conservatrice, ma che, più semplicemente, ha come bersaglio un ceto politico che ignora le ragioni dei soggetti sociali più deboli. E tale analisi non vale solo per l'America: anche nella vecchia Europa, dove partiti e sindacati mantengono un ancorché limitato e formale riferimento ai valori tradizionali della sinistra, abbiamo assistito a impressionanti migrazioni operaie verso forze politiche di destra – vedi il caso della Lega Nord in Italia – che si sono assunte il ruolo di rappresentarne, anche se solo a parole, gli interessi.

Prima di entrare nel merito delle trasformazioni che la composizione di classe ha subìto negli ultimi decenni, occorre spendere ancora qualche parola sui fattori storici e culturali che hanno contribuito alla «americanizzazione» della sinistra europea, inducendola a ripudiare a sua volta la centralità del concetto di classe ai fini dell'analisi politica. A partire dal più importante, che è stato il crollo dell'Unione Sovietica e dei regimi dell'Est Europa. In un primo tempo, le sinistre radicali avevano sottovalutato i devastanti effetti simbolici che la tragedia storica del 1989 era destinata a generare. Da tempo convinta che il «socialismo reale» poco o nulla avesse a che fare con il «vero» socialismo, con gli ideali che hanno ispirato il ciclo di lotte operaie e studentesche degli anni Sessanta e Settanta, la nuova sinistra non aveva capito che il venir meno di qualsiasi alternativa – per quanto «nominale» – alla società capitalistica avrebbe provocato la delegittimazione non solo di teorie, ideali e speranze, ma delle stesse parole che per un secolo e mezzo, dalla pubblicazione del *Manifesto* di Marx ed Engels alla fine del XX secolo, erano servite a nominarli. La rapidità con cui termini come comunismo, socialismo, proletariato, lotta di classe sono stati emarginati, se non cancellati, dal lessico corrente è apparsa stupefacente, al punto da suonare come una clamorosa conferma delle tesi sulla «spirale del silenzio»[5] proposte dalla studiosa tedesca Elisabeth Noelle-Neumann – tesi secondo cui, ogni volta che chi esprime pubblicamente opinioni, idee o concetti «eretici» (oggi si direbbe *politically incorrect*) rischia di subire sanzioni sociali quali disapprovazione, irrisione e disprezzo, ecc.; per cui quelle opinioni e quelle idee, unitamente alle parole che le esprimono, tendono a sparire dalla conversazione pubblica. Dall'autocensura al dubbio, dal «pentimento» alla «conversione», il passo è breve: brevissimo per le socialdemocrazie, le quali hanno colto al volo l'occasione per sbarazzarsi di un bagaglio culturale che da tempo vivevano come un insopportabile peso del passato (vedi la fulminea traiettoria che ha portato il PCI a trasformarsi in PDS per poi felicemente approdare all'americanissimo PD). Ma è stato relativamente breve anche per le sinistre radicali che, alle vecchie velleità antagonistiche, hanno sostituito timide allusioni al fatto che «un altro mondo è possibile», così come hanno rimpiazzato l'imbarazzante riferimento al comunismo con il più rassicurante appello a lottare per la difesa dei *commons* (con netta preferenza per il termine anglosassone rispetto al prosaico beni comuni)[6].

Ovviamente non intendo qui sostenere che l'eclissi del concetto marxiano di classe – e delle relative implicazioni politiche – sia stato semplicemente il prodotto di una rimozione linguistica (tesi che mi metterebbe sullo stesso piano del punto di vista «costruzionistico» che critico in questo capitolo). È tuttavia indubbio che tale rimozione, resa possibile se non univocamente causata dalla caduta del Muro di Berlino, e successivamente sancita da una poderosa campagna mediatica globale, abbia potentemente contribuito al trionfo di un'utopia neoliberale ormai priva di rivali, fino a determinare la nascita di quello che i militanti No Global degli anni Novanta hanno efficacemente battezzato «pensiero unico». Come è stato giustamente messo in luce[7], questa utopia, mentre ripropone il dogma classico dell'autorego-

[5] Vedi, in proposito, S. Cristante (a cura di), *L'onda anonima*, Meltemi, Roma 2004.

[6] Dell'ideologia «benecomunista» mi occuperò nella Parte quarta.

[7] Cfr., fra gli altri, A. De Nicola, «Pauperismo e crisi», *Alfabeta2*, n. 22, settembre 2012, p. 3.

lazione del mercato, ne aggiunge un secondo, che consiste nel dare per acquisito il processo di de-proletarizzazione della società. Il conflitto fra capitale e lavoro non esiste più, nella misura in cui tutti gli individui sarebbero divenuti capitalisti in quanto detentori, se non di capitale finanziario e/o di mezzi di produzione, di un «capitale sociale» e/o di un «capitale intellettuale», liberamente spendibili in una competizione per la mobilità aperta a tutti. Come vedremo nei prossimi capitoli, questa mistificazione – in nome della quale lavoratori autonomi e precari sottoposti a feroci forme di sfruttamento vengono spacciati per «imprenditori di sé», e proletari oberati dai debiti per «individui proprietari» – ha ottenuto legittimazione anche da certe analisi «di sinistra» sul lavoro autonomo di seconda generazione. Questa interpretazione ideologica degli effetti della ristrutturazione capitalistica, unitamente all'impatto che crisi e controrivoluzione liberal-liberista hanno avuto sulle condizioni di vita e di lavoro delle classi subordinate, è la causa di fondo di una mutazione antropologica delle soggettività al lavoro; una mutazione in ragione della quale milioni di persone, mentre hanno perso ogni capacità di percepirsi come membri di una classe sociale, si vivono come soggetti isolati che, invece della propria forza lavoro, vendono se stessi, le proprie qualità personali e individuali (competenze comunicative, empatia verso clienti e colleghi, capacità di sopportare stress e umiliazioni, aspetto fisico e *appeal* sessuale, ecc.). In questo mondo dominato dalla filosofia della «personalizzazione di massa» si smarrisce la consapevolezza dei tratti che ci accomunano agli altri in quanto sfruttati e che richiederebbero rappresentanza sindacale e politica: ognuno ritiene di rappresentare unicamente se stesso, il che lo rende debole e depresso e, nei casi di perdita di lavoro, induce all'autocolpevolizzazione più che alla rabbia. Anche perché, trovandosi immersi in una realtà che viene descritta come frammentata, differenziata e infinitamente «complessa»[8], diventa difficile, se non impossibile, identificare un nemico al quale imputare la propria condizione. Torniamo quindi alla domanda implicitamente sollevata in apertura di capitolo: dobbiamo arrenderci agli effetti della duplice morsa che da sinistra – riduzione delle identità sociali a categorie «linguistiche» – e da destra – utopia liberal-liberista –

[8] Sui risvolti ideologici del concetto di complessità, vedi quanto ho scritto nel primo capitolo di *Felici e sfruttati*, Egea, Milano 2011.

sta stritolando il concetto di classe, oppure possiamo e dobbiamo rivendicarne l'attualità per tornare a usarlo come chiave interpretativa della crisi e dei suoi possibili esiti politici?

Un autore che abbiamo già incontrato nella Parte prima, il sociologo Luciano Gallino, è fra coloro che con maggiore energia hanno rivendicato la necessità di recuperare la nozione «tradizionale» di classe[9]. Chi afferma che le classi non esistono più, sostiene Gallino, confonde l'esistenza con la visibilità. Detto altrimenti: che i partiti della sinistra tradizionale abbiano rinnegato la loro natura di classe, né intendano più rappresentare interessi di classe ma si proclamino difensori del «bene comune», e che, come abbiamo argomentato poco sopra, il lessico della lotta di classe sia stato oggetto di una «pulizia etnica» che lo ha cancellato dalla neolingua liberista, non implica che le classi in quanto realtà oggettiva, per il semplice fatto che non vengono più nominate, siano sparite. Accantonando il paradigma postmoderno in sociologia, Gallino torna quindi a prendere in considerazione la distinzione marxiana fra classe in sé e classe per sé: non si appartiene a una classe sociale solo se, come sostengono Aronowitz e altri, «si pensa» di appartenervi, bensì quando si appartiene a una comunità di destino e se ne subiscono le conseguenze in termini di reddito, qualità della vita e chance di mobilità sociale. Le utopie liberal-liberiste si alimentano da sempre del mito del *self-made man* – in nome del quale contrappongono alle pretese egualitarie e redistributive della sinistra un ideale di giustizia sociale fondato sulla promessa di garantire «pari condizioni di partenza» nella gara per dare la scalata alla gerarchia sociale; ma l'evidenza empirica dimostra come, negli ultimi decenni e nei Paesi occidentali che più coltivano l'ideologia della mobilità, l'appartenenza a una determinata classe – definita in termini oggettivi di risorse disponibili – sia divenuta ereditaria quasi quanto lo sono le appartenenze di casta in India. Una chiusura che la crisi sta rendendo ancora più ermetica, nella misura in cui riduce drasticamente quelle risorse – come l'accesso all'università e ad altre componenti del welfare – che in passato offrivano qualche limitata chance di fuga verso l'alto ai membri delle classi inferiori.

Se l'esistenza delle classi in sé è un dato di fatto che può essere negato solo attraverso barocchi funambolismi ideologici, il discorso sul-

9 Cfr. L. Gallino, *La lotta di classe dopo la lotta di classe*, cit.

la classe per sé evoca problematiche più complesse. Gallino lo affronta con efficacia laddove analizza il compattamento delle classi dominanti protagoniste di quella «lotta di classe dall'alto» che, a partire dalla controrivoluzione liberal-liberista degli anni Ottanta, ha completamente ridisegnato i rapporti di forza fra alto e basso nelle nostre società. In particolare, descrive bene[10] il processo di integrazione fra capitale finanziario e imprese multinazionali e la convergenza fra potere politico ed economico, favorita dall'aumento dei costi della politica e dal conseguente potere di ricatto delle lobby. Al tempo stesso, dimostra come questo processo di integrazione sia andato di pari passo con la scomposizione del proletariato globale, con il moltiplicarsi delle divisioni prodotte dalla stratificazione delle condizioni di lavoro, reddito e vita (un risultato ottenuto soprattutto grazie allo sfruttamento della forza lavoro dei Paesi emergenti, che ha permesso di peggiorare le condizioni dei lavoratori dei Paesi ricchi) e infine con le divisioni fra lavoro qualificato e non qualificato, rese più acute dai processi di ristrutturazione tecnologica e dal progredire della New Economy. Tuttavia non basta prendere atto di questo processo di scomposizione: per interrogarsi sulle possibilità di riattivare un controprocesso di aggregazione dal basso, di ricostruzione del proletariato globale come classe per sé, occorre «leggerne» la frantumazione in termini di composizione politica: quali strati esprimono i livelli più avanzati di autoconsapevolezza e antagonismo, come e in quale misura è possibile trasformarli in nuclei di condensazione di nuove forme di organizzazione politica? Sono domande cui tenterò di rispondere nei prossimi capitoli.

[10] *Ibidem.*

Capitolo IV
APORIE DELLA MOLTITUDINE

Nell'invito a rileggere la frammentazione delle soggettività messe al lavoro in termini di composizione di classe, con cui si è chiuso il capitolo precedente, è sottinteso il rinvio alla tradizione dell'operaismo italiano, dal momento che tale concetto è stato il «marchio» di questa scuola di pensiero, dalla nascita della rivista *Quaderni Rossi* (1961)[1] ai giorni nostri. Anche se, in questo mezzo secolo di storia, la categoria ha subìto varie e significative evoluzioni, in base ai differenti percorsi dei teorici che se ne sono serviti. Lo scopo di questo lavoro non è però quello di scrivere una storia dell'operaismo – argomento sul quale esiste già un'ampia bibliografia[2] –, per cui mi limiterò a ripercorrere una sola di tali derive, e cioè quella che ha guidato Antonio Negri e allievi a «migrare» dal concetto di operaio massa a quello di operaio sociale, per approdare infine a quello di moltitudine. Si tratta di una scelta dettata dal fatto che i testi di Antonio Negri godono di ampia diffusione internazionale, essendo assurti a paradigma di quella *Italian theory* che incontra oggi i favori di molti accademici di sinistra d'oltralpe e d'oltreoceano; ma anche e soprattutto dal fatto che, a parere di chi

[1] Tutti i numeri della rivista sono stati ristampati e raccolti in otto volumi da Sapere Edizioni, Milano 1970.

[2] Fra i titoli più significativi vedi: G. Borio, F. Pozzi, G. Roggero, *Futuro anteriore*, Derive Approdi, Roma 2002; M. Tronti, *Noi operaisti*, Derive Approdi, Roma 2009; infine, per un'analisi specificamente dedicata all'evoluzione del pensiero di Antonio Negri, vedi D. Palano, *Dioniso postmoderno*, Multimedia Publishing, Milano 2008.

scrive, questa deriva ha generato – e continua a generare – perniciosi errori di prospettiva politica.

Fra i primi anni Sessanta e la metà degli anni Settanta del secolo scorso, l'attenzione dell'operaismo si concentra sulla figura dell'operaio massa. Il diffondersi delle grandi fabbriche fordiste in Italia (concentrate nei settori della produzione di beni di consumo durevole e nelle regioni del Nord Italia) induce Raniero Panzieri, Mario Tronti, Antonio Negri, Romano Alquati e altri intellettuali di sinistra a muovere all'assalto dell'ortodossia marxista del PCI[3]. Al centro delle loro analisi stanno le lotte (obiettivi e forme organizzative) e la cultura (valori e pratiche di vita quotidiana in fabbrica e fuori) dei giovani operai (in prevalenza immigrati meridionali) che costituiscono il nerbo della forza lavoro massificata e dequalificata, inchiodata alla catena di montaggio. Questi strati operai, a differenza dei colleghi più anziani dotati di competenze professionali elevate (politicamente e sindacalmente inquadrati nel binomio PCI-CGIL), non si identificano con il proprio lavoro e non manifestano orgoglio professionale; né sognano di subentrare ai padroni nella gestione della fabbrica. Sono piuttosto interessati a ottenere miglioramenti immediati delle proprie condizioni di vita e di lavoro attraverso aumenti salariali uguali per tutti – rivendicazione «eretica» per i sindacati, abituati a gestire carriere verticali fondate sull'accumulo nel tempo di conoscenze e saperi professionali –, riduzioni dell'orario e dei ritmi di lavoro, allentamento della disciplina aziendale. Obiettivi che vengono perseguiti attraverso forme di lotta aggressive, che sfruttano la rigidità dell'organizzazione del lavoro fordista per infliggere ai padroni il massimo danno con il minimo costo per gli operai (scioperi selvaggi, scioperi a scacchiera, sabotaggi, ecc.) e che aggrediscono frontalmente la disciplina di fabbrica (picchetti duri, cortei interni, «lezioni» ai capi più protervi). La tradizionale organizzazione gerarchica del sindacato viene vista come uno specchio rovesciato della disciplina di fabbrica, per cui viene rifiutata e sostituita da inedite forme organizzative che nascono dal basso nel corso delle lotte, forme che richiamano in vita la tradizione dei consigli operai del primo Novecento: assemblee autonome e comitati di base che agiscono totalmente al di fuori del controllo dei sindacati, oppure consi-

[3] La «Bibbia» dell'eresia operaista fu, in quegli anni, il celebre testo di M. Tronti, *Operai e capitale*, Einaudi, Torino 1966.

gli di fabbrica formati da delegati di reparto revocabili in ogni momento che, pur restando entro i confini delle organizzazioni sindacali, si propongono di rifondarle dal basso.

Per gli operaisti, queste pratiche rappresentano gli embrioni di una «autonomia operaia» che impone un radicale ripensamento del rapporto fra lotta politica e lotta economica. Il rifiuto del lavoro alienato, sequenza di gesti ripetitivi e senza senso che finiscono per invadere e colonizzare la stessa vita quotidiana (la fabbrica si specchia infatti nella «città fabbrica», nei quartieri dormitorio dove il «tempo libero» diviene a sua volta sequenza di pratiche riproduttive deprivate di senso affettivo, finalizzate esclusivamente al recupero delle energie da consumare nel processo produttivo), diviene, nel lessico operaistico, rifiuto del lavoro *tout court*, vale a dire, rifiuto di una condizione operaia che implica la subordinazione al comando capitalistico. L'operaio massa non vuole appropriarsi della fabbrica così com'è, né pensa di continuare a farla funzionare in nome del socialismo, sostituendo il comando delle burocrazie sindacali e di partito al comando padronale: la vuole distruggere, assieme alla società che ne rispecchia valori, modelli organizzativi e gerarchie; vuole costruire sulle sue macerie rapporti produttivi e sociali diversi, fondati sulla solidarietà e sull'autogoverno operai. Ma se questo è vero, allora la classe non ha più bisogno di organizzazioni politiche professionali, esterne ai luoghi di lavoro, per condurre la propria lotta per l'emancipazione. Una lotta economica che presenta le caratteristiche appena descritte assume infatti valenza direttamente politica, e le strutture organizzative che nascono dal basso sono l'embrione di nuove istituzioni – economiche, sociali e politiche ad un tempo – che trascendono l'orizzonte partitico e sindacale. Analizzare la composizione di classe significa, in tale contesto, prendere atto che la classe operaia non è un blocco omogeneo, bensì un corpo striato da divisioni che rispecchiano gerarchie professionali, separazione fra lavoro manuale e intellettuale, differenze di età, genere e provenienza geografica, ecc. Significa distinguere fra composizione tecnica, che legittima questa stratificazione piramidale, e composizione politica, che, al contrario, la sovverte dal momento che coscienza dei propri interessi di classe e carica antagonistica si concentrano alla base.

Il pensiero operaistico, mentre appare eretico rispetto alla teoria del partito – per essere precisi: rispetto alla volgarizzazione della concezione gramsciana del partito operata da Togliatti –, si presenta come un ritorno all'ortodossia sul piano della critica dell'economia politica, dal momento che rivisita temi marxiani classici: lavoro produttivo e improduttivo, ruolo della conoscenza tecnologica e scientifica (*general intellect*) nella produzione capitalistica, denuncia dei rapporti di dominio che si celano dietro le «leggi» dell'economia, importanza politica delle lotte sul salario e sull'orario di lavoro, ecc. Eppure questo pensiero, originariamente debitore di attente riletture del *Capitale* e dei *Grundrisse*, se ne allontanerà a mano a mano che crisi e ristrutturazione capitalistica riusciranno a depotenziare, fino a renderlo residuale, il ruolo dell'operaio massa. A partire dalla metà degli anni Settanta, reagendo alla caduta dei profitti provocata da lotte operaie, crisi petrolifera, stagflazione e crisi fiscale dello Stato, il capitalismo inizia una controffensiva che si articola su più livelli: ristrutturazione tecnologica (macchine a controllo numerico, robot e tecnologie digitali consentono la disarticolazione della grande fabbrica fordista e la sua sostituzione con processi a rete che, mentre mantengono il controllo centralizzato sulla produzione, smembrano il corpo collettivo della classe); globalizzazione dei mercati finanziari e del lavoro; tagli radicali a spesa pubblica e welfare. Un processo che culmina nei «golpe» liberisti degli anni Ottanta in Inghilterra e negli Stati Uniti, che prolungheranno i loro effetti devastanti fin dentro la crisi dei primi anni Duemila, già descritta nella Parte prima. Sparizione delle grandi concentrazioni operaie, nuova stratificazione di classe con il moltiplicarsi di inedite figure produttive, precarizzazione, flessibilizzazione e individualizzazione del lavoro sono fenomeni che prosciugano l'acqua in cui nuotavano gli operaisti, costringendoli a intraprendere un tormentato percorso di ridefinizione del loro bagaglio teorico. Nel corso di tale percorso, il riferimento alle categorie marxiane viene progressivamente allentandosi, fino a ridursi al richiamo pressoché esclusivo – e per di più «contaminato» da altri paradigmi teorici – ad alcune sezioni dei *Grundrisse*; alla sterilizzazione dello «storicismo» marxiano – operazione già avviata negli anni Sessanta, attraverso l'adesione all'interpretazione althusseriana[4] del pensiero di Marx –, si affiancano prestiti sempre più cospicui dal pensiero post-strutturalistico di Foucault e Deleuze, dai *cultural studies* e da vari contributi della New Left e del femminismo. Il punto di approdo è un postmodernismo metodologi-

[4] Cfr. L. Althusser, *Per Marx*, Editori Riuniti, Roma 1967.

co che condanna la modernità novecentesca in quanto dispositivo culturale antropologico, culturale e politico accusato di garantire la riproduzione indefinita del dominio. In seguito a tale mutazione di rotta – maturata fra gli anni Settanta del secolo scorso e i primi anni del Duemila – il concetto di composizione di classe, benché non venga abbandonato, subisce una torsione verso l'approccio «americanistico» e «costruttivistico» analizzato nel precedente capitolo: la soggettività antagonistica perde ogni aggancio con la realtà strutturale e diventa pensabile esclusivamente in termini di costruzione linguistico-narrativa[5]. Questa deriva non è tanto il frutto di un'infatuazione per certe «mode» filosofiche (anche se tale fattore non è trascurabile), quanto del fatto che Negri e allievi rifiutano ostinatamente di accettare l'evidenza: ciò che l'operaismo ha elevato a «legge» del capitalismo (cioè il principio secondo cui sarebbe la soggettività operaia a determinare – sempre e a prescindere dai contesti economico-tecnologici – lo sviluppo capitalistico, e non viceversa) è stato piuttosto il prodotto storico, e dunque contingente, dell'organizzazione fordista del lavoro e delle sue ricadute socio-politiche. Pur di non accettare tale realtà, il pensiero postoperaista inizia a inventare una serie di concetti – operaio sociale, moltitudine, produzione biopolitica, ecc. – di cui mi occuperò nelle prossime pagine di questo capitolo (e nel capitolo successivo). Concetti che presumono lo sviluppo di nuove relazioni fra lavoro vivo e lavoro morto, nonché fra accumulazione interna ed esterna alla produzione capitalistica, e che conducono a sorprendenti convergenze fra teorie postoperaiste e idee degli intellettuali *liberal* della New Economy.

Partiamo dall'operaio sociale. A partire dalla metà degli anni Settanta, questo concetto inizia a essere utilizzato per connotare un arcipelago di soggetti: proletariato giovanile delle periferie urbane (non occupato, o saltuariamente occupato in attività produttive delocalizzate), «nuovi movimenti» (sono gli anni in cui femministe e ambientalisti iniziano a rivendicare autonomia dal movimento operaio); comunità messe al lavoro nei territori che funzionano come fabbrica diffusa. Le pratiche di illegalità di massa messe in atto da tali soggetti (occupazioni di edifici pubblici e privati sfitti o dismessi, saccheggi di su-

[5] Cfr. J. Revel, «Friabilità dei ruoli, ovvero il rovello della composizione politica», *Alfabeta2*, n. 23, ottobre 2012.

permercati, sfondamento dei servizi d'ordine ai concerti, ecc.) vengono descritte – senza eccessive preoccupazioni per la corrispondenza di tale tesi alla realtà empirica – come un «prolungamento» delle precedenti pratiche di rifiuto del lavoro: alla rivendicazione operaia di salario sganciato dalla produttività subentra la richiesta di salario sociale incondizionato da attività lavorative e livelli di compatibilità della spesa pubblica[6]. È un punto di vista che contiene già, *in nuce*, le successive teorizzazioni sulla moltitudine, rispetto alle quali, tuttavia, appare ancora rozzo, teso a legittimare ideologicamente, più che ad analizzare, le rivolte sociali innescate dalla prima fase della mutazione del modo di produrre.

Il salto dall'operaio sociale alla moltitudine matura nel corso del ventennio successivo, come tentativo di interpretare gli effetti di quella che è la più radicale trasformazione che il modo di produzione capitalistico abbia subìto nel corso della propria storia. Cambia la tecnologia: l'avvento delle reti di computer rivoluziona da cima a fondo i contenuti (sempre più «immateriali» e terziarizzati) e l'organizzazione (sempre più orizzontale, distribuita e capace di penetrare in ogni poro della vita sociale: dalla comunicazione pubblica alle relazioni private, dal tempo libero alle attività riproduttive, dallo studio alla ricerca, dall'intrattenimento alle attività commerciali) della produzione. Cambia l'economia, sempre più finanziarizzata e globalizzata (la mobilità di merci, capitali e lavoro aumenta e accelera in misura esponenziale, parallelamente alla mobilità delle informazioni, i cui flussi impongono il proprio modello a ogni altro flusso sociale). Cambia l'antropologia: la mobilità di persone e informazioni «rimescola» identità e culture senza fonderle, le precipita in un crogiolo dove nascono e muoiono continuamente nuove figure e nuove contraddizioni; il corpo sociale esplode in un arcipelago di schegge individuali che, anche quando si muovono su traiettorie parallele, non sono in grado di percepire tali affinità e di ricostruire identità collettive. Da un lato, la categoria di moltitudine «fotografa» questo processo di proliferazione, dall'altro lato, tenta di introdurvi un principio d'ordine immanente, rifondando il concetto di composizione di classe. Per cogliere adeguatamente la

[6] Vale la pena di ricordare come l'avere attribuito all'operaio sociale una carica antagonistica analoga a quella dell'operaio massa abbia indotto l'Autonomia Operaia a imboccare la via di un «insurrezionalismo» che ha procurato danni disastrosi ai movimenti.

portata e le aporie di questo tentativo, conviene partire, più che dalla definizione della moltitudine, da alcuni presuppostici analitici che stanno a fondamento di tale categoria, come il concetto di «produzione biopolitica».

L'idea di produzione biopolitica è di fatto legata – benché tale connessione spesso non venga adeguatamente chiarita – al concetto di «capitalismo immateriale». La riflessione sul processo di terziarizzazione del lavoro, inteso come peso crescente della produzione di servizi rispetto a quella di merci materiali, era già stata avviata alla fine degli anni Settanta[7], ma il concetto di produzione immateriale prende corpo solo con l'esplosione della New Economy degli anni Novanta, parallelamente all'emergere di un'industria che sfrutta la Rete come veicolo di produzione/commercializzazione di servizi innovativi. Per certi guru liberal-liberisti della New Economy, l'idea evoca la relazione inversa fra peso (inteso in senso letterale, come peso fisico) e valore economico dei prodotti: sono le merci più «leggere», quelle a elevata componente di servizio, ad avere valore più elevato, nella misura in cui incorporano una superiore quantità di informazioni e conoscenze[8]. Altri autori appartenenti alla stessa area pongono l'accento sulla riproducibilità illimitata e a costo zero dei prodotti digitali (file video e audio, news, software, ecc.), sostenendo che ciò farebbe venire meno il principio di scarsità in economia, e offrirebbe prospettive di prosperità illimitata, a condizione di eliminare il vincolo giuridico della proprietà intellettuale che frena l'innovazione. Non molto oltre vedremo come i teorici postoperaisti prendano fin troppo sul serio queste utopie digitali ma, quando parlano di capitalismo immateriale, la loro attenzione non è rivolta tanto alla smaterializzazione dei prodotti, quanto al coinvolgimento dei *prosumer* nel processo produttivo delle merci servizio: sia perché il capitalismo digitale non potrebbe esistere senza la cooperazione autonoma e spontanea dei produttori-consumatori; sia perché le nuove merci servizio sono fatte in larga misura di esperienze, emozioni, relazioni sociali, pratiche linguistiche e ludiche, ecc. A partire da tali considerazioni, il lavoro produttivo immateriale viene descritto come lavoro di «produzione di sé». Il neocapitalismo digitale, dunque, non produce solo merci, bensì relazioni sociali e forme di

[7] Cfr. C. Formenti, *La fine del valore d'uso*, Feltrinelli, Milano 1980.
[8] Cfr. K. Kelly, *Nuove regole per un mondo nuovo*, Ponte alle Grazie, Milano 1999.

vita; e il lavoratore che entra in relazione di scambio con il capitale non si limita a vendere la propria astratta capacità lavorativa, ma vende «se stesso», vende cioè quelle singolari potenzialità fisiche e mentali che rappresentano la «materia prima» delle nuove merci. Da questa lettura del neocapitalismo come produzione biopolitica, derivano due implicazioni: 1) l'idea secondo cui il lavoro sarebbe oggi in grado di generare cooperazione sociale autonoma dal comando capitalistico; 2) l'idea secondo cui i prodotti assumerebbero automaticamente forma di *commons*, il che renderebbe impossibile o comunque difficile la loro sussunzione sotto la proprietà privata[9].

La prima implicazione legittima la tesi secondo cui ci troveremmo oggi di fronte a un'inversione della relazione di subordinazione del lavoro vivo nei confronti del lavoro morto, ma purtroppo legittima anche le elucubrazioni – ammantandole del lessico marxiano – di quegli imbonitori della New Economy che, esaltando la centralità delle competenze comunicative e della creatività linguistica nel nuovo modo di produrre, cercano di accreditare l'idea secondo cui i protagonisti della «rivoluzione digitale» non sarebbero le Internet company, bensì la «classe hacker», dalle comunità degli sviluppatori del software *free* e *open source* agli utenti della Rete che cooperano liberamente, spontaneamente e gratuitamente per sfornare «contenuti autoprodotti» (blogger, redattori di Wikipedia, utenti dei social network, ecc.). Questi piazzisti delle dot.com esaltano l'ascesa di un nuovo soggetto sociale, il quale – dal momento che controlla il talento creativo, cioè quella che è oggi la risorsa strategica dell'economia, allo stesso modo in cui i nobili controllavano la terra e i capitalisti controllavano i mezzi di produzione – sarebbe inevitabilmente destinato a scalare la gerarchia del potere economico, politico e sociale. L'anarco-liberista Yochai Benkler sostiene, per esempio, che oggi i mezzi di produzione si riducono sostanzialmente a risorse cui chiunque può accedere agevolmente, come computer e connessioni Internet, per cui piccole imprese, e persino singoli individui, sarebbero ormai in grado di competere «alla pari» con le grandi imprese capitalistiche[10]. I teorici postoperaisti non sono

[9] Queste tesi sono ampiamente argomentate nella trilogia di Michael Hardt e Antonio Negri: *Impero. Il nuovo ordine della globalizzazione* (Rizzoli, Milano 2001), *Moltitudine. Guerra e democrazia nel nuovo ordine imperiale* (Rizzoli, Milano 2004) e *Comune. Oltre il privato e il pubblico* (Rizzoli, Milano 2010).

[10] Cfr. Y. Benkler, *La ricchezza della Rete*, Università Bocconi Editore, Milano 2007.

tanto ingenui da ignorare che il capitale mantiene il controllo su un processo produttivo che, per generare profitti, richiede ben altre risorse che qualche computer connesso in Rete; tuttavia cedono alla suggestione secondo cui il lavoro in Rete si sarebbe conquistato reali margini di autonomia nei confronti dell'impresa capitalistica – idea che interpretano come una versione tecnologicamente e culturalmente «avanzata» dell'autonomia operaia dell'era fordista. In particolare, sostengono che oggi il *general intellect* non si oggettiva nel lavoro morto, cioè nel sistema delle macchine, bensì nella cooperazione sociale spontanea e nella produzione di «sapere vivo». Per questo motivo, aggiungono, il lavoro vivo, pur dipendendo tuttora dall'impresa capitalistica nella sua attuale forma di rete, sarebbe in grado di auto-organizzarsi indipendentemente dal comando capitalistico. Il capitale, insomma, non organizzerebbe più la cooperazione produttiva, ma si limiterebbe a «registrare» l'organizzazione autonoma della forza lavoro, cui si sovrappone come un'entità parassitaria in grado di estrarre rendita, più che profitto, dal processo lavorativo attraverso i dispositivi della finanziarizzazione.

Sono tesi che suonano tanto più sorprendenti in quanto la tradizione operaistica è sempre stata attenta al ruolo della tecnica come agente di sfruttamento e comando capitalistici. Viceversa queste tesi esprimono un'incredibile sottovalutazione della capacità del nuovo sistema di macchine di sovradeterminare non solo l'organizzazione, ma la stessa antropologia del lavoro. Altrove ho utilizzato il termine «taylorismo digitale» per descrivere tale capacità[11]. Chiunque sia dotato di un minimo di conoscenze relative alla storia e all'evoluzione delle tecnologie digitali è in grado di capire che l'apparato produttivo contemporaneo non è fatto tanto di hardware, quanto di software: computer, tablet, smartphone e quant'altro sono i terminali di una megamacchina fatta di programmi, codici e linguaggi; una megamacchina che incorpora modelli culturali funzionali alla valorizzazione e al comando del capitale, capace di ridurre drasticamente i margini di creatività, auto-

Una visione simile, anche se teoricamente più rozza, è contenuta nei lavori di D. Tapscott (vedi, in particolare, *Wikinomics 2.0*, scritto con A.D. Williams, Rizzoli, Milano 2008). Per quanto riguarda il concetto di classe hacker, cfr. W. McKenzie, *La classe hacker*, Feltrinelli, Milano 2004; vedi anche P. Himanen, *L'etica hacker e lo spirito della società dell'informazione*, Feltrinelli, Milano 2001.

[11] Cfr. C. Formenti, *Felici e sfruttati*, cit.

nomia e libertà nei comportamenti dei soggetti che la utilizzano. È un punto che è stato ampiamente argomentato e chiarito da Nicholas Carr[12] e altri autori, ai quali dobbiamo una puntuale analisi del taylorismo digitale, analisi che teorici postoperaisti evidentemente ignorano. Ma la tesi secondo cui il capitale non organizzerebbe né controllerebbe più la cooperazione sociale è foriera di ulteriori abbagli: sia rispetto alla teoria dell'organizzazione di classe – nella misura in cui viene dato per scontato un inesistente livello di autonomia della forza lavoro nei confronti del capitale –, sia rispetto alla teoria della transizione a una società postcapitalistica – in quanto tale passaggio viene concepito come un banale superamento di sovrastrutture culturali e giuridiche che poggerebbero precariamente su rapporti sociali già virtualmente postcapitalistici (vedi, più avanti, Parte quarta).

Si tratta di un salto logico che deve non poco alle polemiche dei teorici *liberal* della New Economy nei confronti della proprietà intellettuale. Una polemica che viene da lontano, se è vero che già nel XIX secolo l'ala più radicale del pensiero liberista aveva assunto una linea «abolizionistica» nei confronti di copyright e brevetti, in quanto sosteneva che la libera circolazione di informazione e conoscenze fosse una condizione indispensabile per accelerare l'innovazione e, quindi, per aumentare la ricchezza sociale[13]. Nelle visioni neoschumpeteriane di autori come il già citato Benkler e Lawrence Lessig[14] queste idee tornano di attualità in riferimento allo scontro che oppone oggi, da un lato, le vecchie industrie culturali, dall'altro lato, l'industria hi tech e le Internet company. In quella «economia immateriale dell'abbondanza» che la rivoluzione digitale avrebbe reso possibile, argomentano questi autori, la proprietà intellettuale diviene un inutile ingombro. Per sfruttare meglio le opportunità che le pratiche innovative di massa dei *prosumer* interconnessi via Internet dischiudono per le imprese innovative, occorre rimuovere ogni ostacolo giuridico: le masse devono potersi appropriare liberamente dei servizi e dei prodotti immateriali che circolano in Rete, perché dal loro lavoro di remixaggio dei «regali» così ottenuti scaturisce la materia prima dei processi di valo-

12 Cfr. N. Carr, *Il lato oscuro della rete*, Rizzoli, Milano 2008.

13 Sulla storia del dibattito sulla proprietà intellettuale, cfr. A. Johns, *Pirateria*, Bollati Boringhieri, Torino 2011.

14 Cfr. L. Lessig, *Cultura libera*, Apogeo, Milano 2005; vedi anche H. Jenkins, *Cultura convergente*, Apogeo, Milano 2007.

rizzazione dei giganti della Net Economy (le varie Amazon, Google, Facebook, Apple, ecc.). Ecco perché autori che non nascondono minimamente la loro fedeltà ai valori del capitalismo si impegnano in una battaglia «progressista» contro i continui inasprimenti delle leggi a tutela del copyright; inasprimenti che denunciano come odiose pratiche di *enclosure* ai danni dei *commons* immateriali, simili a quelle che proprietari terrieri e protocapitalisti inglesi, tra fine Seicento e Settecento, misero in atto ai danni del demanio delle comunità locali (non a caso, Karl Polanyi[15] è uno degli autori più citati negli ultimi anni). Altrove[16] ho cercato di svelare la mistificazione incorporata nelle tesi di questi ideologi «progressisti» e *liberal* impegnati nella battaglia contro la proprietà intellettuale: il loro reale obiettivo consiste nel favorire l'ascesa dei settori della New Economy che si alimentano del lavoro gratuito di enormi masse di utenti consumatori, i quali si offrono inconsapevolmente in olocausto alla più poderosa macchina di sfruttamento (e di egemonia culturale) che il capitalismo abbia mai messo in atto. Ma invece di riflettere su tale aspetto, i teorici postoperaisti preferiscono interpretare la geniale ritirata strategica del capitalismo digitale sul fronte del copyright come una «resa» nei confronti di pratiche di massa che prefigurerebbero l'ascesa di un'economia dei beni comuni. André Gorz, per esempio, sostiene[17] che l'«economia dell'abbondanza» digitale tende spontaneamente verso un'economia della gratuità, per cui si potrebbe affermare che il capitalismo immateriale e cognitivo coincide con la crisi del capitalismo *tout court*. Il capitalismo postmoderno si troverebbe insomma costretto a imboccare suo malgrado la strada dell'economia dei beni comuni, a compiere una scelta obbligata quanto ad alto rischio, visto che lascia balenare la possibilità di transitare, in modo più o meno indolore, verso un'economia postcapitalistica. In questo modo, le tesi dei piazzisti del capitalismo digitale vengono integrate – e nobilitate – in un discorso pseudomarxista: dalle bubbole sul tramonto dell'economia della scarsità alla favola di un capitalismo a corto di idee e di capacità di controllo, che sopravvivrebbe parassitando la cooperazione produttiva spontanea dei soggetti in Rete.

[15] Cfr. K. Polanyi, *La grande trasformazione*, cit.

[16] Vedi C. Formenti, *Felici e sfruttati*, cit.

[17] Cfr. A. Gorz, *L'immateriale. Conoscenza, valore e capitale*, Bollati Boringhieri, Torino 2003.

A questo punto disponiamo degli elementi necessari a comprendere il senso del concetto di moltitudine. Se produzione biopolitica significa messa al lavoro della vita stessa, mercificazione/valorizzazione delle pratiche quotidiane di vita, della comunicazione e del linguaggio, della sfera delle relazioni affettive e di cura, delle stesse singolarità iscritte nel corpo e nella mente di ogni soggetto vivente; se si pensa che il luogo centrale di questa appropriazione capitalistica non sia più la fabbrica (non che non sia più *solo* la fabbrica, il che sarebbe condivisibile, ma che tale luogo, in barba ai miliardi di operai cinesi, indiani, brasiliani, ecc., sia oggi politicamente e culturalmente marginale), bensì la Rete in quanto ambiente e forma della cooperazione produttiva libera e spontanea, è evidente che la condizione lavorativa in quanto tale perde rilievo ai fini della definizione delle identità individuali e collettive: il lavoro, già «rifiutato» negli anni Sessanta e Settanta, viene ora fatto sparire con un tocco di bacchetta magica. Restano una miriade di individualità (ma nel lessico postoperaista si preferisce definirle singolarità) che, benché siano ancora oggetto di espropriazione da parte del capitale, non possono più essere organizzate, comandate, controllate da quest'ultimo. Queste masse di individui disaggregati manifestano la loro presenza politica nel mondo con modalità imprevedibili e intempestive, come folle che si coagulano improvvisamente per ottenere determinati obiettivi, paragonabili a sciami di cavallette che piombano inattese a devastare un territorio. Si tratta dunque di un'entità molteplice, indefinita, politicamente irrappresentabile; un'entità, sostengono i teorici postoperaisti, che non può essere integrata nemmeno nella tradizionale categoria di popolo che, per quanto generica, era ancora definita da una serie di caratteristiche storico-politiche e geoculturali, da confini nazionali, lingua e repertori condivisi di narrazioni; cioè da un insieme di fattori che, come argomentano Negri e Hardt in *Impero*, appaiono oggi depotenziati dai processi di globalizzazione e dalla messa in mora del principio di sovranità nazionale. In un certo senso (anche se ciò non sarebbe gradito agli inventori del concetto), potremmo dire che la moltitudine è una sorta di «grado zero» del popolo, una sommatoria di singolarità sottratte al contenitore nazione che le unificava sotto il segno universalizzante della cittadinanza.

Se questo è il nuovo orizzonte dell'antagonismo, perché continuare ad arrovellarsi sul concetto di composizione di classe? Eppure il termine non è stato accantonato. Al contrario, nelle elaborazioni postoperaiste più recenti, esso gode di un inatteso *revival.* In un articolo dedicato alle stratificazioni di potere e di reddito determinate dalle appartenenze di razza e di genere[18], per esempio, si mette giustamente in rilievo come i movimenti politici fondati su tali appartenenze tendano a degenerare nella politica della contrapposizione identitaria, nel biologismo e nelle «dialettiche del riconoscimento», e se ne conclude che, senza riferimenti di classe, tali esperienze non possono ambire ad alcuno sbocco antagonistico. Ma di che classe stiamo parlando? Cacciata dalla porta, la classe rientra dalla finestra in forme inedite: non come classe in sé, di cui si decreta l'inesistenza, bensì come classe per sé, o meglio, come fantasma della classe per sé, cioè come costrutto culturale, operazione nominalistica. Non trovo infatti altro modo di definire le «quattro figure soggettive primarie» che, nel libro *Questo non è un manifesto*, Negri e Hardt elencano come potenziali soggetti di ribellione o addirittura come nuove figure del potere: l'indebitato, il mediatizzato, il securizzato e il rappresentato[19]. È evidente che qui non si parla di sostantivi bensì di attributi, non si parla cioè di soggetti sociali bensì di caratteristiche ad essi riferibili che vengono elevate a soggetto; tuttavia – anche mettendo fra parentesi le perplessità filosofiche nei confronti di tale capriola postmodernistica – resta l'insostenibilità empirica dell'operazione: il debito, per esempio, è una condizione comune a differenti strati di classe, alcuni dei quali lo assumono come terreno di lotta, mentre altri lo vivono come colpa individuale, maledizione divina, più che come fonte di rabbia e di rivolta; la pervasività dei media, vecchi e nuovi, viene sfruttata come strumento di mobilitazione da parte di minoranze organizzate, mentre nella maggioranza dei casi agisce come veicolo di un «obbligo a esprimersi» che il potere impone alla gente, per bombardarla di informazioni manipolatorie o irrilevanti, alimentare illusioni di partecipazione e, soprattutto, per affondare i tentacoli del controllo in ogni anfratto del corpo sociale; le procedure e le tecniche di securizzazione, con il loro potere di limitare mobilità e libertà, funzionano perché il potere ottiene il consenso di una parte delle masse, terrorizzate dalla «violenza» di chi si ribella contro le conseguenze della crisi; infine il rifiuto della

[18] Collettivo Uninomade, «Per una lettura materialista di razza e genere», *Alfabeta2*, n. 23, ottobre 2012, p. 39.

[19] M. Hardt, A. Negri, *Questo non è un manifesto*, Feltrinelli, Milano 2012.

rappresentanza si manifesta come astensione/rifiuto nei confronti di ogni attività politica, oppure come adesione a movimenti populisti di destra, piuttosto che come sperimentazione di nuove forme di democrazia diretta e partecipativa. Detto altrimenti: soggetti di ribellione possono diventare quegli strati di classe che vivono in modo politicamente consapevole le quattro contraddizioni sopra descritte, non le «figure» che definiscono tali contraddizioni. Siamo quindi di fronte a una distorsione prospettica che si ripresenta in un articolo di Andrea Fumagalli[20], dedicato al tema della precarietà. Fumagalli scrive – e ciò è condivisibile – che la sfera della precarietà non si limita all'ambito della condizione lavorativa, ma proietta la sua ombra sull'intera esistenza, è divenuta una condizione esistenziale per moltissime persone. Aggiunge poi – e anche questo mi trova d'accordo – che la *condizione* precaria non definisce una *classe* precaria, perché non dà luogo a un processo di presa di coscienza, in quanto gli effetti di tale condizione sono individualismo, senso di colpa e di impotenza, stress, depressione, ecc. A questo punto, ci si aspetterebbe la conclusione che il passaggio dalla sofferenza alla presa di coscienza non si dia individualmente né spontaneamente, ma solo collettivamente e attraverso l'organizzazione politica. Invece Fumagalli, partendo dalla constatazione che il biocapitalismo è capace di indurre l'interiorizzazione del conflitto, conclude che *la presa di coscienza o è autocoscienza o non è*. Così il cerchio dell'ideologia postmoderna si chiude: la parabola dell'operaismo, partita dalla valorizzazione della soggettività operaia ai fini della determinazione dell'identità di classe, e passata attraverso la rimozione delle identità oggettive, approda a una soggettività che non si sostanzia in pratiche e comportamenti collettivi, bensì in percorsi di «autocoscienza»; approda, cioè, alla psicologizzazione del conflitto.

20 Si tratta del testo di presentazione a un dossier su precarietà e reddito pubblicato sul sito Uninomade (www.uninomade.org). Il progetto Uninomade è terminato, ma è ancora possibile accedere ai materiali pubblicati attraverso l'archivio.

Capitolo V
KNOWLEDGE WORKERS, *FREELANCE*, QUINTO STATO

Nel capitolo precedente si è messo in luce come la scomposizione del «diamante del lavoro», messa in atto dal capitale, abbia indotto molti intellettuali di sinistra a inventare profili sociali fondati su categorie culturali e psicologiche, abbandonando il punto di vista che misura il potenziale antagonistico dei vari strati di classe in base al loro ruolo nel processo produttivo. In questo capitolo intendo analizzare tre «figure» – *knowledge workers*, lavoro autonomo di seconda generazione e Quinto Stato – per dimostrare come anch'esse, pur riferendosi a realtà strutturali più solide di quelle evocate nel *Non Manifesto* di Negri e Hardt[1], offrano scarso contributo all'elaborazione di una teoria del confitto di classe nell'era tardomoderna. Iniziamo dal lavoro cognitivo. In precedenti lavori[2] ho esaminato il modo in cui alcuni autori non marxisti, come Richard Florida a Manuel Castells, affrontano il tema, dimostrando come né la «classe creativa» di cui parla Florida[3], né i «quattro strati della cultura di Internet» analizzati da Castells[4] possano essere considerati embrioni di classi sociali emergenti, dal momento che si tratta piuttosto di posizioni di ceto – come le avrebbe definite Max Weber – fondate sulla condivisione di valori culturali. Qui mi occuperò invece di alcuni approcci neo- e postmar-

1 M. Hardt, A. Negri, *Questo non è un manifesto*, cit.

2 Cfr., in particolare, C. Formenti, *Cybersoviet*, Raffaello Cortina, Milano 2008.

3 Cfr. R. Florida, *L'ascesa della nuova classe creativa*, Mondadori, Milano 2003.

4 Cfr. M. Castells, *Galassia Internet*, Feltrinelli, Milano 2002.

xisti, a partire da quello dell'economista Enzo Rullani[5], autore di una serrata analisi critica del mito dell'economia della conoscenza costruito dai guru della New Economy.

Il mito in questione si fonda su un'interpretazione schumpeteriana della «rivoluzione» economica avvenuta negli ultimi decenni, le cui cause vengono attribuite all'emergere di una élite di «innovatori», i quali, sfruttando le opportunità offerte dalle tecnologie digitali, hanno inventato modelli produttivi e di business *disruptive* nei settori strategici (software e hardware, industria culturale, telecomunicazioni, ecc.) della produzione/distribuzione di informazioni e conoscenze. Rullani fa notare come questa tesi si fondi su due presupposti infondati: 1) che la produzione di valore mediante conoscenza sia una caratteristica specifica della New Economy; 2) che tale produzione si concentri prevalentemente, se non esclusivamente, nei settori hi tech. La palese insostenibilità della prima asserzione appare evidente, non appena si consideri il ruolo strategico che la produzione di conoscenze tecnologiche e scientifiche ha svolto fin dalle origini della produzione capitalistica – ruolo già ampiamente evidenziato dagli economisti classici e da Marx. Quanto alla seconda, essa si riferisce, più che alla produzione/distribuzione di conoscenze, alla produzione/distribuzione di informazioni: a determinare il mutamento di paradigma, cioè, sarebbe il fatto che il processo di informatizzazione delle conoscenze, reso possibile dalle tecnologie digitali, avrebbe spostato il centro della produzione di valore dalla sfera della produzione materiale di merci alla sfera della produzione immateriale di servizi e informazioni. Ma se è vero, obietta Rullani, che le tecnologie digitali hanno accelerato il processo di diffusione del «rapporto di servizio» anche nei cicli produttivi manifatturieri, ciò non significa che esse abbiano «creato» tale processo: il coinvolgimento delle comunità dei *prosumer* digitali nell'organizzazione produttiva e commerciale delle dot.com, ad esempio, non è altro che la versione postmoderna di quel «lavoro del consumatore» che accompagna da sempre la produzione capitalistica, sotto forma di accumulazione di *know how* applicativi che contribuiscono attivamente all'innovazione dei prodotti. Introducendo il tema del lavoro del consumatore, Rullani arriva del resto a mettere in discussione il ruolo dell'innovazione tecnologica e scientifica come fon-

[5] Vedi, in particolare, E. Rullani, *Economia della conoscenza*, Carocci, Roma 2004.

te prevalente, se non esclusiva, di conoscenza: una quota significativa delle conoscenze che contribuiscono a vario titolo alla creazione di valore economico è infatti rappresentata da conoscenze di tipo informale – linguaggi, narrazioni, tradizioni, routine, pratiche quotidiane di vita, ecc. – distribuite sia all'interno che all'esterno dell'organizzazione produttiva, tanto nelle fabbriche e negli uffici, quanto nelle comunità di vita e nei territori. Il capitalismo si è sempre appropriato di queste «esternalità», trasformandole in materia prima del proprio processo di valorizzazione. La novità consiste, se mai, nel fatto che l'avvento della Rete ha messo in trasparenza questi processi di appropriazione, che in precedenza restavano invisibili a causa della separazione fra luoghi della produzione e luoghi della riproduzione, fra fabbrica e territorio. Detto altrimenti: con il capitalismo delle reti ogni attività umana diviene, virtualmente, lavoro in senso marxiano – cioè produzione di valore – così come tutto il lavoro diventa lavoro cognitivo.

Le analogie (e le implicazioni) di questo discorso con la teoria negriana della produzione biopolitica di cui mi sono occupato nel precedente capitolo sono evidenti: se ogni attività vitale diventa attività produttiva di valore, e se tutti i lavoratori sono *knowledge workers*, il conflitto fra capitale e lavoro si presenta come opposizione «ontologica» fra potenza produttiva della soggettività umana e appropriazione capitalistica dei frutti di tale potenza. Rullani, tuttavia, non esplicita questa implicazione politica del suo concetto «allargato» di economia della conoscenza, limitandosi: 1) a mettere in luce l'impossibilità di misurare il valore della produzione sociale in relazione al tempo di lavoro «ufficiale», cioè al tempo di lavoro erogato nell'ambito dell'impresa; 2) a evidenziare la contraddizione fra la necessità – per l'impresa capitalistica – di generare scarsità artificiale «trattenendo» le conoscenze al proprio interno attraverso i dispositivi giuridici della proprietà intellettuale, e l'opposta esigenza di «liberare» il più possibile le potenzialità immanenti alle pratiche spontanee di condivisione e cooperazione in Rete. Riassumendo: da un lato, abbiamo un punto di vista che si limita a stilare un elenco delle caratteristiche antropologiche e culturali dei ceti «creativi» (Florida, Castells); dall'altro lato, uno scenario che cancella le differenze fra i diversi strati di classe, sciogliendoli nelle moltitudini del lavoro cognitivo (Negri, Rullani). A questo punto è lecito domandarsi quale possa essere – se esiste – il contributo del concetto di *knowledge workers* all'analisi dell'attuale composizione di classe. Per abbozzare una risposta, conviene spostare l'attenzione dalle categorie astratte all'analisi concreta delle routine produttive dei lavoratori della conoscenza e dei loro livelli di coscienza politica e sindacale.

Negli ultimi anni, il successo della retorica del lavoro cognitivo si è fondato, principalmente, su due fenomeni: da un lato, la «presa del potere» che negli anni Novanta era parsa a portata di mano di una serie di figure professionali (ingegneri informatici, sviluppatori software, esperti di marketing, Web designer, impiegati e consulenti delle dot.com, fondatori di startup, ecc.); dall'altro lato, la centralità che le trasformazioni del modo di produrre sembravano attribuire al mondo della ricerca e della formazione universitarie, deputato a sfornare idee e forza lavoro qualificata per i settori innovativi. Partiamo dal primo fenomeno. Come ricordato poco sopra, autori come Florida, Castells e altri hanno dedicato migliaia di pagine all'analisi etnografica delle «classi creative», descrivendone nei dettagli pratiche, comportamenti e valori. Un contributo importante che, tuttavia, ha il difetto di concentrare l'attenzione sul modo in cui questi soggetti rappresentano se stessi – sulla loro «ideologia» – piuttosto che sulla loro collocazione reale nei nuovi contesti di organizzazione e divisione del lavoro. L'autorappresentazione ideologica dei lavoratori creativi ha fatto sì che la New Economy venisse percepita, per lo meno fino al crollo dei titoli tecnologici del 2000-2001, come un'occasione di rovesciamento dei rapporti di forza fra capitale – concepito come mera proprietà dei mezzi di produzione – e lavoro – concepito come funzioni di ideazione e governo dei processi produttivi. Del resto, in quegli anni centinaia di migliaia di giovani *nerd* avevano compiuto il loro esordio sulla scena della storia economica e sociale inventando nuovi prodotti e servizi, fondando startup capaci di fare concorrenza ai giganti della «vecchia» economia e di crescere a ritmo vertiginoso, così come si erano sbarazzati dell'etica del lavoro protestante per rivendicare una gioiosa fusione di lavoro e piacere, benedetta dal successo e dai soldi[6]. Per questi soggetti, era apparentemente venuta a cadere la distinzione fra lavoro autonomo e lavoro dipendente, visto che anche chi lavorava alle dipendenze altrui godeva di elevati livelli di autonomia nella determinazione di obiettivi, metodi e ritmi di lavoro – un'autonomia confermata dalla facilità con cui si poteva passare da un'impresa all'altra, sfrut-

6 Cfr. P. Himanen, *L'etica hacker e lo spirito della società dell'informazione*, cit.

tando ogni opportunità di miglioramento, e dalla scelta delle modalità di retribuzione, per cui alla garanzia dello «stipendio fisso» si preferiva la partecipazione al rischio e al profitto d'impresa attraverso il meccanismo delle *stock option*[7].

La seduzione che questa breve stagione ha esercitato nei confronti degli intellettuali di sinistra è riconducibile soprattutto alle critiche che questi soggetti sociali rivolgevano al sistema della proprietà intellettuale, cui opponevano la cultura dei *commons* digitali. Esperienze come quelle delle comunità del software *open source* e dei redattori di Wikipedia, presentate da Yochai Benkler e altri come embrioni di una nascente «economia del dono»[8], sembravano configurare la possibilità di una «terza via», alternativa a capitalismo e socialismo, così come inducevano a rimuovere la stridente contraddizione che caratterizza tale cultura, la quale, da un lato, esalta la condivisione delle conoscenze e la cooperazione sociale mediata dalla Rete; dall'altro lato, appare in totale continuità con l'etica individualistica del *self-made man*, con il mito americano che attribuisce al mercato – a condizione che le sue «leggi» siano libere di operare senza l'interferenza di monopoli privati e politiche pubbliche – la capacità di offrire a tutti pari opportunità di successo e di premiare i meritevoli. In effetti, solo la rimozione di questa contraddizione ha consentito agli intellettuali postoperaisti di attribuire a questi lavoratori il duplice ruolo di avanguardie tecnologiche e politiche. L'autonomia e il potere di controllo sulla produzione (del tutto illusorie!) che le comunità interconnesse dei *knowledge workers* sembravano avere accumulato a spese del comando capitalistico suggerivano la possibilità di un rovesciamento dei rapporti di produzione che sarebbe avvenuto con modalità analoghe a quelle della transizione settecentesca fra un Ancien Régime già decomposto e una società borghese già compiutamente dispiegata[9].

Queste illusioni sono state spazzate via dalle due crisi globali che si sono intrecciate nel primo decennio del nuovo secolo. Il «popolo della Rete» – la forza lavoro delle startup e delle dot.com che si era autocandidata a classe dirigente negli anni Novanta del secolo scorso – è

7 Sulle peculiari caratteristiche dei lavoratori della New Economy negli anni Novanta, cfr. M. Castells, *Galassia Internet*, cit.

8 Cfr. Y. Benkler, *La ricchezza della Rete*, cit.

9 Una visione che ha non a caso ispirato la metafora dei lavoratori della conoscenza come Quinto Stato, metafora di cui mi occuperò più avanti.

stato fatto a pezzi da licenziamenti di massa, drastiche riduzioni di salari e redditi, blocco della mobilità e declassamento professionale. Milioni di posti di lavoro sono stati cancellati dall'evoluzione del software e dalle pratiche di *outsourcing* verso i Paesi in via di sviluppo, mentre le aspirazioni delle poche startup sopravvissute si riducevano alla speranza di essere acquistate da uno dei quattro colossi (Google, Apple, Amazon, e Facebook) che oggi si disputano il controllo sui mercati della New Economy, a coronamento del più rapido e radicale processo di concentrazione monopolistica della storia del capitalismo. Così i rapporti di forza dei *knowledge workers* si dissolvevano come neve al sole, mentre la libertà di cambiare datore di lavoro ogni pochi anni o mesi lasciava il posto alla disperata ricerca di un posto qualsiasi, anche a costo di accettare salari e condizioni di lavoro molto peggiori, se non il declassamento nel terziario arretrato, negli inferi delle grandi catene commerciali a fianco dei migranti. Il che non ha impedito ai guru dell'economia digitale di riprendere a intonare i loro peana a mano a mano che le piattaforme del Web 2.0 (blog, social network, wiki, ecc.) arruolavano – e mettevano al lavoro gratuito! – centinaia di milioni di *prosumer*. Solo che, nel frattempo, gli «eroi» delle loro narrazioni erano cambiati: non più le élite di hacker e *nerd*, bensì le masse impegnate nella creazione di «contenuti autoprodotti» (testi, video, notizie, foto, file musicali, ecc.), cioè di quelle conoscenze e informazioni che funzionano da semilavorati dei processi di valorizzazione del capitalismo digitale. La facilità con cui il capitale è riuscito a distruggere i rapporti di forza dei «creativi» – per far fuori l'operaio massa era servito ben altro! – suona come una tragica smentita della tesi che attribuisce al lavoro cognitivo un alto grado di autonomia: la verità è che, come ricorda Loris Caruso in un suo saggio[10], solo il 30% di questi lavoratori è dotato di competenze e livelli di autonomia significativamente superiori a quelli del lavoro fordista, mentre a tutti gli altri vengono richieste competenze applicative e contestuali, più che sufficienti a eseguire routine predeterminate dal software. Considerazione, quest'ultima, che ci introduce alla discussione sul secondo fenomeno cui facevo riferimento qualche pagina sopra: l'evoluzione del ruolo dell'università.

10 Cfr. L. Caruso, *Trasformazioni del lavoro nell'economia della conoscenza*, Edizioni Conoscenza, Roma 2012.

Dalla fine degli anni Sessanta del secolo scorso ad oggi, le rivolte studentesche sono state un fattore fondamentale delle lotte di classe nel mondo. Gli studenti si sono ripetutamente opposti agli sforzi, da parte di governi e mercati, di plasmare valori, mentalità e comportamenti delle giovani generazioni – sforzi orientati a favorire lo sviluppo delle doti di flessibilità richieste da un mercato del lavoro in rapida trasformazione. È significativo il fatto che tali lotte siano proseguite anche nei momenti di maggiore debolezza politica e sindacale di altre soggettività antagonistiche (ciò che è avvenuto, per esempio, fra gli anni Ottanta e Novanta in Italia) – una continuità che non può essere spiegata solo in base a categorie antropologico-culturali (ribellismo giovanile, conflitti generazionali, ecc.), ma che richiede anche e soprattutto un'interpretazione in termini di composizione di classe. Del resto, questo era apparso un tema strategico del dibattito teorico politico già nel corso delle insurrezioni del 1968: da una parte, le sinistre tradizionali, che liquidavano il movimento studentesco come «effervescenza piccolo borghese»[11], apprezzabile solo se disponibile ad allearsi a partiti e sindacati socialdemocratici in posizione subalterna; dall'altra, i movimenti e le sinistre radicali, che interpretavano le rivolte studentesche come effetto della proletarizzazione dei ceti medi. Viste da quest'ultima prospettiva, le riforme che avevano avviato i processi di scolarizzazione di massa apparivano funzionali alla creazione di un «esercito di riserva» della forza lavoro impiegatizia e tecnica, alla produzione di una massa di lavoratori dotati di competenze professionali relativamente elevate ma destinati – ad eccezione di una minoranza di privilegiati – a essere utilizzati in mansioni esecutive e a percepire salari medio-bassi. La storia ha dimostrato la sostanziale correttezza di tale lettura, l'unica in grado di spiegare le ragioni per cui – mentre la ristrutturazione capitalistica dissolveva le concentrazioni operaie fordiste – l'università sia rimasta di fatto, almeno nei Paesi occidentali, uno dei pochi luoghi di concentrazione massiva di forza lavoro, ancorché in formazione, e quindi uno dei pochi luoghi in cui sia stato ancora possibile maturare coscienza politica dei propri interessi di classe.

11 Classica, in questo senso, fu la solidarietà espressa da Pier Paolo Pasolini nei confronti dei poliziotti «figli di proletari», bersaglio delle violenze degli studenti «figli di papà».

Con le trasformazioni del modo di produrre associate alla rivoluzione digitale, il dibattito teorico sulla matrice di classe delle lotte studentesche si è tuttavia riaperto, intrecciandosi con quello sul lavoro cognitivo[12]. Uno dei nodi di questa nuova riflessione teorica passa dal concetto di «intellettualità di massa», elaborato nel contesto del dibattito teorico sul modo di produzione postfordista[13]. Dibattito in cui ritroviamo l'idea – già discussa in precedenza – di un lavoro vivo che sarebbe depositario di competenze cognitive non oggettivabili nel sistema delle macchine. In ragione di questa concezione «cognitivistica» della composizione di classe, le lotte studentesche assumono un ruolo di «avanguardia» tanto sul piano tecnico quanto su quello politico, mentre la prospettiva si sposta dal tema della proletarizzazione dei ceti medi a quello della produzione biopolitica (vedi capitolo precedente). Ho già spiegato in precedenza perché, a mio avviso, la tesi secondo cui le competenze cognitive non sarebbero più oggettivabili nel sistema delle macchine non regge: questa teoria si basa infatti su un'incredibile sottovalutazione del potere di sovradeterminazione del codice informatico sulla creatività e sull'autonomia di linguaggi, pratiche e comportamenti dei lavoratori; e ciò non vale, ovviamente, solo per i lavoratori inquadrati nelle imprese, o per i membri delle comunità dei *prosumer* interconnessi in Rete, ma anche per le masse studentesche coinvolte nel processo di digitalizzazione della produzione/trasmissione di conoscenze. Nelle pagine precedenti ho parlato di taylorismo digitale: con tale termine non mi riferisco solo alla routinizzazione del lavoro operaio e impiegatizio da parte del software, ma anche agli standard linguistici e ai format comunicativi che le tecnologie del Web 2.0 impongono alle comunità di utenza dei social media[14]. Questi stru-

12 Cfr. G. Roggero, *La produzione del sapere vivo*, ombre corte, Verona 2009.

13 Sul concetto di intellettualità di massa, cfr. la voce «General intellect», redatta da P. Virno, in A. Zanini, U. Fadini (a cura di), *Lessico postfordista*, Feltrinelli, Milano 2001. Quanto al concetto di postfordismo, i suoi limiti (analoghi a quelli degli altri «post» – postmoderno, postindustriale, postmateriale, ecc. – sfornati dalle mode accademiche degli ultimi decenni) consistono nel fatto che, più che delineare un coerente modello produttivo alternativo al fordismo, esso si riferisce a un insieme di fenomeni – decentramento produttivo, precarizzazione del lavoro, terziarizzazione e smaterializzazione della produzione, ecc. – che non necessariamente definiscono una totalità omogenea, tanto è vero che si accompagnano al riapparire di modelli produttivi prefordisti, se non addirittura preindustriali: plusvalore assoluto, lavoro servile, schiavitù, ecc.

14 Non a caso ai candidati all'assunzione viene sempre più spesso richiesto un buon

menti hanno un impatto rilevante sulla condizione di studenti e giovani ricercatori, mentre i loro effetti si sommano a quelli dei tagli alle risorse pubbliche per la formazione e la ricerca universitarie e della delocalizzazione delle mansioni «cognitive» nei Paesi in via di sviluppo. In tale contesto, l'attacco all'università di massa nata nella seconda metà del secolo scorso si sviluppa secondo quattro direttrici: 1) drastica riduzione delle risorse disponibili e della qualità delle conoscenze trasmesse; 2) reintroduzione di dispositivi selettivi che riservano i livelli di istruzione più elevati alle élite; 3) privatizzazione; 4) sfoltimento degli iscritti per neutralizzare il ruolo dell'università come luogo di concentrazione di una «classe pericolosa». Analizziamo ora le singole fasi del progetto.

Dequalificazione. Tutte le «riforme» attuate negli ultimi anni – vedi l'introduzione del sistema tre più due in Italia – sono parse finalizzate alla «licealizzazione» dell'università, cioè all'obiettivo di formare forza lavoro dotata di competenze tecniche o linguistiche di base funzionali a un mercato del lavoro che richiede quote decrescenti di competenze di livello elevato. Significativa, in tal senso, la scelta americana di attivare scuole tecnologiche a orientamento informatico della durata di sei anni – che incorporano media superiore e primo biennio universitario – destinate a formare sviluppatori di applicazioni per social network e sistemi operativi di smartphone e addetti all'assistenza online per utenti hardware e software; non meno significativi i ripetuti inviti del governo «tecnico» di Mario Monti, che ha guidato l'Italia nel 2012, affinché i giovani scegliessero percorsi formativi meno ambiziosi, accantonando i sogni di carriera universitaria. Selezione di classe. I continui e cospicui aumenti delle tasse di iscrizione – in Inghilterra sono state addirittura triplicate da un anno accademico all'altro – hanno lo scopo evidente di rigerarchizzare l'università, riservandone l'accesso ai rampolli delle classi dominanti. Al tempo stesso appaiono funzionali a rimpinguare le casse di istituzioni che si comportano sempre più – anche quando restano pubbliche – come imprese private. Passiamo così alla voce privatizzazione – processo che negli Stati Uni-

livello di padronanza di queste piattaforme: gli impiegati devono infatti operare come «interfacce» del rapporto fra imprese e consumatori, dai quali devono «risucchiare» quote crescenti di capitale sociale e reputazionale – un'attività che, per quanto possa risultare a volte gratificante, costituisce il terreno sul quale si dispiegano nuove forme di espropriazione e subordinazione capitalistica del lavoro.

ti appare ormai compiutamente realizzato, con il capitale privato che finanzia e orienta la ricerca universitaria e l'università che sforna brevetti e *know how* per le imprese, quando non provvede lei stessa a fare impresa grazie al meccanismo degli *spin off*, cioè attraverso la creazione di startup da parte di docenti, ricercatori e studenti che sfruttano sul mercato i risultati delle ricerche svolte in università. Per tacere delle università for profit che vendono formazione come un qualsiasi altro prodotto, contribuendo ad alimentare (vedi Parte prima) la bolla del debito studentesco[15]. A causa dei fenomeni appena descritti il numero delle matricole è in calo significativo in molti Paesi occidentali, mentre governi, media e imprese invitano a risolvere il problema trasferendo la formazione universitaria dalle aule alla Rete: i corsi online, si dice, costano meno, sono più adatti alla mentalità di una Net Generation abituata a costruire il proprio capitale intellettuale attraverso Internet e poco disposta a sorbirsi noiose lezioni frontali. Arriviamo così al quarto e ultimo obiettivo: desertificare l'università. Si tratta di compiere un'operazione analoga a quella che ha portato allo smantellamento della fabbrica fordista; si tratta, cioè, di sterilizzare un luogo di concentrazione di forze antagonistiche – un'operazione che per il capitale appare tanto più urgente quanto più le lotte studentesche assumono la natura di lotte contro la disoccupazione e il precariato giovanili. Alla massificazione della produzione culturale attraverso la standardizzazione dei linguaggi resa possibile dal codice informatico, corrisponde quindi lo svuotamento delle fabbriche della cultura attra-

[15] Rinunciare all'università significa finire intrappolati nel mercato del lavoro del terziario arretrato, sprofondando nella condizione di *working poor*, quindi la sola alternativa consiste nell'indebitarsi per affrontare i costi crescenti dell'istruzione universitaria. In altre parole: visto che viviamo in un'epoca in cui la disoccupazione colpisce duramente anche i membri della *middle class*, laurearsi può rivelarsi un cattivo investimento, ma non laurearsi è ancora più rischioso, quindi non resta che indebitarsi e sperare nel meglio. Tuttavia il meglio rischia di non arrivare mai: il debito accumulato dagli studenti americani supera cifre stratosferiche e il numero degli insolventi cresce continuamente, alimentando lo spettro di una bolla finanziaria paragonabile a quella innescata dai *subprime*, e in ogni caso, anche per chi trova lavoro, si prospettano tempi lunghissimi per estinguere il debito. A trovarsi in questa situazione sono spesso gli appartenenti alle minoranze etniche, i quali, visto che lo studio rappresenta per loro l'unica speranza di mobilità sociale, sono più esposti al rischio di cadere nelle grinfie di università private senza scrupoli che trasmettono conoscenze di bassa qualità e offrono prestiti a tassi di usura.

verso il taglio delle iscrizioni e la promozione della formazione a distanza: queste le due ganasce della tenaglia con cui il capitale tenta di schiacciare un potente nodo di soggettività antagonistica. Se le lotte studentesche svolgono ancora un ruolo di avanguardia non è perché esprimono la presunta autonomia dell'intellettualità di massa nei confronti del capitale, ma perché si oppongono alla distruzione di un luogo strategico di concentrazione materiale di corpi soggetti a condizioni comuni di sfruttamento, oppressione e sofferenza.

* * *

Esaurito il tema dei lavoratori della conoscenza, passiamo al tema del lavoro autonomo, a partire da una figura – quella del cosiddetto «lavoro autonomo di seconda generazione»[16] – che, negli ultimi anni, ha occupato un ruolo di primo piano nel dibattito teorico della sinistra radicale. Per entrare nel vivo di tale dibattito, conviene prendere le mosse dall'interrogativo sollevato da alcuni intellettuali postoperaisti: in che misura l'allontanamento del lavoro vivo dai luoghi fisici di concentrazione produttiva è l'esito dei processi di ristrutturazione capitalistica, e in che misura è, invece, l'esito di un «esodo» voluto e consapevole? Per rispondere a tale interrogativo occorre scioglierne, preliminarmente, altri due: 1) è vero o no che le differenze tra *freelance* e lavoratori dipendenti, almeno quando si parla di lavoratori della conoscenza, tendono a ridursi nella misura in cui entrambi godono di crescenti livelli di autonomia dal comando capitalistico? 2) Fino a che punto è lecito distinguere la condizione del lavoratore autonomo da quella del lavoratore precario? Nelle pagine precedenti e in altri lavori[17] ho già risposto alla prima domanda: la presunta autonomia del lavoro dipendente (ma anche del lavoro autonomo) nelle imprese a rete rispecchia le retoriche discorsive degli apologeti della New Economy, più che processi reali. Passo quindi alla seconda domanda. Le tesi degli autori postoperaisti hanno il merito di avere fatto piazza pulita di certi eufemismi sindacali sul lavoro «atipico», dimostrando come la condizione precaria – in tutte le sue forme: intermittenza e precarietà

[16] Cfr. S. Bologna, A. Fumagalli (a cura di), *Il lavoro autonomo di seconda generazione*, Feltrinelli, Milano 1997.

[17] Cfr. C. Formenti, *Felici e sfruttati*, cit.

del reddito, assenza di tutela e diritti, riduzione dell'orizzonte temporale delle aspettative, ecc. – sia ormai divenuta una condizione trasversale che riguarda la maggioranza dei soggetti messi al lavoro, ivi compresi quelli formalmente «garantiti». Al tempo stesso, sono proprio questa flessibilizzazione e questa precarizzazione generalizzate, indotte dalla crisi, assieme al drastico peggioramento delle condizioni di vita che esse comportano, a rendere indifendibile la tesi dell'esodo dalle forme tradizionali del lavoro come scelta autonoma e consapevole.

Di più: a mio avviso, questa tesi resta indifendibile anche nel caso di quei lavoratori *freelance* – soprattutto giovani – che esordiscono come tali, cioè senza essere stati espulsi dai luoghi del lavoro dipendente. Per poter dimostrare che la teoria dell'esodo ha un qualche fondamento, occorrerebbe infatti provare che questi soggetti esprimono un minimo livello di consapevolezza politica, che si percepiscono, cioè, come agenti individuali e/o collettivi di resistenza al comando capitalistico. Ebbene, il paradosso è che i primi ad ammettere che tali condizioni non esistono sono i più decisi sostenitori del presunto ruolo di avanguardia dei *freelance.* In un lavoro di Sergio Bologna e Dario Banfi[18], ad esempio, troviamo un convincente e argomentato elenco delle caratteristiche negative (politicamente parlando) che caratterizzano questa categoria. In primo luogo, si tratta di individui che vivono una condizione di isolamento, confinati nella solitudine delle proprie case-ufficio, dalle quali evadono solo attraverso i canali della comunicazione online, oppure per intrattenere relazioni faccia a faccia che esulano dall'orizzonte professionale-lavorativo. In tale situazione appaiono altamente problematiche le possibilità di riconoscimento reciproco fra soggetti che vivono condizioni analoghe, e quindi ancora più problematico – se non impossibile – lo sviluppo di identità fondate sul senso di appartenenza di classe. Da questa assenza di identità collettiva e, conseguentemente, di sentimenti di empatia e solidarietà reciproche, deriva il fatto che i *freelance* sono i protagonisti di una spietata guerra fra poveri, che li porta a competere gli uni con gli altri abbassando le proprie pretese retributive fino al limite della sopravvivenza, nonché prolungando all'infinito il tempo di lavoro, fino a cancellare il confine che lo separa dal tempo di vita, infine opprimendo e sfruttando, ogniqualvolta ciò risulti possibile, i propri si-

[18] S. Bologna, D. Banfi, *Vita da freelance*, Feltrinelli, Milano 2011.

mili che occupano gradini più bassi della gerarchia professionale. Si aggiunga che i *freelance*, soprattutto se creativi impegnati nella Net Economy e nei settori hi tech, condividono incondizionatamente la mitologia e i «valori» degli eroi dot.com, sposano cioè un'etica fondata sull'ideologia del successo e della ricchezza, percepiti come conferma – tanto più incontestabile ove raggiunti nel più breve tempo possibile – del «merito» individuale. Si tratta di un'ideologia che resiste tenacemente ai colpi di una realtà che, per la maggioranza degli interessati, è fatta di miseria e autosfruttamento. Inoltre, dal momento che il primo strumento di successo viene individuato nella visibilità sociale, nel «capitale reputazionale», accade che miseria e sfruttamento crescano a causa della disponibilità a lavorare gratuitamente in cambio dell'acquisizione di questa risorsa immateriale[19].

Non a caso, l'unico modo in cui questi soggetti concepiscono la possibilità di unirsi per ottenere migliori condizioni di lavoro e di vita è quello di dare vita a «gilde» professionali che operano come centri di servizi, più simili alle associazioni imprenditoriali che ai sindacati dei lavoratori dipendenti. I media di fede liberal-liberista si compiacciono di queste scelte[20], e le citano per alimentare la retorica dei *freelance* come «capitalisti personali»[21], come «imprese» di una sola persona che competono sul mercato adottando regole simili a quelle che regolano il comportamento delle «vere» imprese. Esempi ancora più significativi di questa retorica ci vengono offerti da progetti come Restart Italia e Start Up Britain, lanciati rispettivamente dal governo italiano e inglese, i quali, fingendo di ignorare l'inabissamento delle migliaia di startup stroncate dalla crisi, chiamano a raccolta i giovani «disposti a rischiare» e pronti a fare proprio lo slogan *being your own*

[19] Paradigmatico il caso dei blogger dello *Huffington Post*, sul cui lavoro gratuito si fonda il successo di una testata che può oggi vantare un pubblico online più vasto (almeno negli Stati Uniti) di quello del *New York Times* (alle timide richieste di percepire un compenso per il loro lavoro, si sono sentiti rispondere da Arianna Huffington: «Siete già pagati dalla visibilità che ottenete pubblicando sulle nostre pagine»).

[20] Questi interessati paladini mediatici dell'autoimpiego esaltano la propensione di lavoratori autonomi e *freelance* a fare a meno delle tradizionali forme di rappresentanza sindacale e a utilizzare piuttosto social network come Linkedin per perseguire i propri obiettivi, identificati soprattutto con l'accrescimento del proprio capitale reputazionale.

[21] Per un tentativo di accreditare tale concetto sul piano della sociologia economica, cfr. A. Bonomi, E. Rullani, *Il capitalismo personale*, Einaudi, Torino 2005.

boss. Per smascherare queste ignobili mistificazioni, il sociologo Richard Sennett racconta, in un articolo apparso sul *Guardian*[22], il modo in cui ha risposto ai suoi studenti che gli chiedevano lumi sul proprio futuro. In primo luogo, Sennett spiega ai suoi giovani interlocutori che si trovavano di fronte a una scelta radicale: restare in patria, accettando le regole di una flessibilità sempre più spietata, oppure emigrare in qualche Paese in via di sviluppo, compiendo un cammino opposto a quello che per secoli aveva portato le genti del Commonwealth a sbarcare sulle isole britanniche. Dopodiché stronca le illusioni di chi crede di poter trovare scampo nell'autoimpiego riportando i seguenti dati statistici: il 60% delle startup «personali» fallisce in meno di un anno, l'80% entro tre anni. Ma dagli Stati Uniti arrivano notizie ancora peggiori in merito al presunto contributo delle startup alla soluzione del problema della disoccupazione giovanile: le pagine economiche rivelano come le grandi Internet company non comprino più le startup allo scopo di integrarne le attività nel proprio ciclo produttivo, ma solo per assicurarsi la collaborazione dei loro talentuosi fondatori e/o arricchire il proprio portafoglio di brevetti, dopodiché l'impresa acquisita viene «buttata via» assieme alle persone che vi lavoravano.

Tutto quanto detto finora rende difficile capire come si possa attribuire a lavoratori autonomi di seconda generazione e *freelance* la natura di soggetto antagonistico. In effetti, la contraddizione appare stridente, eppure trova spiegazione nel concetto di «ambiguità» che questi autori associano al lavoro autonomo. Il ricorso sistematico a tale attributo ha a che fare con la transizione dal paradigma marxista al paradigma postmoderno: dal punto di vista marxista, la contraddizione fra caratteristiche compresenti e in tensione reciproca appare destinata a sciogliersi con il prevalere di uno dei termini della contraddizione; viceversa, nella visione postmoderna – che si presenta come non dialettica, se non esplicitamente antidialettica – la convivenza fra contrari può esistere tranquillamente, attribuendo appunto a determinati fenomeni sociali uno statuto di «ambiguità». Per esempio, nel lavoro citato poco sopra, Bologna e Banfi insistono nel mettere in luce una serie di caratteristiche «duali» del lavoro autonomo: si parla di convivenza fra forme di libertà senza precedenti e nuove forme di assoggettamento; si attribuisce all'informatizzazione del lavoro sia il merito di

22 Cfr. R. Sennett, «This is not the kids' problem», *The Guardian*, 4 luglio 2012.

avere aperto spazi all'autonomia individuale del lavoratore (anche se si ammette che tale autonomia è parziale e fondata su conoscenze tacite, costantemente esposte a venire incorporate in procedure formalizzate), sia quello di avere messo in crisi il principio gerarchico, rendendo sempre più «orizzontale» l'organizzazione dei processi produttivi. Ho già avuto modo di criticare questa sopravalutazione delle virtù «liberatorie» delle tecnologie informatiche, con argomenti che mi propongo di approfondire ulteriormente nell'Interludio fra la Parte terza e la quarta.

* * *

Per quanto sintetica, questa riflessione su *knowledge workers*, lavoro autonomo di seconda generazione e *freelance* non può concludersi senza un accenno al concetto di Quinto Stato. Si tratta di un termine che chi scrive è stato fra primi a utilizzare nel dibattito italiano sul tema delle nuove forme del lavoro[23]. Avevo fatto ricorso a questa metafora dal sapore vagamente neottocentesco per definire quella forza lavoro delle imprese della New Economy – startup, Internet company e dot.com – che altri preferivano chiamare classe creativa o classe hacker; si trattava di una suggestione per evocare la speranza nella nascita di un nuovo «blocco sociale» anticapitalistico, in cui questi lavoratori avrebbero potuto svolgere un ruolo strategico. Nel già citato *Felici e sfruttati*, ho fatto ammenda di questo errore di valutazione, riconoscendo come tale aspettativa fosse fondata su un'analisi carente sia della natura di classe di questi strati professionali, sia della capacità capitalistica di neutralizzarne rapidamente le velleità – ammesso e non concesso siano mai esistite – antagonistiche. Quasi contemporaneamente alla mia riflessione autocritica, tuttavia, il concetto di Quinto Stato è stato rilanciato da due autori[24] che non lo assumono in senso metaforico, ma gli attribuiscono il valore di una vera e propria categoria sociologica, in grado di raggruppare sotto un unico orizzonte di senso le diverse figure del pantheon postoperaista fin qui analizzate. Per Roberto Ciccarelli e Giuseppe Allegri, del Quinto Stato farebbe-

[23] Nella prima metà del decennio scorso ho fondato, con alcuni giovani amici, una testata online con questo titolo.
[24] Cfr. R. Ciccarelli, G. Allegri, *La furia dei cervelli*, Manifestolibri, Roma 2011.

ro parte lavoratori del terziario avanzato, autonomi di seconda generazione e «intelligenza diffusa» (categoria in qualche modo assimilabile al concetto di intellettualità di massa citato in precedenza). L'aspetto più interessante del loro lavoro consiste nel riproporre – attraverso un *excursus* storico sulle forme del lavoro indipendente, ivi comprese quelle antecedenti all'era capitalistica – una contrapposizione di sapore ottocentesco fra il ruolo politico del lavoro «senza padroni» e quello del lavoro subordinato[25]. Leggendo questi discorsi sembra di avvertire un'eco delle polemiche che opponevano l'operaista Marx ai paladini del lavoro indipendente, come i campioni del socialismo utopistico Pierre-Joseph Proudhon e Richard Owen. A rafforzare tale impressione contribuisce la *vis* polemica con cui Allegri e Ciccarelli si scagliano contro partiti e sindacati della sinistra tradizionale ai quali, più che la moderazione rivendicativa, ideologica e politica, viene rimproverata la partecipazione alla «guerra contro la vita indipendente» in nome della «teologia del lavoro a tempo pieno».

Eppure la coppia Allegri e Ciccarelli – al pari della coppia Bologna e Banfi – ammette: 1) che i membri del Quinto Stato sono caratterizzati da un irriducibile individualismo, che non consente loro di riconoscersi come parte di un'identità collettiva; 2) che il liberismo ha irreversibilmente colonizzato lo spazio discorsivo sull'indipendenza, rubricandolo alla voce autoimprenditorialità. Tutto ciò dovrebbe far loro dubitare se il Quinto Stato non rappresenti una reincarnazione postmoderna del Terzo Stato più che del Quarto Stato – cioè una «neoborghesia», come qualcuno lo ha giustamente battezzato[26]. E in qualche modo tale dubbio sembra sfiorarli, visto che, quasi per denegazione, scrivono che il Quinto Stato non è una borghesia, bensì una «condizione generale» condivisa da un insieme di identità sociali non riconducibili a un soggetto politico e sociale unico. Ma allora perché chiamarlo

25 È un punto di vista analogo a quello dell'economista francese Yann Moulier Boutang, il quale attribuisce carattere positivo agli attuali processi di individualizzazione del lavoro, in quanto sostiene che il lavoro autonomo non è un prodotto della ristrutturazione capitalistica, bensì dell'esodo proletario dal lavoro dipendente (una variante postmoderna delle tesi degli anni Settanta sul rifiuto del lavoro) e quindi va accolto con favore, anche se indebolisce la forza collettiva del lavoro salariato già costituito come soggetto sociale (cfr. *Dalla schiavitù al lavoro salariato*, Manifestolibri, Roma 2002; vedi anche *L'era del capitalismo cognitivo*, ombre corte, Verona 2002).

26 Vedi il contributo di Aldo Bonomi nel volume da lui firmato con Massimo Cacciari e Giuseppe De Rita (*Che fine ha fatto la borghesia?*, Einaudi, Torino 2005).

Quinto Stato e non moltitudine, termine che, dati questi presupposti, suonerebbe più appropriato? E ancora, qual è questa «condizione generale» che sarebbe miracolosamente in grado di trasformare un coacervo di soggettività prive di identità comune in un corpo unitario? A produrre il miracolo sarebbe il fatto che il lavoro della conoscenza e della cultura rappresenta ormai il futuro del lavoro *tout court* – affermazione che, in un mondo fondato su un'economia globale che sfrutta il lavoro di centinaia di milioni di nuovi operai ridotti in condizioni di semischiavitù, suona francamente imbarazzante.

Capitolo VI
PROFILI DELLA CLASSE OPERAIA GLOBALE

Dal percorso critico fin qui compiuto emerge una chiara indicazione di metodo: per capire quali siano i soggetti sociali antagonisti, occorre abbandonare il paradigma biopolitico. Si è visto come tale paradigma sposti l'attenzione dalla produzione alla vita, in quanto il capitalismo materiale avrebbe cancellato la distinzione fra i due termini, visto che oggi è la vita stessa ad essere messa al lavoro. Questo punto di vista dilata l'orizzonte della soggettività antagonistica fino ad abbracciare la quasi totalità del genere umano, neutralizzando, di fatto, qualsiasi possibilità di ordinare gerarchicamente gli strati di classe in relazione alla loro omogeneità interna, ai livelli di consapevolezza e alle pratiche di lotta. La verticalità, implicita nel concetto di composizione politica di classe, viene sostituita dall'orizzontalità della nebulosa moltitudinaria, fatta di singolarità individuali e posizioni di ceto che rispecchiano valori culturali. Contro tale visione, che attribuisce alla classe una consistenza puramente contingente, fondata sull'esistenza o meno di capacità di autoidentificazione e autocoscienza, chi scrive intende riproporre un punto di vista «sostanzialistico», secondo cui la classe esiste a prescindere dall'esistenza di strutture politiche, associative e/o di «discorsi» che la rappresentino, essendo definita dall'appartenenza a una «comunità di destino» e dalle conseguenze economiche, culturali e sociali associate a tale appartenenza[1]. Si tratta

[1] È il punto di vista rivendicato, fra gli altri, da L. Gallino, *La lotta di classe dopo la lotta di classe*, cit.

di un punto di vista che trova una sintetica quanto efficace definizione nelle seguenti parole di Edward P. Thompson: «La classe nasce quando un gruppo di uomini, per effetto di comuni esperienze (ereditate o vissute), sentono ed esprimono un'identità di interessi sia fra loro, sia nei confronti di altri gruppi con interessi diversi e, socialmente, antitetici. L'esperienza di classe è determinata, in larga misura, dai rapporti di produzione nel cui ambito gli uomini sono nati – o vengono involontariamente a trovarsi. La coscienza di classe è il modo in cui queste esperienze sono vissute e riplasmate in termini culturali: incarnatesi dunque in tradizioni, in sistemi di valori, in idee, in istituti caratteristici»[2]. Chiarita la prospettiva metodologica da cui prende le mosse il discorso di chi scrive, si tratta ora di entrare nel merito della composizione del proletariato globale e del potenziale antagonistico dei differenti strati che ne fanno parte.

Il concetto di classe operaia globale che intendo utilizzare in questo capitolo si ispira alle tesi di Karl Heinz Roth[3]. Secondo questo autore, il proletariato globale è un'entità che esiste dalla seconda metà del XVIII secolo, ed è costituita da quelle classi e fasce della popolazione mondiale che si trovano in condizione di dover vendere la propria forza lavoro, cederne ad altri il prodotto o cedere il proprio corpo per sopravvivere. Si tratta dunque di una realtà sociale che fin dall'inizio si presenta come un universo pluristratificato, inscritto in un'area delimitata da povertà e disoccupazione di massa, agricoltura di sussistenza, lavoro autonomo, lavoro industriale, nonché dalle varie forme di lavoro servile. Questa classificazione non è statica, ma integra un insieme di fenomeni storici in continua evoluzione, in quanto subiscono le spinte contrastanti dei processi di proletarizzazione e deproletarizzazione che investono la popolazione mondiale – processi che, a loro volta, rispecchiano l'alternanza di fasi di espansione, concentrazione e crisi del capitale globale, ma anche le spontanee spinte migratorie di quegli strati di popolazione che reagiscono agli effetti della penetrazione del capitale in aree sempre più vaste del pianeta. Una volta descritto il variegato multiverso del proletariato globale, Roth tenta di cogliere al suo interno l'esistenza di processi di omogeneizzazione e convergenza, seguendo la lezione marxiana secondo cui le classi senza proprietà sono il più

[2] Citato in Pun Ngai, *Cina. La società armoniosa*, Jaca Book, Milano 2012, p. 50.

[3] Cfr. K.H. Roth, «Crisi globale, proletarizzazione globale e contro-prospettive», in A. Fumagalli, S. Mezzadra, *Crisi dell'economia globale*, cit.

potente, se non l'unico, agente di trasformazione sociale verso l'uguaglianza economica, sociale, sessuale ed etnica. Laddove le fasi recenti del processo di globalizzazione capitalistico vengono interpretate (vedi Parte prima) in termini di attacco all'omogeneità della classe operaia, come strategia capitalistica che mira a disarticolare il fronte avversario introducendovi radicali divisioni fra proletariato dei Paesi ricchi e proletariato dei Paesi in via di sviluppo, oltre che fra generi, etnie e generazioni, Roth invita quindi a non concentrare l'attenzione esclusivamente su queste tendenze alla frammentazione, ma a tenere conto anche delle controtendenze alla ricomposizione e omogeneizzazione. Da questo sforzo di analizzare, ad un tempo, tendenze e controtendenze emerge uno scenario complesso, articolato su cinque livelli.

Primo livello. Sul piano quantitativo, le masse impegnate in varie forme di agricoltura di sussistenza nel Sud del mondo rappresentano ancora, malgrado le spinte all'urbanizzazione attualmente in atto, la maggioranza relativa del proletariato globale: quasi tre miliardi di individui, settecento milioni dei quali nella sola Cina. Si tratta, in gran parte, di attività a base famigliare e/o di villaggio, esposte all'aggressione del capitale globale che ne erode i già ridotti margini di mercato, mentre devasta gli ambienti naturali che le ospitano (da notare che una percentuale crescente di questi soggetti riesce ormai a sopravvivere solo grazie a redditi di lavoro provenienti da altri settori). Queste masse che, lungo tutto il corso del Novecento, sono state protagoniste – in Asia, Africa e America Latina – di grandi imprese rivoluzionarie, oggi sembrano confinate in uno stato di marginalità economica, sociale e politica (sia pure con notevoli eccezioni: vedi il peso esercitato dalle lotte di contadini e indigeni nei cambiamenti di regime di alcuni Paesi dell'America Latina).

Secondo livello. I protagonisti più significativi – unitamente alla nuova classe operaia dei Paesi in via di sviluppo, della quale ci occuperemo più avanti – dei processi di proletarizzazione su scala globale sono le centinaia di milioni di migranti che si spostano – all'interno di singoli Paesi, fra un Paese e l'altro o fra diverse aree regionali e continentali – per sfuggire alla miseria e/o alle decine di guerre «locali» che insanguinano il pianeta. Si tratta di un esodo di massa che, come è stato messo in luce dai lavori di Sandro Mezzadra[4], ha contribuito a ri-

[4] Cfr., fra gli altri, S. Mezzadra, *Diritto di fuga. Migrazioni, cittadinanza, globalizza-*

mettere in discussione il concetto di confine, favorendo processi di disconnessione fra Stato e territorio. Il merito di Mezzadra consiste soprattutto nell'avere dimostrato come la contraddizione fra globalizzazione economica e politiche di contenimento dei flussi migratori sia apparente, nella misura in cui questo «doppio registro» del fenomeno migratorio non serve tanto a delimitare una linea di demarcazione fra un «dentro» e un «fuori», quanto ad amministrare un dispositivo di inclusione differenziale[5]. Meno convincente, a parere di chi scrive, suona il tentativo di valorizzare l'autonomia delle scelte soggettive dei migranti rispetto ai motivi oggettivi che li inducono a migrare. Il rischio ideologico implicito in tale visione, infatti, è quello di esaltare il potenziale antagonistico dei soggetti migranti, ignorando o sottovalutando quello dei soggetti «confinati» nel locale. Se viceversa si assume il punto di vista che ho proposto nel precedente capitolo – secondo il quale il primo presupposto della consapevolezza e dei comportamenti antagonistici è la concentrazione massiva di corpi messi al lavoro, e la condivisione di esperienze che ne deriva –, il potenziale «sovversivo» del fenomeno migratorio andrà commisurato meno alle motivazioni soggettive che agli effetti di un flusso massivo di corpi in grado di generare nuove concentrazioni proletarie.

Terzo livello. Un miliardo di miserabili si ammassano negli slum delle megalopoli globali che crescono come tumori fuori controllo. Di questo strato fanno parte le folle che si ammassano nelle periferie del Cairo, di Città del Messico, Lagos, Mumbai, Shanghai, Rio, ecc., sulla scia di processi di urbanizzazione che, non essendo guidati da reali processi di industrializzazione né di crescita economica, alimentano il calderone dell'economia sommersa globale, dove regnano violenza criminale, ipersfruttamento, degradazione morale e civile oltre che economica. Fanno inoltre parte di tale strato le schiere di *working poor* che la crisi e l'assalto liberal-liberista al welfare hanno generato nelle città del Nord del mondo, alimentando quello che Saskia

zione, ombre corte, Verona 2006 e *La condizione postcoloniale. Storia e politica nel mondo globale*, ombre corte, Verona 2008.

5 Non si tratta cioè di tener fuori i migranti, bensì di regolarne l'afflusso in modo da graduarne l'integrazione, mantenendo costantemente una riserva di «irregolari», inclusi nel processo produttivo ma esclusi da ogni diritto sia in quanto lavoratori, sia in quanto cittadini.

Sassen ha definito processo di «brasilianizzazione» dell'Occidente[6]. Questa versione postmoderna del marxiano *Lumpenproletariat* si presenta come un grande contenitore di odio e rabbia compressi, che esplodono periodicamente in forma di *riots*, ma che non rappresentano una concreta minaccia per il dominio del capitalismo globale (e anzi funzionano spesso da bacino di reclutamento per le sue forze di repressione).

Quarto/quinto livello. Questi ultimi due livelli non vanno analizzati separatamente in quanto si riferiscono, rispettivamente, alla nuova classe operaia dei Paesi emergenti e alla classe operaia tradizionale dei Paesi ricchi. Se infatti è vero che questi due strati incarnano processi opposti – dispersione/frammentazione da un lato, riconcentrazione/omogeneizzazione dall'altro –, è altrettanto vero che tali processi sono strettamente intrecciati, nella misura in cui la delocalizzazione della produzione industriale – alimentata dall'esigenza di arruolare larghe masse di forza lavoro a buon mercato e priva di diritti sindacali e civili – ha permesso di ridurre i livelli di occupazione nel Nord del mondo, regalando al capitale il potere di ricatto che gli ha consentito di ridurre i salari, distruggere il welfare, precarizzare il lavoro, abbattere il potere sindacale, ecc. Il punto è capire quale delle due tendenze – frammentazione o ricomposizione – sia destinata a prevalere sul medio-lungo periodo. I fattori che alimentano la speranza che possa prevalere la tendenza alla ricomposizione sono tre: 1) il costante aumento del peso numerico della forza lavoro operaia a livello planetario, visto che l'aumento del proletariato del Sud del mondo compensa e supera largamente la diminuzione della classe operaia del Nord; 2) il crescere delle conoscenze scientifiche e tecnologiche incorporate nelle produzioni del Sud, le quali – inizialmente concentrate in settori low tech come l'industria tessile – tendono ad estendersi sempre più in settori ad elevata intensità di ricerca e sviluppo, favorendo un'omogeneizzazione globale in termini di composizione tecnica del lavoro; 3) infine la crescente capacità di lotta del proletariato periferico, che contribuisce a ridurre parzialmente le differenze di reddito e le condizioni di lavoro fra centro e periferia[7]. Questi tre fattori non implicano

[6] Cfr. S. Sassen, *Una sociologia della globalizzazione*, Einaudi, Torino 2008.

[7] Uso questi termini per comodità di esposizione, anche se è evidente che l'economia globale non è più descrivibile in termini di centro e periferia.

necessariamente che sia possibile, se non imminente, una riscossa della classe operaia globale e dei movimenti che la organizzano e rappresentano. La classe operaia, di fronte a un ulteriore, drastico peggioramento delle proprie condizioni di vita, invece di imboccare la via della lotta per fuoriuscire dal capitalismo, potrebbe infatti lasciarsi sedurre dalle sirene populiste, o addirittura da ideologie totalitarie di destra, accettando di arruolarsi in conflitti etnici e/o nazionalistici per combattere una guerra fra poveri. Prima di proseguire, vale la pena di sottolineare come, nello schema a cinque livelli appena descritto, non trovino collocazione autonoma i lavoratori della conoscenza. Ciò è dovuto sia al fatto che tale strato è caratterizzato – vedi i precedenti capitoli – da radicale disomogeneità, sia al fatto che esso è distribuito trasversalmente[8] in tutti livelli appena descritti, ad eccezione dell'agricoltura di sussistenza: i *knowledge workers* costituiscono infatti una quota minoritaria ma non trascurabile delle masse migranti (vedi la massiccia importazione di informatici indiani nei Paesi occidentali); rappresentano un effetto collaterale – in quanto lavoratori autonomi e *freelance* – del processo di disgregazione degli strati medio-alti del proletariato dei Paesi del Nord provocato dalla crisi; sono la punta di lancia delle nuove classi medie urbane in Cina, India e altri Paesi emergenti; contribuiscono infine ad alimentare l'esercito di riserva del

[8] Un altro esempio di strato sociale trasversale ai cinque livelli descritti da Roth è la classe dei «costruttori di città» di cui parla in un suo saggio David Harvey (*Il capitalismo contro il diritto alla città*, cit.). Harvey prende le mosse da quattro considerazioni: 1) il processo di urbanizzazione svolge un ruolo strategico nell'assorbimento delle eccedenze generate dal processo di accumulazione capitalistica; 2) il mercato della casa ha svolto un ruolo altrettanto centrale nei processi di finanziarizzazione e di indebitamento privato che hanno innescato la crisi del 2007; 3) la polarizzazione della ricchezza e del potere è inscritta nella stessa forma spaziale delle città; 4) l'ambiente urbano è il principale terreno di resistenza ai processi di privatizzazione dei beni comuni. Quindi, tenuto conto di tali presupposti, suggerisce di adottare il punto di vista secondo cui la classe rivoluzionaria non sarebbe costituita solo da operai di fabbrica, ma anche e soprattutto da lavoratori urbani, cioè da formazioni di classe frammentate, disorganizzate e con bisogni e obiettivi diversi, formazioni che costituirebbero appunto la classe dei «costruttori di città». Rimane il dubbio in merito a come gruppi tanto eterogenei possano organizzarsi in forza rivoluzionaria; mi pare che David Harvey, pretendendo di spalmare la produzione di plusvalore sull'intera popolazione urbana, corra il rischio di rendere tanto astratta la relazione sociale di sfruttamento da stemperarne la specificità, perdendo di vista il problema della distinzione fra composizione tecnica e composizione politica di classe.

terziario arretrato tanto negli Stati Uniti quanto in Europa. In ragione di questi destini divergenti, alcuni di questi soggetti possono essere considerati parte integrante del proletariato globale, mentre altri appartengono allo strato inferiore delle classi dominanti.

Nelle prossime pagine di questo capitolo prenderò in esame tre esperienze di lotta – le lotte degli operai migranti in Cina, le lotte dei minatori in Sudafrica, le lotte dei lavoratori del terziario arretrato negli Stati Uniti – che costituiscono altrettanti esempi di come le speranze di riscossa del proletariato globale potrebbero prendere corpo. Di altre esperienze di lotta – come la No Tav in Italia, Occupy Wall Street negli Stati Uniti, la Primavera Araba e altri movimenti – mi occuperò invece nelle Parti terza e quarta, in quanto si prestano particolarmente a discutere i temi dell'organizzazione politica e della transizione.

* * *

La nascita della nuova classe operaia cinese rappresenta, al tempo stesso, un esempio significativo di ricomposizione del proletariato globale, e una confutazione delle teorie sociali fondate sul paradigma costruzionistico/postmoderno. Parto dal secondo punto, seguendo l'analisi della sociologa cinese Pun Ngai[9] sull'evoluzione della composizione di classe nel suo Paese. Pun Ngai mette in luce come le teorie degli scienziati sociali occidentali che si ispirano ai paradigmi postmodernisti, nella misura in cui spostano l'attenzione dalla sfera delle relazioni produttive a quella del consumo, abbiano messo un potente strumento di mistificazione nelle mani degli accademici cinesi di regime. Per mascherare la realtà dei conflitti di classe generati dal processo di accumulazione primitiva avviato dalle riforme del regime postmaoista, i vertici del partito comunista e dello Stato cinesi hanno tentato di costruire l'immagine di una «società armoniosa», nella quale i frutti dell'impetuosa crescita economica vengono distribuiti fra tutti i cittadini. Per ottenere tale scopo, era necessario estirpare il linguaggio marxista e classista tanto dal lessico delle scienze sociali quanto dal lessico dei media e del linguaggio comune. Ecco perché gli intellettuali si sono progressivamente allineati al linguaggio accademico, politico e mediatico della cultura liberal-liberista occidentale, mentre lo sviluppo di disuguaglianze sociali sempre più radicali, da un lato, veniva

[9] Cfr. Pun Ngai, *Cina. La società armoniosa*, cit.

derubricato a effetto collaterale e temporaneo di una crescita troppo rapida, dall'altro lato, veniva descritto come una gerarchia di *status* sociali riconducibili a differenze di ceto, più che di classe. Esaltando individualismo, professionalità e merito, assunti a giustificazione del proprio sfrenato arricchimento, il blocco egemonico – rappresentato da imprenditori, finanzieri, boiardi di partito e di Stato – ha sostituito ai princìpi maoisti della solidarietà e dell'uguaglianza sociali l'idea della presunta eguaglianza di opportunità garantita dal libero mercato. Tutto è avvenuto, non a caso, nel momento in cui un nuovo, poderoso soggetto operaio veniva aggregandosi, con lo scopo evidente di frenarne la presa di coscienza esercitando una sorta di censura ideologica e linguistica. Questa operazione di egemonia culturale messa in atto dall'*establishment* accademico e politico cinese ha a sua volta contribuito a rafforzare la speculare operazione di rimozione condotta dagli intellettuali occidentali (di destra come di sinistra), nel senso che il silenzio sui processi di proletarizzazione in atto in Cina consente di alimentare il mito di una classe operaia «in estinzione», e di ignorare alcune cifre clamorose: basti pensare ai duecento milioni di contadini cinesi «deportati» dalle campagne alle città per essere avviati al lavoro salariato[10] – un dato che ci fa capire in quale misura la Cina abbia contribuito all'aumento dell'occupazione industriale su scala planetaria[11].

Passiamo ora a descrivere come questo nuovo, immenso corpo di classe stia imboccando la strada della trasformazione da classe in sé in classe per sé. A tale scopo conviene seguire ancora il lavoro di Pun Ngai, la quale chiarisce come il processo di proletarizzazione della Cina abbia attraversato due fasi – maoista e postmaoista – e come entrambe queste fasi non siano state il risultato spontaneo delle leggi di mercato, bensì di un preciso disegno politico del partito comunista. Dopo la rivoluzione del 1949, i cui indiscussi protagonisti furono le masse contadine, il partito e lo Stato diedero avvio a un processo di industrializzazione forzata che, assieme all'economia statale, ha dato vita a un proletariato urbano «progettato» dall'alto e immediatamente investito del ruolo di «avanguardia» politica, nonché gratificato di

10 Il 10% di questa nuova massa operaia lavora in multinazionali straniere, per cui si può affermare con Pun Ngai (cfr. *Cina. La società armoniosa*, cit.) che essa rappresenta il nocciolo duro della produzione di profitti globali.

11 Siamo passati dal 51% del 1980 al 73% del 2008 (traggo anche questa informazione da Pun Ngai, *Cina. La società armoniosa*, cit.).

una serie di privilegi socio-economici (lavoro e salario garantiti, alloggio, assistenza medica e istruzione, ecc.) nei confronti delle masse rurali che restavano sprofondate nella miseria e nell'ignoranza. Dopo la controrivoluzione, giunta a compimento con le «riforme» del 1978, è stato ancora il partito a guidare la trasformazione: in primo luogo, promuovendo la disarticolazione del proletariato delle imprese di Stato, le quali sono state esposte all'acido corrosivo della privatizzazione e della riattivazione delle regole di mercato. Dopodiché la borghesia e le classi medie emergenti, che continuano a utilizzare le strutture verticistiche del partito «comunista» per governare il Paese[12], hanno deciso di istituire quelle «zone economiche speciali» che, aprendosi agli investimenti diretti esteri – prima asiatici, con Taiwan e Giappone in prima linea, poi americani ed europei –, si sono rapidamente trasformate in un gigantesco esperimento socio-economico per la formazione di un'immane riserva globale di mano d'opera a buon mercato, nonché priva di ogni diritto civile e sociale. Le migrazioni interne, infatti, sono solo in parte l'esito dello spontaneo desiderio di mobilità da parte dei giovani contadini (in maggioranza donne) in fuga dalla miseria dei villaggi per «cercare fortuna» in città: l'esodo è in larga misura sollecitato e favorito dall'alto, mentre la popolazione rurale «deportata» in città non trova qui migliori condizioni di vita; al contrario, essa viene privata della libertà di residenza e di mobilità interna di cui godono gli altri strati sociali, così come viene esclusa dai servizi (come l'istruzione superiore) di cui usufruisce la popolazione urbana. In altre parole: lo Stato e il partito cinesi hanno lucidamente perseguito, a partire dai primi anni Ottanta, una politica di deportazione di milioni di lavoratori a buon mercato dalle campagne, mettendoli a disposizione delle grandi imprese straniere allo scopo di attirarne gli investimenti sul territorio cinese, mentre, al tempo stesso, si alleggerivano della responsabilità di garantire a questi lavoratori un minimo di assistenza e di diritti sociali. Il «welfare» di questi disperati è infatti affidato esclusivamente alle famiglie e ai villaggi di provenienza, dove tornano dopo essere stati spremuti e gettati via[13].

[12] Il che rappresenta la più clamorosa smentita della tesi secondo cui l'apertura al mercato avrebbe necessariamente condotto all'adozione di modelli democratici di tipo occidentale.

[13] Il numero degli infortuni e delle malattie invalidanti è assai elevato a causa dei ritmi disumani di lavoro.

Ci troviamo dunque in presenza di un ritorno a forme di sfruttamento simili a quelle in vigore nella fase di accumulazione primitiva del nascente capitalismo inglese: paghe da fame, giornata lavorativa che può arrivare fino a più di quattordici ore al giorno per sei giorni alla settimana, ritmi di lavoro infernali, sfruttamento del lavoro minorile, disciplina da campo di concentramento, con frequente ricorso a multe e punizioni corporali in caso di «pigrizia» e altre infrazioni. L'uso di tecnologie avanzate si accompagna al prolungamento della giornata lavorativa, generando un'inedita commistione fra plusvalore relativo e plusvalore assoluto. A fornire lo scenario di questa mattanza è il cosiddetto «regime dei dormitori»: visto che i migranti non godono del diritto di residenza, sono infatti ospitati in dormitori costruiti accanto o dentro i luoghi di lavoro, per cui la loro vita si svolge interamente entro le mura di queste galere industriali. A volte si tratta di strutture costruite dallo Stato per offrire un servizio aggiuntivo alle imprese ospiti, altre volte sono le stesse imprese a fabbricarle (e in tal caso il costo di gestione viene detratto dal salario degli operai che vivono al loro interno!); in entrambi i casi, si tratta di una soluzione che consente di ottenere il massimo di disponibilità e flessibilità della forza lavoro, la quale può essere mobilitata in ogni momento ove si renda necessario intensificare la produzione per far fronte alle esigenze del *just in time*.

Il regime dei dormitori, tuttavia, è anche il luogo della ricomposizione dell'unità del soggetto di classe e della sua maturazione politica: nato come strumento di controllo dall'alto, si trasforma in terreno di lotta per il fatto stesso di concentrare nel medesimo luogo una massa di corpi sottoposti a comuni condizioni di sofferenza. Il capitalismo occidentale ha fatto di tutto per disperdere le concentrazioni di forza lavoro, «esportandole» in Paesi dove sperava che esse non fossero in grado di esprimere una carica antagonistica, ma questa strategia si sta rivelando, a medio-lungo termine, un boomerang. In effetti, nello scenario fin qui descritto, tutto sembrava congiurare contro lo sviluppo di una coscienza di classe: 1) le divisioni etnico-linguistiche e di genere: i flussi migratori seguono le vie tracciate dai legami familiari e di villaggio, per cui nei dormitori ci si aggrega in base ai luoghi di provenienza e al dialetto; inoltre le donne – che costituiscono la maggioranza di questa classe operaia nascente – vengono tenute in posizione subordinata e sottoposte a gerarchie composte dai colleghi maschi; 2) gli elevati livelli di *turnover*: i lavoratori, non potendo mettere radici in nessun posto, si spostano frequentemente, mentre le ragazze, che temono di superare l'età in cui possono ancora sperare di costruirsi una famiglia, tendono a tornare al villaggio, per cui difficilmente l'organico di una fabbrica resta lo stesso per più di qualche mese. Eppure, malgrado questi handicap, i dormitori si sono trasformati in scenari di dibattito e organizzazione politici per un'intera generazione di giovani operaie e operai. Le prime forme di resistenza hanno assunto spesso la forma dell'autolesionismo e del suicidio, quasi un urlo dei corpi sottoposti a sofferenze e umiliazioni intollerabili[14]. Poi lo spirito di solidarietà è venuto a mano a mano crescendo, fino a superare barriere etnico-linguistiche e legami di clan. Il dormitorio è così divenuto un luogo di organizzazione dal basso degli interessi operai e delle lotte per sostenerli. A testimoniare questa evoluzione sono i dati statistici sulla crescita degli scioperi dai primi anni Novanta al 2005: secondo fonti ufficiali (si tratta quindi di dati presumibilmente sottostimati) sarebbero passati da 10.000 a 87.000[15]. Queste azioni, rivolte a ottenere aumenti salariali, riduzione dei ritmi di lavoro, tutela della salute e della sicurezza dei lavoratori nonché riconoscimento di diritti sociali minimi, sono a volte esplose in forme violente, superando i limiti della legalità e provocando scontri durissimi con polizia ed esercito. Grazie all'elevata concentrazione di fabbriche in alcune aree regionali, le lotte tendono a diffondersi da un'impresa all'altra, dando vita a una circolazione delle esperienze favorita anche dall'elevata mobilità della forza lavoro, cui si è fatto cenno poco sopra, e dal fatto che i giovani operai utilizzano i nuovi media (soprattutto smartphone e piattaforme di microblogging) per coordinare le lotte fra sedi diverse di una stessa impresa.

Le analogie con alcune caratteristiche del ciclo di lotte che ha avuto come protagonista l'operaio massa occidentale negli anni Sessanta e Settanta del secolo scorso sono evidenti, a partire dal fatto che si tratti, per lo più, di azioni spontanee e auto-organizzate[16]; né meno si-

[14] Clamorosi, in questo senso, i suicidi di massa avvenuti alla Foxconn, un gigante a capitale taiwanese che impiega più di un milione di operai ad assemblare componenti hardware per la Apple e altri colossi dell'industria hi tech americana.

[15] Il dato è riferito in Pun Ngai, *Cina. La società armoniosa*, cit.

[16] Esemplare, in tal senso, ciò che si sono sentiti rispondere alcuni dirigenti di azienda quando hanno sollecitato le loro operaie ad eleggere dei rappresentanti per trattare un accordo: «Noi siamo tutte rappresentanti» (l'episodio è riferito in Pun Ngai, *Cina. La società armoniosa*, cit.).

gnificativo appare il fatto che anche qui si tratta soprattutto di giovani che non manifestano fedeltà al proprio impiego e orgoglio professionale, mentre tendono a rivendicare concreti e immediati vantaggi salariali, in modo da poter accedere ai consumi di cui godono i loro coetanei più fortunati. Al tempo stesso, in modo apparentemente contraddittorio, molti di loro rivendicano l'appartenenza a un'ideologia maoista di cui non hanno memoria storica e che nel Paese si è tentato con ogni mezzo di estirpare[17]. Se le rivendicazioni di aumenti salariali possono essere interpretate anche come un sintomo di adesione ai valori individualistici e consumistici della cultura occidentale, il secondo fenomeno dimostra che l'uguaglianza e la giustizia che questi giovani operai e operaie rivendicano non si esaurisce nella richiesta di pari opportunità fra individui impegnati a rivaleggiare sul mercato, ma presuppone una rinnovata coscienza politica di classe (a prescindere da qualsiasi giudizio storico sull'ideologia maoista).

* * *

Un secondo, potente segnale di riscossa del proletariato globale arriva dal Sudafrica. Inserito a pieno titolo nell'élite dei Paesi in via di sviluppo, il Sudafrica vanta, a partire dai primi anni del secolo, un PIL pari al 40% di quello di tutta l'Africa subsahariana, tassi di crescita che oscillano attorno al 6%, e un mercato borsistico di dimensioni che non sfigurano nel confronto con i mercati finanziari occidentali. Tuttavia, proprio a causa della sua rapida crescita, e della sua integrazione nel mercato globale, il Sudafrica ha pagato un prezzo più salato di altre nazioni africane alla crisi mondiale iniziata nel 2007, con un tasso di disoccupazione che ha raggiunto il 25% e con la metà dei giovani di età inferiore ai 24 anni rimasti senza lavoro. Analizzando le cause della particolare gravità della crisi sudafricana, un articolo dell'*Economist*[18] punta il dito contro la corruzione del governo del presidente Jacob Zuma, accusandolo di avere promosso un'integrazione di tipo

[17] Sulla nascita di formazioni neomaoiste e altri gruppi di sinistra radicale nella Cina di oggi, vedi l'intervista di Simone Pieranni all'economista Minqii Li («Nuova Cina nuova sinistra», *il Manifesto*, mercoledì 20 marzo 2013).

[18] «Sad South Africa. Cry, the beloved country», *The Economist*, 20 ottobre 2012, articolo consultabile all'indirizzo http://www.economist.com/news/leaders/21564846-south-africa-sliding-downhill-while-much-rest-continent-clawing-its-way-up

«cinese» fra lo Stato e il vecchio partito di Mandela (l'African National Congress) che, dopo essere stato protagonista della pacifica transizione fra il regime dell'*apartheid* e la democrazia, si sarebbe progressivamente trasformato in un clan mafioso che gestisce gli interessi di una ristretta élite di neri ricchi. L'organo mondiale dell'ideologia liberista svolge dunque il suo ruolo consueto, imputando le cause della crisi allo «statalismo» e all'assenza di concorrenza. Dimentica però di aggiungere che quel governo statalista e corrotto è anche il primo garante – a imitazione del partito e dello Stato cinesi – degli interessi delle multinazionali occidentali, alle quali consente di sottoporre i lavoratori sudafricani a odiose forme di sfruttamento, che raggiungono livelli particolarmente elevati nel settore minerario.

L'attività mineraria rappresenta fin dall'Ottocento il cuore dell'economia sudafricana: l'estrazione di platino (di cui il Sudafrica è il primo produttore mondiale), oro e altri minerali rappresenta il 6% della produzione nazionale, ma contribuisce per il 60% al valore delle esportazioni e occupa più di mezzo milione di addetti[19]. Ciò che qui maggiormente interessa, tuttavia, è il fatto che, nelle miniere sudafricane, esiste una realtà assai simile a quella che abbiamo appena analizzato descrivendo il regime dei dormitori cinesi. Decine di migliaia di minatori provenienti dalle campagne sono costretti a lavorare per un pugno di rand (la moneta sudafricana) in condizioni disumane. Il *Guardian*[20] riferisce di gallerie alte un metro e mezzo, che costringono i minatori a lavorare per ore e ore in ginocchio, di un ambiente saturo di polveri e dell'assenza di protezioni contro questo flagello (il tasso di tubercolosi fra gli operai è superiore di sei volte a quello nazionale), di angherie da parte dei capisquadra e delle guardie (tutti bianchi, in barba alla fine dell'*apartheid*), di un impressionante numero di incidenti mortali (123 solo nei primi mesi del 2012). Vivendo lontano dai villaggi di origine, i minatori sono costretti ad abitare nei *compounds* delle miniere, che offrono condizioni ancora peggiori di quelle dei

[19] Ricavo questi dati da un articolo di D. Smith, «South African mining deep in crisis ANC considers peacekeeping force», *The Guardian*, 4 giugno 2013, consultabile all'indirizzo http://www.theguardian.com/business/2013/jun/04/south-african-mining-crisis-peacekeeping-force

[20] Cfr. D. Smith, «South African's goldmines beset by simmering resentment», *The Guardian*, 26 settembre 2012, articolo consultabile all'indirizzo http://www.theguardian.com/world/2012/sep/26/south-african-goldmines-simmering-resentment

dormitori cinesi (igiene inesistente, sovraffollamento, cibo di pessima qualità, ecc.); inoltre possono visitare i famigliari – ai quali inviano la maggior parte del salario – solo due volte all'anno, a Pasqua e a Natale. Condizioni «ideali», insomma, per provocare rabbia e ribellione. Le prime, grandi lotte sono iniziate nell'estate del 2012, con una serie di scioperi che hanno mobilitato decine di migliaia di minatori, molti dei quali sono usciti dai *compounds* armati di bastoni e machete per marciare sulle imprese vicine e indurre i compagni a scendere a loro volta in sciopero. Nell'agosto del 2012, nei pressi della miniera di platino di Marikana, una di queste marce è stata attaccata dalla polizia, che ha aperto il fuoco e ucciso decine di operai. Analoghi episodi erano all'ordine del giorno ai tempi dell'*apartheid*, ma questa volta a sparare sui proletari neri sono stati poliziotti dello stesso colore, arruolati per proteggere gli interessi delle multinazionali occidentali e della borghesia nera emergente.

A tutt'oggi, le famiglie delle vittime non hanno ancora ottenuto giustizia – e probabilmente non la otterranno mai, anche se alcuni avvocati inglesi si sono mobilitati per rappresentarle gratuitamente[21] –, ma questo non ha fermato le lotte dei minatori: mentre scrivo, a un anno di distanza dall'eccidio, le lotte continuano con immutata intensità, mentre i minatori abbandonano in massa i sindacati di regime che hanno cessato di rappresentarne gli interessi per iscriversi al sindacato radicale AMCU (Association of Mineworkers and Costruction Union)[22]. Né sembrano disposti a lasciarsi intimidire dagli «avvertimenti» del governo sudafricano, che minaccia di istituire una forza di *peacekeeping* per riportare l'ordine nelle miniere, e da quelli delle multinazionali che parlano di una crisi imminente provocata dagli alti tassi di conflittualità sindacale[23]. Le analogie con la situazione cinese sono impressionanti: la migrazione interna di ampie masse di contadini proletarizzati e «affittati» alle multinazionali straniere da uno Stato-partito

[21] Cfr. D. Smith, «Marikana mine massacre: why British lawyer has joined fight for justice», *The Guardian*, 6 gennaio 2013; articolo consultabile all'indirizzo http://www.theguardian.com/world/2013/jan/06/marikana-mine-massacre-british-lawyer

[22] Cfr. D. Smith, «South African mining...», art. cit. sopra, alla nota 19.

[23] Una lamentazione che suona poco credibile, ove si consideri che, dal 2004 al 2011, il numero delle miniere è aumentato da 993 a quasi 1.600 e, nello stesso periodo, i fatturati sono cresciuti da 98 a 370 miliardi di rand e gli addetti al settore da 449.000 a più di 530.000 (prendo questi dati dall'articolo citato sopra, alla nota 21).

corrotto e la conseguente concentrazione di corpi in fabbriche-lager dove vigono condizioni di lavoro spaventose creano i presupposti per la nascita di nuovi livelli di coscienza e organizzazione di classe.

* * *

Il terzo esempio di lotte che segnalano l'esistenza di controtendenze verso la ricomposizione del proletariato globale viene dagli Stati Uniti. Tuttavia, per analizzarlo, occorre fare un passo indietro, tornando brevemente in Cina. Oltre a quelli descritti in precedenza, le lotte degli operai-migranti cinesi incontrano altri due ostacoli: 1) le famiglie che restano in campagna dipendono dalle loro rimesse, per cui si aspettano che i figli continuino ad accettare la disciplina di fabbrica e a mandare soldi; 2) la classe media cinese – e soprattutto gli strati urbani istruiti, i «creativi» –, la quale gode di consumi relativamente elevati, oltre che dei diritti riservati ai cittadini, anche grazie alle risorse generate dal supersfruttamento della nuova classe operaia, non ha ovviamente interesse ad appoggiarne le rivendicazioni. Così i creativi cinesi passano la notte accampati davanti ai negozi della Apple per acquistare l'ultima versione dell'iPad, ignorando quanto sudore e sangue abbiano versato gli operai della Foxconn per rispettare i tempi di consegna del nuovo gadget.

Introducendo il discorso sul binomio Apple/Foxconn, entriamo nel vivo delle sinergie fra Stati Uniti e Cina, e quindi delle relazioni fra le lotte di classe che si svolgono in questi due grandi Paesi. La Foxconn, con il suo milione abbondante di dipendenti distribuiti in una serie di fabbriche sparse in varie regioni, è l'impresa straniera (taiwanese) che più di ogni altra ha goduto dei vantaggi del sistema dei dormitori, al punto che oggi si valuta fabbrichi più della metà dei prodotti elettronici mondiali per conto terzi. La sua crescita vertiginosa ha goduto di tutti i fattori descritti nelle pagine precedenti, a partire dalla corruzione dei funzionari locali, i quali, per invogliare la Foxconn a scegliere i loro territori come sede dei suoi insediamenti, «dimenticano» sistematicamente di applicare le leggi sul lavoro, esponendo gli operai a paghe da fame, all'assenza di ogni tutela della salute e della sicurezza in fabbrica e a ritmi di lavoro infernali imposti con una disciplina militare. Una delle pratiche più odiose di questo impero consiste fra l'altro nella messa al lavoro (gratuito!) degli studenti delle scuole professionali, che i funzionari corrotti mettono a disposizione dell'azienda con la scusa di far compiere loro dei «tirocini» (il che consente di aggirare il divieto di lavoro minorile).

Il caso Foxconn è scoppiato quando i media hanno cominciato a occuparsi della catena di suicidi che le condizioni di lavoro e di vita disumane avevano provocato fra i dipendenti. Incalzata dall'opinione pubblica mondiale, e temendo di subire un danno di immagine, la Apple ha disposto una serie di indagini sulle condizioni dei lavoratori Foxconn, impegnandosi a far cessare gli abusi. Difficile valutare se queste promesse saranno mai mantenute; ma quand'anche lo fossero, resta l'elemento più interessante di cui questa vicenda è spia: fra Stati Uniti e Cina esiste un accordo di fatto, in ragione del quale i cinesi finanziano il debito pubblico americano in cambio di massicce importazioni dei loro prodotti a basso costo. E tale accordo non genera solo relazioni come quella fra Apple e Foxconn, ma ha dato vita a un vero e proprio sistema integrato, in forza del quale il supersfruttamento della classe operaia cinese diviene la condizione del supersfruttamento della classe operaia americana – una strategia che trova una sintesi efficace nella seguente battuta di un manager del colosso taiwanese: «Fra vent'anni ci saranno solo due aziende: la Foxconn che produrrà ogni cosa e la Wal Mart che le venderà»[24]. La relazione fra Foxconn e Walmart infatti è ancora più stretta di quella fra Foxconn e Apple, perché nel secondo caso si tratta di divisione del lavoro, mentre nel primo esiste un'identità quasi totale di modello sul piano delle relazioni industriali.

Nella Parte prima si è ricordato come alcuni economisti abbiano parlato di Walmart Economy, per descrivere l'evoluzione del mercato del lavoro negli Stati Uniti negli ultimi decenni: a mano a mano che la controrivoluzione liberista aggrediva retribuzioni e welfare, aumentava il rischio di provocare il crollo dei consumi e, per evitarlo, non bastava gonfiare il debito privato: occorreva offrire prodotti a prezzi sempre più bassi al proletariato e alla classe media americani. Ciò è stato possibile anche grazie al ruolo svolto da Walmart, la più grande catena discount mondiale (con milioni di dipendenti solo negli Stati Uniti) che, inalberando il motto «Save money. Live better» vende merci di scarsa qualità (molte delle quali di provenienza cinese) a prezzi bassissimi. Ma, più che su questi fattori, la somiglianza di Walmart nei

24 Ho rubato la battuta al libro di Pun Ngai, *Cina. La società armoniosa*, cit., p. 151.

confronti di Foxconn consiste nel fatto che il suo impero commerciale si fonda su relazioni industriali che si avvicinano al modello cinese fino ai limiti (e a volte oltre) consentiti dalla legislazione americana del lavoro: lavoro nero, salari ridicoli, orari di lavoro massacranti, discriminazioni etniche e di genere, pratiche antisindacali (anche ricorrendo a intimidazioni e ricatti occupazionali ai danni degli iscritti) sono pratiche all'ordine del giorno nelle centinaia di grandi magazzini sparsi in ogni angolo degli Stati Uniti[25]. Alcuni dipendenti percepiscono salari così miserabili che, non potendo permettersi di affittare una stanza nelle vicinanze della sede in cui lavorano, sono costretti a vivere in tende piantate nei dintorni[26]. I soggetti costretti ad accettare queste condizioni sono soprattutto donne e membri delle minoranze etniche (neri e latinos), ma anche quegli ex appartenenti alla classe media – fra i quali non pochi lavoratori della conoscenza – che la crisi ha sprofondato nella povertà.

Rispetto agli scenari di supersfruttamento in Cina e in Sudafrica descritti poco sopra, la differenza consiste nel fatto che, in questo caso, siamo di fronte a nuclei di forza lavoro che, pur essendo di grandi dimensioni, sono dispersi in una miriade di luoghi di lavoro lontani l'uno dall'altro e nei quali raramente si concentrano più di poche centinaia di dipendenti, il che rende ovviamente difficile raggiungere livelli avanzati di coscienza e organizzazione politica e sindacale. Eppure questi limiti non hanno impedito che, alla fine del 2012, Walmart si trovasse a dover fronteggiare una serie di lotte, con alcuni gruppi di lavoratori che, sfidando le intimidazioni, sono usciti dai negozi nel tentativo di sollecitare la solidarietà dei consumatori impegnati nella corsa agli acquisti natalizi[27]. Il danno economico che questo evento ha provocato a Walmart è stato probabilmente limitato, in compenso l'ampio rilievo che i media hanno dato al caso ha «sporcato» l'imma-

25 Ma Walmart è presente in molti altri Paesi, in alcuni dei quali è stata protagonista di scandali legati alla corruzione di funzionari governativi per aggirare le leggi locali in materia di urbanistica e leggi sul lavoro.

26 Cfr. «Walmart Warehouse Workers Forced to Sleep In Foreclosed Houses, Tents In The Woods», articolo pubblicato sullo *Huffington Post* il 19 ottobre 2012, consultabile all'indirizzo http://frrole.com/o/shudder-walmart-warehouse-workers-are-f-huffpostla-los-angeles

27 Cfr. M. Zerbino, «Il venerdì nero di Walmart», *Micromega*, 26 novembre 2012, consultabile all'indirizzo http://temi.repubblica.it/micromega-online/il-venerdi-nero-di-walmart

gine del re dei discount. Ma soprattutto ha dato avvio a una vertenza sindacale che, mentre scrivo, non solo è ancora in corso, ma si è progressivamente estesa ad altre grandi catene commerciali, come McDonald's, Popeye's e Taco Bell, innescando un vivace dibattito politico sulla necessità di alzare il salario minimo fissato dalle leggi americane. Tutti questi lavoratori rivendicano infatti un salario orario minimo di 15 dollari, mentre attualmente ricevono poco più di 7 dollari l'ora, una cifra assolutamente insufficiente a campare. Per smontare gli argomenti di Walmart e soci, i quali sostengono – appoggiati dalla destra repubblicana – che un simile aumento rischierebbe di metterli in ginocchio, i sindacati del settore e la sinistra democratica non si limitano a snocciolare i dati sugli enormi margini di profitto di cui godono tutti questi marchi commerciali, ma cercano anche di far capire ai cittadini-consumatori che queste paghe da fame colpiscono anche loro in quanto contribuenti, visto che lo Stato deve erogare una serie di sussidi ai lavoratori (come buoni pasto) per integrare i loro redditi insufficienti[28]. McDonald's ha cercato di contrattaccare pubblicando sul proprio sito una serie di istruzioni su come spendere bene i propri soldi rivolte ai dipendenti, per contestare l'affermazione secondo cui le loro paghe non basterebbero a vivere; ma quella «lista della spesa» è risultata talmente paradossale e ridicola da trasformarsi in un boomerang, al punto che c'è chi ha ironicamente ringraziato l'impresa per aver fornito ottimi argomenti a favore dell'aumento del salario minimo[29]. I tre esempi della seconda parte di questo capitolo offrono un catalogo piuttosto chiaro di quali caratteristiche presentino gli strati di classe che possono ambire al ruolo di avanguardie di un processo di ricomposizione del proletariato globale: concentrazione massiva in alcuni luoghi di lavoro, lavoro stressante e prevalentemente esecutivo, retribuzioni miserabili e ritmi di lavoro massacranti, assenza quasi totale di diritti sociali e civili, elevata percentuale di donne e migranti. Nell'ultimo esempio manca il fattore della concentrazione massiva nei luoghi di lavoro, ma sono presenti tutti gli altri. Né è un caso che si

28 Secondo un articolo dello *Huffington Post* («Shame on Walmart!», 12 luglio 2013), ogni singolo magazzino di Walmart costa ai contribuenti un milione di dollari in sussidi ai lavoratori.

29 Cfr. l'articolo «McDonald's Accidentally Served Up a Minimum Wage McManifesto», *Huffington Post*, 18 luglio 2013, consultabile all'indirizzo http://www.huffingtonpost.com/rj-eskow/mcdonalds-serves-up-a-min_b_3620543.html

tratti di operai del terziario arretrato: l'antagonismo sta di casa qui e non nei ranghi della classe creativa. Un esempio? I ragazzi che lavorano nel settore commerciale della Apple (parliamo di gente che vende computer e altre macchine e fa assistenza ai clienti), benché i loro profili professionali siano mediamente assai più elevati di quelli dei dipendenti di Walmart e McDonald's, guadagnano poco e sono a loro volta sottoposti a orari e ritmi stressanti, eppure alcune ricerche hanno evidenziato come questa forza lavoro presenti alti livelli di lealtà aziendale e di identificazione con il marchio e i suoi «valori».

Interludio 2
CLASSE, STATO E PARTITO. RILETTURE

Si è spesso osservato come, nell'opera dell'autore che rilegge l'intera storia dell'umanità in quanto successione di lotte di classe, manchino elementi per un'univoca definizione del concetto di classe. Anche volendo liquidare tale giudizio come una battuta, dobbiamo prendere atto che Marx ci ha lasciato in eredità una definizione «tecnico-economica» della classe, mentre ha dedicato meno attenzione all'elemento socio-politico. Ciò è dovuto, in primo luogo, all'esigenza di semplificare drasticamente lo scenario della lotta di classe, riducendolo essenzialmente alla contrapposizione fra capitale e lavoro – esigenza che trova limpida espressione nelle pagine del *Manifesto*, laddove si afferma che il capitalismo semplifica il contrasto fra le classi delineando due grandi campi nemici[1]. Ciò che rende il pensiero di Marx «inattuale» – e al tempo stesso necessario! – è precisamente questa determinazione a ricondurre il conflitto a forma dicotomica. Rivendicare tale determinazione significa tracciare un segno di discontinuità nei confronti del discorso postmoderno che – fra pensiero della complessità, approcci sistemici, proliferazione delle «differenze» e quant'altro – è riuscito a realizzare, come nota Mario Tronti[2], una mobilitazione totale contro ogni visione dicotomica della società; mobilitazione che, a sua volta, ha contribuito a neutralizzare il punto di vista antagonistico.

1 Cfr. K. Marx, F. Engels, *Manifesto del Partito Comunista*, a cura di G. Chiaromonte, Edizioni del Partito Comunista Italiano, s.l. s.d., p. 12.
2 Cfr. M. Tronti, *Dell'estremo possibile*, Ediesse, Roma 2011, p. 127.

A chi intenda riassumere tale punto di vista, dovrebbe suonare gradito lo slogan «We are the 99%», lanciato dai militanti di Occupy Wall Street. Tuttavia, anche prescindendo dai limiti di quell'esperienza politica (di cui mi occuperò più avanti), è evidente che, in questo caso, la semplificazione è a dire poco eccessiva, visto che il confine amico/nemico viene tracciato includendo in uno dei due campi la quasi totalità del genere umano, rimuovendo le differenze di identità e i conflitti che lo striano. Il punto è che lo schema dicotomico non può limitarsi a evidenziare i confini tracciati dalla contrapposizione oggettiva fra interessi di classe, ma deve, nella concretezza di ogni contingenza storica, individuare quali strati di classe meglio si prestino a incarnare tale schema. A tale scopo è utile prendere spunto dai concetti che abbiamo ereditato dal Marx «politico»; prima occorre tuttavia verificare se e in che misura le categorie del Marx critico dell'economia politica possano a loro volta aiutarci nell'analisi dell'attuale composizione politica di classe.

Nei capitoli precedenti ho spesso polemizzato con gli autori che, da un lato, amplificano a dismisura il campo della soggettività antagonistica, dall'altro lato, identificano nei lavoratori della conoscenza le avanguardie della lotta anticapitalistica. A questa visione, ho opposto l'esigenza di individuare, nell'attuale composizione globale del proletariato, i nuclei di concentrazione dei corpi soggetti a sfruttamento, fattore in assenza del quale diviene problematico, se non impossibile, mobilitare e organizzare l'energia antagonistica. Qui vorrei tuttavia precisare che ciò non ha nulla da spartire con il recupero di contrapposizioni – tipiche del marxismo volgare e della tradizione socialdemocratica – come quelle fra lavoro produttivo e improduttivo, operai e impiegati, lavoro materiale e immateriale. Come ho sottolineato in precedenti lavori[3], l'identificazione del lavoro produttivo con la produzione industriale di beni materiali e del lavoro improduttivo con il lavoro immateriale e, più in generale, con la produzione di servizi, non ha fondamento nel punto di vista marxiano, ma riflette preoccupazioni di carattere etico-ideologico: fino a un recente passato, infatti, partiti socialdemocratici e sindacati arruolavano i propri militanti soprattutto nel proletariato industriale, mentre incontravano difficoltà nell'organizzare i colletti bianchi; ciò ha alimentato una narrazione che

[3] A partire da *La fine del valore d'uso*, cit.

contrappone il valore morale e formativo della fatica operaia al «parassitismo» degli impiegati. Una visione che si è rivoltata contro chi ne ha fatto uso, a mano a mano che i processi di terziarizzazione del lavoro degli ultimi decenni hanno legittimato le ideologie del «postindustriale», prospettando il tramonto della classe operaia e delle organizzazioni che ne rappresentavano gli interessi. A prescindere da queste mistificazioni ideologiche (che continuano a produrre effetti, pur se smentite dalla nascita di una nuova, potente classe operaia nei Paesi in via di sviluppo) resta da chiarire un nodo teorico fondamentale: per Marx, non esiste alcun motivo che impedisca di considerare impiegati, lavoratori immateriali, addetti del settore terziario, ecc. come lavoratori produttivi.

In tutti gli scritti in cui si occupa del tema[4], Marx insiste sui seguenti concetti: 1) a mano a mano che il capitale genera processi produttivi caratterizzati da elevati tassi di cooperazione, aumentano le funzioni della forza lavoro che possono essere definite produttive, al punto che un lavoratore, per essere classificato come tale, non deve più necessariamente mettere mano al processo produttivo, ma basta che compia una qualsiasi delle funzioni dell'operaio collettivo; 2) per essere produttiva, l'attività del lavoratore deve essere fonte diretta di plusvalore per il capitalista – condizione che non mette in discussione, per esempio, la natura produttiva del lavoro dei «creativi» che operano nelle imprese dot.com, e nemmeno quello erogato a titolo gratuito dai *prosumer* interconnessi in Rete, essendo tali attività parte integrante del processo di valorizzazione delle imprese della New Economy; 3) il carattere produttivo del lavoro non dipende mai dalla sua collocazione in un determinato settore merceologico: qualsiasi merce, fisica o immateriale, concorre al processo di valorizzazione a condizione che generi plusvalore per l'imprenditore[5]. Tutto quanto fin qui ricordato

[4] Vedi, in particolare, K. Marx, *Il Capitale: Libro I capitolo VI inedito*, La Nuova Italia, Firenze 1969.

[5] È per questo che, dal punto di vista marxiano, non ha senso sostenere che la cosiddetta economia della conoscenza è «un nuovo modo di produzione»: il mero fatto che il capitalismo generi una quota crescente di plusvalore attraverso la produzione/distribuzione di conoscenze e informazioni invece che di automobili, carbone e acciaio non cambia i dispositivi fondamentali su cui si fonda il modo di produzione capitalistico (appropriazione privata dei mezzi di produzione e del prodotto, carattere di merce del prodotto/servizio, ecc.). Né ha senso parlare di attività «postindustriali»:

non implica, tuttavia, che le differenze fra le modalità con cui diversi strati di classe concorrono al processo di valorizzazione del capitale siano indifferenti ai fini della determinazione del loro potenziale antagonistico: nella Parte seconda, ad esempio, ho analizzato i motivi per cui i *knowledge workers* non esprimono elevati livelli di coscienza di classe: non perché «improduttivi», bensì perché divisi, dispersi e troppo identificati con il proprio lavoro.

Scartata la rilevanza dell'endiadi lavoro produttivo/improduttivo, resta da determinare quella della coppia plusvalore assoluto/plusvalore relativo (o, se si preferisce, subordinazione formale/subordinazione sostanziale al processo di valorizzazione). Per Marx la subordinazione formale del lavoro al capitale appartiene alla fase primordiale dell'accumulazione capitalistica; essa è tipica di un'epoca in cui il capitale non modifica ancora gli strumenti e l'organizzazione del lavoro, ma si limita a strapparne la proprietà e il controllo ai lavoratori indipendenti, i quali vengono così costretti a vendere la propria forza lavoro e a sprofondare nella condizione di salariati. In questa fase, l'antropologia del lavoro non viene sostanzialmente modificata e lo sfruttamento assume la forma di plusvalore assoluto (il capitalista tende cioè ad allungare la durata della giornata lavorativa al di là del tempo necessario a produrre i mezzi di sussistenza dell'operaio). Con la prima rivoluzione industriale e l'avvento del macchinismo, il processo di accumulazione cambia natura: il capitale trasforma radicalmente i mezzi e l'organizzazione del lavoro, promuovendo la divisione del lavoro e la cooperazione fra masse crescenti di lavoratori che si concentrano in fabbriche sempre più grandi. Marx sostiene che solo in questa seconda fase, caratterizzata dalla subordinazione sostanziale del lavoro al capitale e dall'estrazione di plusvalore relativo (il plusvalore aumenta cioè in proporzione all'aumento della produttività tecnica e sociale del lavoro, riducendo il tempo necessario alla produzione dei mezzi di sussistenza del lavoratore), il processo produttivo assume forma specificamente capitalistica. Ora è del tutto evidente che, se vale il criterio della concentrazione/omogeneizzazione della forza lavoro come precondizione della nascita di una coscienza di classe, è solo nella seconda fase che ci si può aspettare lo sviluppo di un movimento operaio in

quelle della nuova economia sono industrie capitalistiche a tutti gli effetti, anche se producono merci immateriali.

senso moderno. Divisi e incapaci di riconoscere i propri interessi comuni, gli artigiani espropriati dei mezzi di produzione e nostalgici della condizione di produttori indipendenti, possono dare vita a rivolte episodiche, non a lotte organizzate capaci di durare nel tempo. La tendenza prevalente fra i teorici marxisti è sempre stata quella di assumere alla lettera la prospettiva storica delineata da Marx: il capitale avanza linearmente verso livelli sempre più alti di subordinazione sostanziale del lavoro nei settori già sottomessi al suo dominio, mentre colonizza progressivamente, con un movimento espansivo a cerchi concentrici, tutti i rami dell'attività sociale per integrarli nel modo di produzione specificamente capitalistico. Questo processo favorisce la formazione di una classe operaia sempre più numerosa e agguerrita, per cui, come recita una celebre frase del *Manifesto*, la classe borghese crea la classe dei suoi affossatori[6].

È innegabile che Marx abbia condiviso, nella sostanza, tale prospettiva storica; ma è altrettanto vero che, contrariamente alla maggioranza dei suoi esegeti, è sempre stato consapevole del fatto che la marcia del capitale non è un processo lineare. Anche e soprattutto a causa della resistenza che individui, comunità e intere nazioni oppongono alla colonizzazione capitalistica. Significativa, in tal senso, la critica[7] che Marx rivolge all'economista Edward G. Wakefield. Costui attribuiva il ritardo dell'economia americana nel XIX secolo al «frazionamento» del capitale: i coloni, grazie alla facilità con cui potevano accedere alla terra, preferivano restare indipendenti piuttosto che vendere la propria forza lavoro alle imprese. Dopo avere chiarito che classificare i coloni come «capitalisti» è un errore, dal momento che «i mezzi di produzione e i mezzi di sussistenza divengono capitale solo in condizioni in cui servono contemporaneamente da mezzi di sfruttamento e di dominio del lavoratore»[8], Marx obietta che il vero problema non è il frazionamento del capitale, bensì la resistenza dei coloni al lavoro salariato, resa possibile dalla mobilità verso gli spazi liberi dell'Ovest e dalla possibilità di appropriarsi delle risorse ivi disponibili.

6 K. Marx, F. Engels, *Manifesto del Partito Comunista*, cit., p. 29.

7 Cfr. K. Marx, *Il Capitale*, Libro I, Capitolo XXV («La moderna teoria della colonizzazione»), UTET, Torino 1974, pp. 954ss.

8 *Ibidem*. Per inciso, questa obiezione di Marx funziona perfettamente anche nei confronti di quei teorici contemporanei che, a proposito dei lavoratori autonomi, parlano di «capitalismo personale» (vedi capitolo VI).

È questa resistenza che ha imposto al capitalismo americano di risolvere i suoi problemi di forza lavoro ricorrendo alla schiavitù, che è rimasta per lungo tempo la base principale della ricchezza coloniale, a conferma della «flessibilità» del modo di produzione capitalistico e della sua capacità di prosperare convivendo con forme di sfruttamento «premoderne». Del resto il secolo abbondante che ci separa da Marx ha confermato questo andamento non lineare del processo di colonizzazione capitalistica della società: il processo procede alternando avanzate a ritirate, lasciando temporaneamente aperte «vie di fuga» che vengono successivamente chiuse. Per ogni nuovo settore di attività che subisce la subordinazione formale o sostanziale al capitale, ne nascono continuamente altri che lottano per sottrarsi alla logica del mercato, ma che finiscono a loro volta per soccombere al suo dominio. Questa capacità del capitalismo di mutare, adattandosi alle culture e ai soggetti che gli si oppongono, è emersa con chiarezza dall'analisi della composizione del proletariato globale che ho condotto nella Parte seconda: le grandi concentrazioni operaie espulse dai Paesi occidentali ricompaiono in Cina, dove riemergono forme di sfruttamento «ibride» in cui convivono plusvalore assoluto e relativo e dove il rapporto capitale/lavoro torna ad assumere le forme del lavoro servile; vaste regioni periferiche e semiperiferiche del mondo vengono messe al lavoro in forme che ricordano le origini del capitalismo inglese e il suo sfruttamento del lavoro a domicilio. Dal canto suo la Rete fornisce l'infrastruttura tecnologica che consente di integrare questa galassia di forme di sfruttamento arcaiche, classiche e innovative in un unico flusso di valore egemonizzato dal capitale finanziario. Al tempo stesso, la Rete ha prima favorito la grande fuga delle nuove professioni creative verso illusori orizzonti di indipendenza e autonomia, poi le sue praterie virtuali sono state colonizzate da un pugno di monopoli hi tech (vedi Interludio 3). Per concludere: nessuna delle categorie del Marx critico dell'economia politica offre un criterio univoco per «tradurre» la composizione tecnica di classe in composizione politica.

Che dire del contributo del Marx politico? Nell'arco di tempo che va dalla stesura del *Manifesto* a quella delle *Guerre civili in Francia*, passando per *Le lotte di classe in Francia* e il *18 Brumaio*[9], Marx si è co-

[9] Cfr. K. Marx, F. Engels, *Opere scelte*, Editori Riuniti, Roma 1971. Il volume contiene tutti i testi citati.

stantemente interrogato sulla via da percorrere per realizzare la trasformazione della classe in sé in classe per sé. Compito che ha affrontato, da un lato, studiando con la massima attenzione l'evoluzione spontanea dei comportamenti conflittuali del proletariato europeo, dall'altro, tentando di fissare metodi di lavoro, organizzazione e programma dei comunisti. I punti fermi di questo percorso sono tre, sintetizzati in altrettanti enunciati contenuti nelle pagine del *Manifesto*: 1) ogni lotta di classe è lotta politica; 2) solo il proletariato è una classe veramente rivoluzionaria; 3) i comunisti sono la parte più risoluta dei partiti operai e i loro obiettivi sono la formazione del proletariato in classe, il rovesciamento del dominio borghese e la conquista del potere politico. La prima affermazione sembrerebbe introdurre a una visione «spontaneistica» della lotta di classe, quasi un'anticipazione del paradigma operaista che cancella i confini fra lotta economica e lotta politica. In realtà Marx era consapevole del fatto che, se ogni lotta di classe è una lotta politica, non tutte le lotte operaie sono lotte di classe orientate all'abbattimento del dominio capitalistico. Se così non fosse, non si spiegherebbe perché, nel terzo enunciato, venga attribuito ai comunisti il compito di formare il proletariato in classe (il che non avrebbe senso se il proletariato fosse in grado di costituirsi autonomamente in classe per sé). Quanto al secondo enunciato, esso ribadisce la visione «sostanzialistica» della classe che ho difeso nei capitoli precedenti: anche quando il proletariato non è in grado di sviluppare autonomamente una coscienza politica, continua a esistere una relazione strutturalmente antagonistica fra i suoi interessi e quelli del capitale. Ciò premesso, resta il problema di passare da queste enunciazioni di principio all'individuazione dei passi concreti da compiere per realizzare gli altri due obiettivi dei comunisti: il rovesciamento del dominio borghese e la conquista del potere politico. Prima di passare alle soluzioni che Marx tenta di abbozzare negli scritti successivi, occorre tuttavia sottolineare un altro punto relativo al compito dei comunisti: costoro, scrive Marx, «non hanno interessi distinti dagli interessi del proletariato nel suo insieme»[10]. Affermazione significativa, ove si consideri che, all'epoca, i comunisti erano un esiguo gruppo di militanti, malamente organizzati e dilaniati da controversie teoriche e ideologiche di ogni genere, per cui l'intuizione marxiana della loro

10 K. Marx, F. Engels, *Manifesto del Partito Comunista*, cit., p. 31.

possibile costituzione in ceto politico portatore di interessi distinti da quelli di classe suona, al tempo stesso, profetica e rivelatrice dei princìpi organizzativi che Marx aveva in mente pensando a come avrebbe dovuto essere un «vero» partito comunista.

Nei due testi successivi – *Le lotte di classe in Francia* e il *18 Brumaio* –, Marx mette fra parentesi le considerazioni di principio per ragionare sulle prime esperienze concrete di organizzazione politica del proletariato. In particolare, saluta la nascita dei club operai come l'embrione di una coalizione di tutta la classe operaia, cioè di unificazione politica della stratificazione di classe, contro la classe borghese, arrivando a definirli ottimisticamente come assemblee costituenti del proletariato, una sorta di Stato operaio *in fieri*. Al tempo stesso, ragionando sulle sconfitte del 1848 e successive, fino al colpo di Stato di Luigi Bonaparte, insiste sulla capacità delle rivoluzioni proletarie di criticare se stesse, nonché di marcare un confine sempre più netto sia nei confronti di altre classi – *in primis* la piccola borghesia – sia nei confronti del campo democratico che le rappresenta. La sconfitta insegna al proletariato «che il più insignificante miglioramento della sua situazione dentro la repubblica borghese è un'utopia». Ma soprattutto insegna loro a farsi beffe della convinzione dei democratici, convinti che le loro grida di rabbia e indignazione abbiano il potere – come le mitiche trombe di Gerico – di far crollare le mura della macchina statale. Questa illusione si infrange di fronte alla potenza dello Sato francese: un esercito di mezzo milione di funzionari che dispone di una massa enorme di interessi e avvolge in tutti gli aspetti – dalle forme di esistenza più generali alla vita privata – la società borghese, controllandola e regolandola. Da questa tutela si esce solo facendo in modo che la società civile crei i suoi propri organi, indipendenti dal potere governativo. A indicare come ciò sia possibile, provvederà l'esperienza della Comune di Parigi, cui Marx dedica le straordinarie pagine delle *Guerre civili in Francia*.

Secondo Marx, l'insegnamento imperituro della Comune, cui nulla toglie il disastroso fallimento, consiste nell'avere chiarito una volta per tutte che la classe operaia non può mettere le mani sulla macchina bella e pronta dello Stato e usarla così com'è, perché lo Stato moderno non è uno strumento neutro, ma è costruito come forza strutturalmente finalizzata all'esercizio del dispotismo di classe, per cui i suoi modelli organizzativi, le sue modalità di funzionamento, l'etica e i valori che ne sostanziano le pratiche sono irreversibilmente marcati dalla finalità originaria e dunque per definizione non riformabili. L'eccezionalità della Comune è che, in assenza di una direzione politica organizzata, di un partito rivoluzionario in senso moderno, essa fu in grado di affrontare l'altro grande compito che il *Manifesto* assegnava ai comunisti: rovesciare, sia pure momentaneamente, il dominio borghese e conquistare il potere politico. Ma soprattutto essa dimostrò la capacità delle masse proletarie di «farsi Stato», di dare vita a un modello specificamente proletario di potere politico, un modello che vale la pena di richiamare qui di seguito con le parole di Marx: «La Comune fu composta dei consiglieri municipali eletti a suffragio universale nei diversi mandamenti di Parigi, responsabili e revocabili in qualunque momento. La maggior parte dei suoi membri erano operai o rappresentanti riconosciuti dalla classe operaia. La Comune doveva essere non un organismo parlamentare, ma di lavoro, esecutivo e legislativo allo stesso tempo [...] il servizio pubblico doveva essere compiuto per salari da operai. Espropriazione dei beni ecclesiastici, istruzione libera e gratuita liberata da ogni ingerenza di Chiesa e Stato. Abolizione della (falsa) indipendenza della magistratura, i magistrati devono essere resi elettivi, responsabili e revocabili come tutti gli altri pubblici funzionari. Se avesse vinto, il regime comunale avrebbe dovuto essere esteso a tutti gli altri centri, sostituendo l'autogoverno dei produttori al governo centralizzato. Le comuni di ogni distretto avrebbero dovuto amministrare i loro affari mediante assemblee di delegati con sede nei capoluoghi, e queste assemblee avrebbero a loro volta dovuto inviare rappresentanti alla delegazione nazionale a Parigi, ogni delegato essendo revocabile in ogni momento e legato a mandato imperativo dei suoi elettori. Invece di decidere ogni tot anni quale membro della classe dominante dovesse mal rappresentare il popolo nel parlamento, il suffragio universale doveva servire al popolo costituito in comuni. Né ritorno ai comuni medioevali, né transizione a una federazione di piccoli Stati [...] essa fu essenzialmente un governo della classe operaia, il prodotto della lotta di classe dei produttori contro la classe appropriatrice, la forma politica finalmente scoperta nella quale si poteva compiere l'emancipazione economica del lavoro»[11].

Nelle Parti terza e quarta tornerò a riflettere in più occasioni su questo brano, il cui «succo» può essere sintetizzato nell'idea che la li-

[11] Cfr. K. Marx, F. Engels, *Opere scelte*, cit., pp. 908, 909.

bertà, per i proletari, consiste nel trasformare lo Stato in un organo integralmente subordinato alla società. Per il momento mi interessa ragionare su due questioni: 1) l'entusiasmo di Marx per la Comune lo indusse a mettere fra parentesi le questioni della composizione di classe e dell'identità del soggetto rivoluzionario, che erano state al centro di scritti politici precedenti; 2) nemmeno l'entusiasmo gli impedì tuttavia di ragionare criticamente sulle cause della sconfitta, nonché sulla inadeguata soluzione del problema della direzione politica: l'errore dei comunardi fu quello che essi non furono abbastanza radicali nell'attaccare le forze controrivoluzionarie, annientandole prima che avessero il tempo di riorganizzarsi. Tale osservazione non può essere liquidata come una banale considerazione di tecnica militare, ma rinvia implicitamente al problema dell'assenza di un'organizzazione in grado di guidare il processo rivoluzionario. Che i comunardi fossero in prevalenza operai, o «lavoratori urbani» come preferisce definirli David Harvey[12], non ha molta importanza: fabbrica e metropoli sono entrambi luoghi dove si concentrano i corpi sottoposti a oppressione e sfruttamento e si accumula energia antagonistica, ma il punto resta un altro: *chi* organizza tale energia? Per affrontare l'interrogativo occorre spostare l'attenzione da Marx a Lenin.

* * *

Lenin è senza dubbio il teorico marxista più indigesto sia agli intellettuali liberali che agli intellettuali socialdemocratici (ma anche alla maggioranza degli intellettuali della sinistra radicale!). L'antipatia per Lenin è decisamente superiore a quella per Mao: questo perché il pensiero di Mao può essere facilmente neutralizzato ove lo si osservi con occhiali «orientalistici»[13], laddove è più arduo fare i conti con la prossimità storico-geografica di Lenin; ma anche e soprattutto perché il suo discorso esprime determinazione implacabile nel tracciare il confine amico/nemico, e nell'individuare il modo più diretto ed efficace per annientare il nemico. Si può dire che lo scopo primario dell'intera vita di Lenin sia stato evitare di commettere l'errore dei comunardi

[12] Cfr. capitolo VI, nota 8.

[13] Il suo, si è spesso detto, è un comunismo *sui generis*, una patina di modernità che maschera a stento il vecchio volto del dispotismo orientale.

evidenziato da Marx, vale a dire non avere costruito un'organizzazione politico-militare capace di stroncare la resistenza degli elementi reazionari, di «spengerne» (per usare un termine caro a Machiavelli) ogni velleità di contrattacco. Questa «ferocia» del pensiero leninista, tuttavia, ha spesso impedito di apprezzarne la profondità e le sfumature. A compiere questa «riduzione di complessità» non sono stati solo i detrattori di destra, che hanno equiparato la teoria leninista alla prassi del regime staliniano, liquidandola come un pilastro del totalitarismo moderno, ma anche i suoi tardi epigoni di sinistra, come quei leader delle sinistre extraparlamentari europee che, negli anni Settanta del secolo scorso, hanno fondato micropartiti che sembravano versioni da operetta del partito bolscevico. Così si sono perse tanto l'ampiezza della riflessione leniniana sui temi dell'organizzazione rivoluzionaria e dello Stato, quanto le tensioni interne che ne hanno attraversato lo sviluppo. In questo paragrafo, concentrerò l'attenzione sulla più evidente di tali tensioni, cioè sulle contraddizioni fra la teoria del partito rivoluzionario esplicitamente enunciata nel *Che fare?* e quella che emerge implicitamente in *Stato e rivoluzione*. La distanza fra questi due testi è espressione del carattere pragmatico del pensiero di Lenin, costantemente impegnato ad adattare la teoria alle esigenze contingenti della lotta di classe: il *Che fare?* risale ai primordi del Novecento, per cui riflette le esigenze di un movimento rivoluzionario che muoveva i primi passi e che, per sopravvivere, era costretto a operare in condizioni di semiclandestinità; *Stato e rivoluzione*, al contrario, precede di poco la Rivoluzione d'Ottobre per cui si concentra sul nodo cruciale delle forme che il potere proletario avrebbe dovuto assumere. Nel passaggio fra le due opere, tuttavia, si avvertono i segni di una maturazione che va al di là della contingenza e che, a mio avviso, offre spunti di straordinaria attualità.

Che fare?[14] propone un modello «geometrico» delle relazioni fra classe, partito e sfera politico-statale. Polemizzando con l'ala economicistico-spontaneista del movimento, Lenin traccia un confine netto fra lotta economica e lotta politica. Siamo di fronte a considerazioni simili a quelle proposte da Marx nel *Manifesto*: ogni lotta di classe è lotta politica, ma non tutte le lotte operaie sono lotte di classe. Confu-

[14] Cfr. V. Lenin, *Che fare? Problemi scottanti del nostro movimento*, in *Opere scelte. Vol. I*, Edizioni in lingue estere, Mosca 1948.

tando la tesi secondo cui la lotta economica è inseparabile dalla lotta politica, Lenin sostiene che, se per politica si intende distruggere la sottomissione del lavoro al capitale, è evidente che non tutte le lotte economiche si propongono tale obiettivo, e quindi non sono lotte politiche. Operata tale distinzione, l'attenzione si concentra sulla divisione di compiti e ruoli all'interno della lotta di classe: i circoli operai che organizzano le lotte economico-sindacali possono agire da brodo di coltura per la maturazione di singoli quadri rivoluzionari, ma non possono trasformarsi, in quanto tali, in organismi dell'antagonismo di classe. La coscienza rivoluzionaria non matura spontaneamente dall'interno della classe, in quanto attraverso l'esperienza delle lotte di fabbrica non è possibile acquisire una comprensione sufficiente del campo dei rapporti reciproci fra tutte le classi. È solo acquisendo esperienza del campo politico dei rapporti fra tutte le classi con lo Stato e con il governo che si può sviluppare una reale coscienza rivoluzionaria; quest'ultima, dunque, «viene da fuori», e questo «fuori» è il partito, costituito da militanti rivoluzionari di professione. Questo riferimento alla militanza come professione suona indigesto alle orecchie dei movimenti contemporanei, caratterizzati da una radicale diffidenza nei confronti dei «politici di mestiere». E a ferire ancora più a fondo l'idiosincrasia postmoderna per le gerarchie, provvede l'affermazione secondo cui «senza una decina di capi di talento nessuna classe della società può condurre la sua lotta»[15].

Il rigore con cui viene tracciata la distinzione di ruoli fra le istituzioni generate dalla spontaneità di classe e il partito rivoluzionario appare al contrario fortemente mitigato in *Stato e rivoluzione*[16]. Qui, come anticipato poco sopra, il centro dell'attenzione non cade sul partito bensì sullo Stato. La riflessione di Lenin muove da una riproposizione «ortodossa» – in polemica con il «revisionismo» delle socialdemocrazie europee – dei princìpi marxiani esposti nel precedente paragrafo: lo Stato è, per definizione, l'organo del dominio di classe della borghesia sul proletariato, per cui quest'ultimo non potrà ottenere nessun reale miglioramento della propria condizione finché la sua lotta continuerà a rispettare i limiti imposti dalle regole della democrazia

15 *Ibid.*, p. 220.

16 V. Lenin, *Stato e rivoluzione. La dottrina del marxismo sullo Stato e i compiti del proletariato nella rivoluzione*, in *Opere scelte. Vol. II*, Edizioni in lingue estere, Mosca 1948.

borghese. L'insistenza con cui Lenin batte su questo tasto è ossessiva: per quanto la democrazia potesse apparire una conquista agli occhi del proletariato e del popolo russi, che avevano a lungo vissuto sotto il tallone dell'autocrazia zarista, Lenin ribadisce a più riprese che la repubblica democratica e il suffragio universale sono strumenti di dominio della borghesia, e che il proletariato può sperare la propria liberazione solo dalla distruzione dell'apparato statale. La novità, rispetto al *Che fare?*, consiste nel fatto che il compito di suscitare la coscienza politica della necessità di distruggere lo Stato borghese, nonché di dirigere l'azione rivoluzionaria finalizzata a realizzare tale scopo, non è più affidato esclusivamente al partito. La rivoluzione del 1905 e i successivi sviluppi della lotta di classe hanno fatto capire a Lenin che la spontaneità proletaria era in grado di andare oltre i limiti in cui le sue precedenti riflessioni avevano tentato di racchiuderla. Auto-organizzandosi nei soviet, gli operai, i soldati e i contadini russi avevano esercitato un potere costituente, dando vita a organi di contropotere proletario. L'entusiasmo che Lenin dimostra nei confronti di queste istituzioni di democrazia diretta e partecipativa è simile a quello che Marx aveva manifestato per le istituzioni del contropotere comunardo. Non a caso, nelle pagine di *Stato e rivoluzione* viene integralmente citato lo stesso lungo passaggio che abbiamo riproposto nel precedente paragrafo, nel quale Marx riconosce nelle prassi della Comune – eleggibilità, responsabilità e revocabilità di tutti i funzionari pubblici, retribuiti con salari da operai, ecc. – il modello finalmente trovato delle forme del potere proletario nella fase di transizione dalla società capitalistica alla società socialista. Lenin non si limita ad attribuire ai soviet il ruolo di avanguardia proletaria nella lotta contro lo Stato borghese, ma, lanciando lo slogan «tutto il potere ai soviet», identifica in questi organismi la struttura di base della costituenda dittatura del proletariato, dell'organizzazione dell'avanguardia degli oppressi in classe dominante. Al tempo stesso, questo riconoscimento non implica un ridimensionamento del ruolo del partito, cui spetta ancora il compito di «importare» nel proletariato la consapevolezza e la conoscenza necessarie a comprendere il funzionamento del campo politico delle relazioni fra tutte le classi sociali. È tuttavia indubbio che il confine fra classe e partito appaia qui molto meno netto di quanto apparisse nel *Che fare?*: l'avanguardia politica assume una forma più complessa, caratterizzata dalla mobilità dal basso verso l'alto e dall'interscambio continuo di idee, militanti e quadri dirigenti fra soviet e partito. I successivi, tragici sviluppi della Rivoluzione d'Ottobre, e l'estrema brevità del «dualismo di potere» fra partito e soviet, con il totale accentramento del potere nelle mani del primo e l'esautoramento dei secondi, ha fatto sì che questo rovesciamento di prospettiva teorica sia stato progressivamente rimosso, fino a sparire del tutto nel dibattito interno al campo comunista e postcomunista. Con alcune eccezioni di cui mi occuperò qui di seguito.

L'invito più singolare a non considerare Lenin un «cane morto» è forse contenuto nelle *33 lezioni su Lenin* che Antonio Negri diede alle stampe nella prima metà degli anni Settanta (ma il libro ha avuto numerose ristampe, anche in anni recenti[17]). Singolare perché le posizioni di Negri – intellettuale di riferimento dell'Autonomia Operaia – sul tema dell'organizzazione erano lontanissime da quelle dei leader neoleninisti che guidavano i partitini della sinistra extraparlamentare, attivi in quegli stessi anni. L'operazione teorica di Negri consiste nell'esplicitare, esasperandola, l'aporia di *Stato e rivoluzione* che ho appena cercato di mettere in luce: in altre parole, Negri tenta di torcere il concetto di avanguardia contenuto in quel testo fino ad adattarlo al ciclo di lotte dell'operaio massa. Ecco perché l'aspetto che più viene valorizzato è il ruolo eminente che il momento tattico svolge nel pensiero di Lenin. Lenin, argomenta Negri, non ragiona in termini astratti, ma si sforza costantemente di identificare dove si collochi il soggetto rivoluzionario. Stante una determinata composizione tecnica della classe operaia, non è detto che da essa discenda automaticamente una composizione politica; detto altrimenti: per garantire la continuità del soggetto sovversivo, occorre fare continuamente i conti con l'aleatorietà della determinazione del soggetto di classe, con la varianza dialettica delle forme che questo assume. L'«innamoramento» di Lenin per i soviet deriva dalla sua convinzione che non si dà teoria politica che non sia teoria di una classe in lotta. I consigli operai esprimono, nei fatti, la capacità della classe di dirigere se stessa e, riconoscendo tale capacità, Lenin rettifica il tiro del *Che fare?* per cui, dopo avere sostenuto che i comunisti rivoluzionari sono tali perché rifiutano di sottomettersi alla spontaneità, aggiunge che rifiuto non significa negazione assoluta della spontaneità. Così l'idea leninista di partito sembra perdere la sua rigidità «politicistica» per identificarsi con quella di

[17] A. Negri, *33 lezioni su Lenin*, Manifestolibri, Roma 2004.

avanguardia di classe; al tempo stesso, cambia la topologia delle relazioni fra classe e partito: la capacità di unificare politicamente le differenze che striano il corpo della classe non viene più dal di fuori, bensì, al tempo stesso, dall'interno e dal di sopra. In questo modo Negri «salva» il genio politico di Lenin ma, al tempo stesso, crea i presupposti per sostenere la tesi che gli sta a cuore: in una contingenza storica che vede le masse operaie unificate dalla capacità di auto-organizzarsi ed esprimere obiettivi e forme di lotta immediatamente antagonistici, non ha più senso distinguere fra lotta economica e lotta politica, né postulare lo sdoppiamento dei livelli organizzativi fra partito e organismi di democrazia diretta. Come vedremo nella Parte terza, a questa deriva iniziale è seguito l'inarrestabile smottamento della teoria post-operaista verso modelli politico-organizzativi nei quali ogni residua traccia di «leninismo» è sparita.

Chi è invece rimasto – sia pure a modo suo – fedele al leninismo è il filosofo sloveno Slavoj Žižek. Nel testo[18] in cui si è confrontato più a fondo con il pensiero del leader della Rivoluzione d'Ottobre, Žižek, dopo avere a sua volta reso omaggio al genio tattico di Lenin, alla sua capacità di afferrare al volo l'opportunità di spezzare l'apparato statale borghese messagli a disposizione dall'insorgere dell'esperienza di democrazia diretta dei soviet, fa i conti con una verità fondamentale – ancorché scomoda – della teoria rivoluzionaria, cioè con il fatto che la rivoluzione non si fa a colpi di maggioranza. La rivoluzione, scrive parafrasando Jacques Lacan, «ne s'autorise que d'elle meme»[19] – nessuna rivoluzione può vincere, se affida il proprio successo alla conquista della maggioranza della popolazione. Si tratta di una verità che, aggiungerei a mia volta, è ben illustrata dagli esiti contrastanti della rivoluzione russa del 1917 e della rivoluzione tedesca del 1919: nel 1917 i bolscevichi impongono la «partigianeria» degli interessi proletari contro l'interesse generale del popolo russo, nella convinzione che l'universalismo democratico nasconda la volontà di una classe dominante che manipola le maggioranze in modo che le loro opinioni rispecchino i suoi interessi; nel 1919, i socialdemocratici tedeschi bloccano il tentativo dei consigli operai di assumere il potere dopo la caduta della monarchia e impongono la convocazione dell'Assemblea Costituen-

[18] Cfr. S. Žižek, *Tredici volte Lenin*, Feltrinelli, Milano 2003.
[19] *Ibid.*, p. 12.

te, la quale prima instaurerà la repubblica democratica, poi armerà esercito e polizia contro operai e comunisti. Essere leninisti, per Žižek, non significa riproporre pedissequamente la forma organizzativa del partito bolscevico, bensì riaffermare l'insostituibile ruolo di una avanguardia politica che incarni la parzialità degli interessi proletari, perché la verità sta proprio in questa partigianeria, non nel falso universalismo della democrazia politica, indissolubilmente legata alla proprietà privata e dunque destinata a incarnare l'interesse della classe dominante. Quanto alla «esternità» dell'avanguardia politica nei confronti della classe, Žižek chiarisce che si tratta di un attributo «tecnico», non politico: anche se non sono operai e non vivono direttamente l'esperienza della lotta economica, i militanti devono essere parte integrante della composizione politica di classe, il loro contributo di conoscenza non deve rispecchiare un sapere neutro, oggettivo, ma «la verità di un soggetto coinvolto nell'azione»[20]. Infine Žižek offre un contributo decisivo (ne misureremo l'importanza nel prossimo capitolo, dedicato all'analisi dei movimenti) laddove applica il filtro della critica leninista alla pratica dei «movimenti a tema», i quali, a partire dalla fine degli anni Settanta, hanno rubato la scena ai tradizionali movimenti di classe. Femminismo, pacifismo, ecologismo, antirazzismo, ecc., scrive Žižek, hanno contribuito ad abbassare il tasso di antagonismo dei conflitti per tre ragioni di fondo: 1) pur rivendicando la propria irriducibilità all'universalismo in nome della singolarità di questa o quella differenza, hanno di fatto accettato le regole universalistiche della democrazia borghese; 2) hanno contestato il sistema in quanto scarsamente democratico e non in quanto capitalistico[21]; 3) identificando il totalitarismo «con il predominio della produzione materiale e della tecnica sulla comunicazione intersoggettiva e sulla pratica simbolica»[22], hanno contribuito al trionfo delle retoriche postindustriali e postmoderne sulla «smaterializzazione» dell'economia e dei bisogni, rendendo impraticabile qualsiasi progetto politico di co-

20 *Ibid.*, p. 32.

21 Analizzando le teorie dei *cultural studies* che stanno alla base di questo atteggiamento politico, Žižek scrive che tali teorie «criticano il capitalismo nel modo codificato dalla paranoia hollywoodiana: il nemico è il sistema, il complotto antidemocratico, non il capitalismo e gli apparati di Stato» (*ibid.*, p. 18).

22 *Ibid.*, p. 87.

struire un «blocco sociale» fra proletariato industriale, lavoratori della conoscenza e le altre classi subordinate.

Veniamo ora all'ultima tappa di questo trittico «neoleninista». Se il fantasma di Lenin aveva popolato i sogni di Negri fino agli anni Settanta, per poi dileguarsi del tutto dal suo discorso teorico, esso è invece rimasto ben vivo nelle riflessioni di Mario Tronti, dove alimenta l'incubo di una possibile, tragica fine del politico. La divaricazione di percorsi biografico-culturali fra questi due protagonisti dell'operaismo italiano – il primo impegnato a inseguire una successione di «reincarnazioni» più o meno improbabili dell'autonomia di classe, il secondo rientrato nell'ovile del comunismo italiano, pur non senza dubbi e crisi dovute alle derive interclassiste che hanno trasformato il PCI nell'attuale PD – si presta fin troppo a interpretazioni filosofiche: da un lato un Negri «immanentista», ormai più vicino a Spinoza e ai maestri del post-strutturalismo francese che a Marx, dall'altro un Tronti che, scoperta l'autonomia del politico, si converte all'idea del partito come espressione del carattere trascendente della decisione politica rispetto alla spontaneità operaia. Più che approfondire i termini di questo dissidio «metafisico», tuttavia, mi interessa qui evidenziare le differenti prospettive sociologico-politiche che collocano questi due autori su versanti opposti rispetto all'eredità di Lenin.

Malgrado le divergenze, Negri e Tronti restano accomunati dall'originario dogma operaista, secondo cui sono le lotte operaie a determinare lo sviluppo capitalistico e non viceversa. Tuttavia, mentre per Negri tale principio resta un punto fermo, che nemmeno le più devastanti sconfitte mettono in discussione, Tronti interpreta più realisticamente la lezione della controrivoluzione liberal-liberista: «Ma se su questa determinazione strutturale [dello sviluppo capitalistico da parte delle lotte operaie, *NdA*]», scrive, «non si apre soggettivamente un processo rivoluzionario guidato e organizzato, che rovescia il rapporto di forze, lo sviluppo capitalistico utilizzerà per sé le stesse lotte operaie»[23]. Chi non accetta questa lettura della controffensiva capitalistica come vittoriosa «guerra di classe dall'alto», tenta al contrario di interpretare la crisi come «rincorsa» del capitale nei confronti della spontanea capacità dei lavoratori della conoscenza di organizzare autonomamente la cooperazione produttiva. Tuttavia, obietta Tronti,

[23] M. Tronti, *Noi operaisti*, cit., p. 41.

per quanto si tenti di «spostare avanti la frontiera della riproduzione semplice di lavoro dipendente fino alla riproduzione allargata di lavoro autonomo», ci si trova infine costretti ad ammettere che ora anche il lavoro autonomo è indirettamente dipendente[24]. Per quanto possa crescere «la qualità sociale complessiva del lavoro», resta il fatto che cade la sua specifica qualità politica, che quest'ultima «manca di forza perché la forza è data dalla concentrazione»[25]. Sono obiezioni simili a quelle avanzate da chi scrive nella Parte seconda, ma quali conseguenze ne trae Tronti sul piano dell'organizzazione politica?

Il discorso riparte, ancora, dalla composizione di classe e dall'ineludibile nodo del rapporto fra composizione tecnica e composizione politica. Che la classe operaia sembri letteralmente «sparita» dall'orizzonte dei conflitti sociali e politici non deve farci dimenticare che «c'è un punto di vista operaio anche se non ci sono più operai organizzati in potenziale classe antagonistica»[26], scrive Tronti, per poi aggiungere, in sintonia con le tesi di Žižek, che anche nei momenti della loro massima crescita numerica, gli operai non sono mai giunti a rappresentare la maggioranza della popolazione lavorativa, che essi «sono sempre stati e sempre saranno minoranza di massa»[27]. La questione dell'organizzazione politica di tale minoranza di massa, nell'epoca della sua apparente eclissi, non può dunque che porsi nei termini della «ricostruzione» di tale parte sociale: la necessità del partito dunque non si misura più, o almeno non si misura solo, dall'esigenza di «rappresentare» questa parte, bensì dall'esigenza di ricostruirla. Non è difficile riconoscere, in questo punto di vista, un'eco della concezione leninista dell'identità immediata fra partito rivoluzionario e organizzazione della classe operaia. Certo, nessuno può pensare che il partito possa essere riproposto nella sua forma novecentesca, ma «un conto», argomenta Tronti, «è il cambiamento della propria forma, un conto è la rinuncia alle ragioni della propria esistenza»[28]. Infine, la necessità del

24 M. Tronti, *Dell'estremo possibile*, cit., p. 132.

25 *Ibidem*.

26 Cfr. M. Tronti, *Noi operaisti*, cit., p. 44.

27 *Ibid.*, p. 94.

28 Cfr. M. Tronti, *Dell'estremo possibile*, cit., p. 130. A voler essere cattivi, sarebbe qui il caso di sottolineare che questa osservazione critica colpisce, assai più degli spontaneisti alla Negri, quel simulacro di partito cui si è ridotto l'ex PCI, cui Tronti si ostina ad aderire.

partito coincide con la necessità di ricostruire un punto di vista rigorosamente partigiano, l'identità della classe per sé è costruita sulla irriducibile inimicizia nei confronti del capitale, non sullo stare con qualcuno e per qualcosa, ma sullo stare contro. Questa declinazione «schmittiana» del leninismo, questo riferimento alla concezione del politico come tracciamento del confine amico/nemico, è stata spesso rinfacciata a Tronti come la spia di una visione conservatrice – un'accusa alla quale Tronti replica così: «Noi siamo stati costretti a riprendere tutta intera la storia del realismo politico dal lato conservatore perché essa era stata abbandonata dal lato del movimento operaio [...] grazie al '68 sempre più i processi di spoliticizzazione e di neutralizzazione hanno preso una corsa senza limiti e senza freni»[29]. Con questa citazione entriamo nel vivo dei temi che dovrò affrontare nella Parte terza; prima occorre tuttavia fare i conti con il lascito di un terzo «mostro sacro» della teoria marxista.

* * *

Nelle *33 lezioni su Lenin* Negri oppone alle interpretazioni riformistiche del concetto gramsciano di egemonia la leniniana volontà di potenza proiettata verso la distruzione della macchina statale borghese. Il bersaglio è chiaro: si tratta di attaccare la lettura di Gramsci proposta da Togliatti e successori, che propone il *coté* «nazional popolare» del pensiero del fondatore del Partito Comunista d'Italia in alternativa al pensiero antagonistico e «partigiano» di Marx e Lenin. Ironicamente, l'attuale visione postoperaista è prossima a una galassia teorica che fa ampio ricorso alla categoria di egemonia, benché qui non si tratti dell'egemonia rivisitata dal revisionismo togliattiano, bensì di quella riscoperta dai teorici dei *cultural studies*. Espulso dalla cassetta degli attrezzi della sinistra tradizionale, Gramsci gode infatti di rinnovata fortuna nei dipartimenti umanistici delle grandi università d'oltreoceano[30]. Ma il pensiero di Gramsci si presta davvero a una tra-

29 M. Tronti, *Noi operaisti*, cit., p. 66.

30 Vedi i discorsi che attribuiscono alle classi subordinate capacità di uso «tattico» dei contenuti veicolati dai media *mainstream* – capacità in ragione della quale proletari, donne e minoranze etniche, religiose e culturali si approprierebbero sistematicamente del discorso delle classi dominanti, riplasmandolo per adattarlo ai propri bisogni, desideri, esigenze, sogni, ecc., e trasformandolo, quindi, da veicolo di consenso

sfigurazione in senso «culturalistico» della lotta di classe e del conflitto politico?

Un autore che ha tentato di dare riposta positiva a tale interrogativo è il filosofo argentino Ernesto Laclau[31]. Costui sostiene che Gramsci, più che riequilibrare le relazioni fra struttura socio-economica e sovrastruttura politico-culturale, sbilanciate a favore della prima nella tradizione marxista, avrebbe letteralmente rovesciato la gerarchia a favore della seconda: nel pensiero di Gramsci, sostiene Laclau, la classe sarebbe priva di consistenza strutturale, presentandosi piuttosto come il prodotto di una costruzione discorsiva. Ci troviamo, dunque, all'interno del paradigma postmoderno-costruzionista – già discusso e criticato nella Parte seconda – in base al quale gli agenti sociali non preesistono agli eventi di cui essi stessi sono protagonisti ma sono, al tempo stesso, prodotto e causa di tali eventi. Per spiegare la loro genesi, Laclau parla di un processo di «costruzione egemonica» che, secondo lui, sarebbe un progetto politico implicito nella svolta nazionalpopolare che Gramsci ha impresso al proprio pensiero. La prospettiva populista di Laclau emerge con particolare chiarezza dalle sue critiche alla visione neoleninista di Žižek: il riferimento centrale ed esclusivo alla lotta di classe di questo autore, sostiene Laclau, sarebbe deformante in quanto fonda l'antagonismo sull'identità settoriale di un gruppo, «mentre ogni lotta significativa trascende le identità settoriali per trasformarsi in una complessa volontà collettiva»[32]. Per arruolare Gramsci a sostegno della propria tesi, Laclau compie tre mosse: 1) enfatizza l'interesse di Gramsci nei confronti di Georges Sorel e delle sue idee sull'importanza del mito come leva del processo rivoluzionario, il che gli permette di spacciare la riflessione gramsciana nei confronti dell'importanza politica del fattore simbolico come un'anticipazione delle tesi postmoderne sulla narrazione quale fattore determinante ai fini della costruzione di identità sociali; 2) ridimensiona – pur senza decretarne la fine[33] – il ruolo della forma partito; 3) concentra

in strumento di mobilitazione e conflitto (cfr., fra gli altri, M. de Certeau, *L'invenzione del quotidiano*, Edizioni Lavoro, Roma 2001).

[31] Cfr. E. Laclau, *La ragione populista*, cit.; vedi anche M. Baldassari, D. Melegari (a cura di), *Populismo e democrazia radicale*, cit.

[32] *Ibid.*, p. 252.

[33] A p. 15 dell'opera citata nella nota precedente leggiamo: «Credo che non si pos-

invece l'attenzione sul problema dello Stato, che, a suo parere, rappresenta il terreno elettivo di applicazione del concetto di egemonia. Gramsci, sostiene Laclau, era convinto che, per potersi realizzare, l'egemonia operaia avesse bisogno di creare un nuovo tipo di Stato, il che non sarebbe potuto avvenire semplicemente attraverso la conquista del potere politico ma solo in ragione di un «divenire Stato» della classe operaia. La rivoluzione, conclude Laclau, non coincide con l'estinzione dello Stato, bensì con «un costante processo di creazione di nuove forme di Stato»[34], e, per spiegare questa formula, cita l'esempio del movimento argentino dei *piqueteros*, i quali «iniziarono la loro lotta al di fuori delle istituzioni tradizionali dello Stato, ma poi cominciarono a creare nuove forme istituzionali che hanno influenzato il modo in cui funziona attualmente lo Stato argentino»[35]. Prima di verificare se e in che misura questa lettura «postmodernizzante» abbia un minimo di riscontro nel pensiero di Gramsci, è il caso di mettere in luce due contraddizioni che balzano all'occhio: 1) se si nega l'esistenza oggettiva di un soggetto di classe, il problema del partito, che Laclau considera marginale, si presenta al contrario come ineludibile, in quanto il partito diviene l'organo esclusivo della volontà rivoluzionaria, in assenza del quale nessuna egemonia è immaginabile; 2) il punto di vista di Laclau sullo Stato non è troppo lontano da quello che emerge dalle analisi di Marx sulla Comune e di Lenin sui soviet: nel corso della lotta rivoluzionaria la classe – per Laclau il popolo – si fa Stato, inventando inedite forme istituzionali per gestire i propri desideri, bisogni, interessi, ecc. Ma dall'esempio dei *piqueteros* emerge una differenza sostanziale: per Marx e Lenin (e anche per Gramsci, come vedremo fra poco) queste nuove istituzioni non si propongono di «influenzare» quelle che hanno rovesciato, bensì di spazzarle via e prenderne il posto; Laclau, al contrario, contempla la possibilità di una trasformazione delle forme statali che, pur avvenendo grazie a una spinta dal basso, consente la convivenza fra nuove e vecchie istituzioni. Si tratta di un modello palesemente ispirato all'esperienza dei populismi latinoamericani «di sinistra», per cui torneremo a occuparcene nelle Parti terza e quarta, in cui dovremo discutere queste espe-

sa parlare di un collasso della forma partito, ma semmai di un ridimensionamento delle sue pretese epistemologiche».

[34] *Ibid.*, p. 21.

[35] *Ibidem.*

rienze. Ma ora mettiamo fra parentesi le interpretazioni e lasciamo parlare Gramsci.

L'opera di Gramsci è troppo vasta e complessa perché se ne possano cogliere anche solo le linee essenziali in poche pagine, per cui mi limiterò a concentrare l'attenzione sul testo – le *Note sul Machiavelli*[36] – che meglio si presta, a mio avviso, a confutare le interpretazioni «postmoderne» del suo pensiero. In questo lavoro c'è un unico passaggio – quello in cui Gramsci definisce il *Principe* come «una esemplificazione storica del mito sorelliano, un'ideologia politica che si presenta non come fredda utopia né come dottrinario raziocinio, ma come una creazione di fantasia concreta che opera su un popolo disperso e polverizzato per suscitarne e organizzarne la volontà collettiva»[37] – che sembrerebbe confermare la lettura di Laclau secondo cui la classe, o il popolo, vanno «costruiti» attraverso la potenza di una narrazione mitica. Peccato che, analizzando il contesto in cui si inserisce tale citazione, appaia subito chiaro come l'obiettivo di Gramsci non sia negare l'esistenza di identità sociali oggettive, preesistenti a qualsiasi messa in forma discorsiva, ma piuttosto denunciare i limiti dell'azione spontanea delle classi subalterne, destinata a restare frammentaria, episodica e soggetta all'iniziativa egemonica delle classi dominanti. Gramsci, insomma, si sta qui preparando a introdurre il discorso sul partito di classe, su quel «moderno Principe» la cui natura e funzione non appaiono per nulla confinate nella dimensione narrativo-simbolica, nella misura in cui sono quelle di un organismo complesso «nel quale già abbia inizio il concretarsi di una volontà collettiva riconosciuta e affermatasi parzialmente nell'azione»[38]. Un organismo necessariamente gerarchico, aggiunge Gramsci, che deve strutturarsi secondo i seguenti tre livelli: la base fatta di comuni militanti, il corpo dei quadri intermedi e il gruppo dirigente. La concezione gramsciana del partito non è dunque meno «verticistica» di quella leninista; al contrario, appare perfino più vicina al «canone» della Terza Internazionale che alle aperture «democraticistiche» di *Stato e rivoluzione* (vedi paragrafo precedente). Il solo correttivo che Gramsci introduce a questo principio di verticalità consiste nell'affermare la necessità di garantire un passag-

[36] A. Gramsci, *Note sul Machiavelli*, Editori Riuniti, Roma 1971.
[37] *Ibid.*, p. 18.
[38] *Ibid.*, p. 20.

gio molecolare dai gruppi diretti al gruppo dirigente, per impedire che la divisione fra diretti e dirigenti si irrigidisca, trasformandosi in dominio incontrollato del vertice. Del resto, aggiunge Gramsci respingendo al mittente le critiche libertarie al verticismo comunista, anche i movimenti libertari, nella misura in cui riconoscono di fatto l'autorità carismatica – personale e informale – dei propri leader, finiscono per trasformarsi a loro volta in partiti, con un'aggravante: nel loro caso, il potere è concentrato nelle mani di personalità irresponsabili organizzativamente, e quindi non sottoposto ai vincoli di regole formalizzate e condivise[39].

Se sul fronte della teoria del partito è difficile trovare spiragli per interpretazioni postmoderne del discorso gramsciano, sul fronte della teoria dello Stato l'impresa appare ancora più ardua. Poco fa si è visto come, per Laclau, la lotta egemonica dei subalterni per «divenire Stato» consista soprattutto in una serie di pratiche linguistiche finalizzate alla «costruzione» di soggettività. Ma nel pensiero di Gramsci non c'è nulla che possa giustificare tale approccio. Un articolo di Loris Caruso[40], dopo avere messo in luce come le interpretazioni culturalistiche – o addirittura liberali – del pensiero di Gramsci siano numerose e autorevoli (vedi quella di Norberto Bobbio su tutte), dimostra come la tesi secondo cui Gramsci «rovescerebbe» il punto di vista marxiano, collocando il luogo della trasformazione sociale nella sovrastruttura, sia totalmente infondata. Nella concezione di Gramsci, scrive Caruso, «gli apparati egemonici mediano fra struttura economica e sovrastruttura perché conformano la massa popolare secondo il tipo di produzione e l'economia di un dato momento»[41]; in altre parole «non esiste un Gramsci postmarxista che, espandendo il ruolo della politica e della cultura, ne riduce i legami con la sfera economica. Forma dello Stato, cultura ed esigenze tecniche della produzione sono per Gramsci connesse nella totalità sociale»[42]. Non meno lontano dalle vi-

39 Una considerazione che non deve suonare troppo gradita alle orecchie di Laclau, la cui apologia del populismo tende a legittimare l'autorità carismatica del leader.

40 L. Caruso, «Gramsci e la politica contemporanea», art. cit. al capitolo II, nota 16.

41 *Ibidem*.

42 *Ibidem*. Poco oltre Caruso aggiunge che Gramsci condivide pienamente l'idea di Marx e Lenin secondo cui lo Stato è uno strumento della lotta di classe e che, se mai, contribuisce a rendere più complessa tale concezione senza negarla.

sioni di Laclau, Bobbio e altri, appare il concetto gramsciano di «spirito statale»: per azione politica dotata di spirito statale Gramsci intende un agire non episodico né contingente, bensì consapevolmente radicato in un processo che presuppone una continuità con il passato e l'avvenire; per meritare la definizione di atto politico, un'azione deve dunque *essere* (non semplicemente *apparire*! L'egemonia gramsciana può invitare a sfruttare il mito ma non è fondata su di esso!) parte integrante di tale processo. E ancora: unico depositario dello spirito statale è il partito, almeno nella misura in cui esso si struttura, agisce e funziona come una prefigurazione, un embrione di struttura statale *in fieri*: «Nel mondo moderno», scrive Gramsci, «un partito è tale quando esso è concepito organizzato e diretto in modi e forme tali da svilupparsi integralmente in uno Stato e in una concezione del mondo»[43]. Dobbiamo dedurne che Gramsci non riconosce alcun ruolo all'autonoma e spontanea iniziativa politica dei subordinati? Evidentemente no: tutta la sua opera è costellata di apprezzamenti per la capacità del proletariato di inventare proprie forme di autogoverno; tuttavia è indubbio che il suo pensiero rispecchi una tensione irrisolta fra organizzazione rivoluzionaria e movimenti spontanei. Se leggiamo, per esempio, certi suoi inviti a fare in modo che si sviluppino nuove forme di vita statale «in cui l'iniziativa degli individui e dei gruppi sia 'statale'», a «far diventare spontanea la vita statale»[44], è difficile non rilevare il carattere ossimorico di quel «far diventare spontanea»; come dire: da un lato viene esaltata l'invenzione dal basso di nuove forme statali – ciò che, con termini attuali, potremmo chiamare il «potere costituente» delle masse –, dall'altro lato si ribadisce che tale iniziativa deve essere non solo orientata e diretta, ma addirittura suscitata dal Principe. Siamo, insomma, lontanissimi dall'approccio di Laclau che attribuisce (vedi sopra) al popolo la spontanea capacità di dare vita a «un costante processo di creazione di nuove forme di Stato». Resta infine da ricordare che Gramsci – al pari di Marx e Lenin e diversamente da Laclau – non lascia spiraglio alcuno all'idea che le forme statali emerse dal processo rivoluzionario ereditino princìpi e forme dello Stato borghese: per lui lo Stato e l'ideologia liberali vanno spazzati via e sostituiti con i princìpi della Comune.

43 A. Gramsci, *Note sul Machiavelli*, cit., p. 193.
44 A. Gramsci, *Passato e presente*, Editori Riuniti, Roma 1971, p. 219.

Naturalmente esiste un altro Gramsci rispetto a quello che ho qui riproposto attraverso le pagine delle *Note sul Machiavelli*. Nell'analisi di questo paragrafo, per esempio, sono rimasti esclusi concetti fondamentali come quelli di blocco sociale, rivoluzione passiva, apoliticismo – per citarne solo alcuni. In ogni caso, mi pare di avere dimostrato quanto mi premeva dimostrare: contrapporre Gramsci a Marx e Lenin sui temi del rapporto fra classe, partito e Stato è operazione del tutto arbitraria e infondata. Sia pure con sfumature teoriche differenti – che rispecchiano i momenti storici, gli scenari geopolitici e le composizioni di classe cui si riferiscono –, questi tre «mostri sacri» del pensiero rivoluzionario concordano sui seguenti princìpi di fondo: 1) il proletariato è la sola classe rivoluzionaria, ma la sua azione politica spontanea non può garantirle la vittoria; 2) per ottenere tale vittoria occorre un partito rivoluzionario che incarni i soli interessi della parte sociale sottomessa al dominio del capitale, rifiutando per principio ogni concessione all'interesse generale, al bene comune e analoghe mistificazioni; 3) lo Stato moderno è espressione del dominio della borghesia su tutte le altre classi sociali e questa sua natura non è riformabile, per cui la macchina statale va distrutta e sostituita con le forme di autogoverno delle classi subordinate; 4) la storia dimostra che, in particolari circostanze (Comune, soviet, ecc.), la coscienza politica del proletariato è in grado di inventare organismi di autogoverno fondati sulla democrazia diretta e partecipativa. I punti 2) e 4) definiscono un'area problematica irrisolta, in quanto organizzazione rivoluzionaria e istituzioni dell'autogoverno proletario sono sistematicamente entrati in conflitto reciproco, per cui questa resta la maggiore sfida teorica che la tradizione novecentesca ci ha lasciato in eredità. Questa sfida può essere ignorata, come invitano a fare quei teorici postmoderni che considerano il Novecento come un secolo da «rottamare»[45], e che pensano che la sua storia fatta di guerre, rivoluzioni, totalitarismi e altri orrori sia stata anche – se non soprattutto – il risultato del tentativo di mettere in pratica i quattro assunti sopra elencati. È chiaro che obiettivo di questo lavoro è dimostrare che questi assunti restano invece attuali. Tragicamente attuali, perché rivendicarne l'attualità non significa indulgere in compiacimenti nostalgici né, tanto meno, negare il prezzo terribile che essi hanno imposto (e che potrebbero

[45] Cfr. M. Revelli, *Oltre il Novecento*, Einaudi, Torino 2001.

ancora imporre finché resteranno validi). Nella Parte prima, ho cercato di dimostrare come il capitalismo e lo Stato che ne incarna gli interessi restino irriformabili, e che dalla crisi non si esce se non distruggendoli. Nella Parte seconda, dedicata alla composizione di classe, ho tentato di definire i soggetti antagonistici che potrebbero assumersi tale compito. Questo secondo Interludio rappresenta un ponte verso le Parti terza e quarta, nelle quali tenterò di discutere che tipo di organizzazione possano darsi gli attuali movimenti rivoluzionari, e quali forme istituzionali potrebbe assumere la transizione a una società post-capitalistica.

Parte terza
LA POLITICA NELL'ERA DELLA CRISI DEL PARTITO

Capitolo VII
LA DERIVA POSTIDEOLOGICA DEI NUOVI MOVIMENTI

Mario Tronti sostiene che le lotte degli anni Sessanta, più che inaugurare una nuova epoca, sono state l'ultimo sussulto della politica novecentesca[1]. Credo che questa tesi valga per il ciclo di lotte dell'operaio massa, mentre il discorso cambia per le sollevazioni studentesche del 1968: queste ultime, infatti – con la loro concentrazione ossessiva sul tema dell'antiautoritarismo –, anticipavano i «nuovi movimenti» che avrebbero occupato la scena fra la fine degli anni Settanta e l'inizio degli Ottanta. Le periodizzazioni sono sempre opinabili, ma resta un dato storico inconfutabile: a partire dai primi anni Ottanta[2], il filo rosso che corre dalla Comune di Parigi alla Rivoluzione d'Ottobre, proseguendo nel secondo dopoguerra con le lotte operaie in Occidente e con le guerre di liberazione in Asia, Africa e America Latina, si spezza definitivamente. La caduta del Muro di Berlino non ha fatto altro che calare il sipario su una tragedia che si era consumata da tempo. Resta da capire se e in che misura, alla retorica sulla fine delle ideologie che da trent'anni mette d'accordo intellettuali di destra e sinistra, corrispondano effettivi elementi di discontinuità storica, ma soprattutto resta da capire quali siano questi elementi. Nelle pagine

1 Vedi M. Tronti, *Noi operaisti*, cit., p. 25.

2 Nel caso dell'Italia, volendo fissare un preciso confine temporale, si potrebbero indicare due eventi: la disfatta della sinistra antagonistica seguita al sequestro Moro e la marcia dei quarantamila quadri che pose fine all'ultima grande vertenza operaia alla FIAT di Torino.

precedenti ho dato alcune risposte in merito: 1) il più importante fattore di discontinuità consiste nella radicale trasformazione della composizione del proletariato globale; 2) questa trasformazione, contrariamente a quanto sostengono i postoperaisti, non rispecchia nuovi e più avanzati livelli di autonomia di classe ma è, piuttosto, l'esito di una feroce ristrutturazione capitalistica e di una controrivoluzione che ha restituito alle classi dominanti schiaccianti livelli di egemonia; 3) il sintomo più evidente di tale egemonia è la rimozione della visione dicotomica del conflitto sociale che il Novecento ci aveva lasciato in eredità. In questa Parte terza sosterrò la tesi secondo cui nessuna controffensiva delle classi subordinate otterrà risultati in assenza di una riscoperta di quella tradizione. Non si tratta di rimpiangere il bel tempo andato, ma di restituire senso ai paradigmi teorici che ho analizzato nel secondo Interludio, verificando se le attuali lotte di classe siano in grado di produrre livelli di scontro e modelli organizzativi capaci di spezzare la gabbia di luoghi comuni di cui siamo prigionieri da qualche decennio.

In precedenti lavori[3] mi sono scagliato contro quelle teorie della complessità sociale che rappresentano una potente arma ideologica per delegittimare la cultura del conflitto, nella misura in cui riducono la contraddizione a sintomo di disfunzioni del sistema sociale – disfunzioni da «curare» restaurando i suoi «normali» equilibri omeostatici. Ancora più insidiosa di questa operazione intellettuale – che rispecchia un punto di vista dichiaratamente conservatore – appare tuttavia la pulsione suicida che induce molti intellettuali di sinistra, anche radicale, a spargere fiumi di lacrime sugli «orrori» del Novecento. Non si tratta di cancellare la memoria storica del tributo di sangue che rivoluzioni e guerre civili del secolo scorso hanno richiesto; bensì di contestare alcune diagnosi che ci vengono proposte in merito alle cause della durezza del «secolo breve». Secondo Marco Revelli, in particolare, la fonte di tutte le mostruosità novecentesche sarebbe il lavoro meccanizzato e burocratizzato, assieme al suo inevitabile correlato, l'organizzazione[4]. Analizzando la riflessione gramsciana sul fordismo, ad esempio, Revelli mette in luce come Gramsci non si sia limitato a esaltare l'efficienza produttiva di tale tecnica di produzione, ma l'ab-

[3] C. Formenti, *Felici e sfruttati*, cit.
[4] Cfr. M. Revelli, *Oltre il Novecento*, cit., p. 34.

bia descritta come un vero e proprio modello sociale, un sistema in cui tecnica, relazioni sociali e forme istituzionali si integrano e plasmano reciprocamente. In questo modo, aggiunge, la disciplina di fabbrica veniva assimilata alla disciplina di partito, presentandosi come il paradigma organizzativo ideale per consentire al lavoratore collettivo, forgiato dalla tecnica, di esercitare la propria egemonia sugli altri mondi vitali.

Di più: evocando l'esistenza di una sostanziale analogia fra la figura dell'operaio massa celebrata da Ernst Junger e quella dell'uomo nuovo gramsciano, Revelli arriva a sostenere che, nell'entusiasmo novecentesco per la razionalità tecnica, comune a destra e sinistra, affonderebbero le radici del totalitarismo, di una visione «militarizzata» della società, dello Stato e del partito. Si tratta di critiche che riprendono e rilanciano quelle di una cultura ecologista che non si limita a mettere sullo stesso piano comunismo e capitalismo, accomunati da una visione progressiva ed emancipatoria della tecnica, ma li vede come due facce di una stessa concezione – verticistica, autoritaria e «machista» – del mondo. La presa di distanza non riguarda solo la storia politica della prima metà del Novecento, ma si estende al trentennio «dorato» del secondo dopoguerra, caratterizzato dal compromesso fra capitale e lavoro, gestito dallo Stato. In cambio dei livelli di reddito e sicurezza sociale garantiti dal welfare, argomenta Revelli, la classe operaia ha rinunciato alla propria autonomia, accettando il processo di razionalizzazione/mercificazione che Stato e capitale hanno messo in atto nei confronti di sfere di relazione sociale e mondi vitali che, fino ad allora, erano rimasti al riparo dall'invadenza del mercato e della politica: le attività riproduttive – già demandate a famiglia, villaggio, quartiere, ecc. in ragione dei rapporti di reciprocità che innervavano quelle comunità – vengono spersonalizzate, standardizzate e istituzionalizzate.

Se osservata dal punto di vista appena descritto, la crisi della composizione di classe legata al fordismo e dei corrispondenti modelli di organizzazione politico-sindacale non appare una catastrofe. Al contrario: la composizione di classe postfordista e i «nuovi movimenti» che ne sono espressione vengono salutati come un balzo in avanti verso una «vera» emancipazione dei soggetti sociali subordinati. Il tacito presupposto sul quale si fonda questa visione è che la mutazione sia stata, in larga misura, l'esito di scelte libere e consapevoli dei subordinati, di un loro «esodo» dalla fabbrica, dalla società e dalla politica fordiste[5]. Avendo già ampiamente criticato tale presupposto, non ritengo necessario dilungarmi ulteriormente sul tema. Qui preferisco invece affrontare i seguenti problemi: 1) i soggetti, gli obiettivi e le forme organizzative di queste lotte di nuovo tipo esprimono o no una carica antagonistica nei confronti della società capitalistica? 2) Quali risultati hanno ottenuto? Hanno rafforzato o indebolito i rapporti di forza delle classi e dei gruppi subordinati, hanno migliorato o peggiorato la loro qualità di vita, i loro livelli di reddito, i loro diritti?

La sociologia ha versato fiumi di inchiostro sulla fenomenologia dei movimenti «postideologici»[6]. Pur nella loro varietà – che spazia dai movimenti globali di massa quali pacifismo, femminismo, ambientalismo e movimenti contro la globalizzazione, ai movimenti iperlocali che si oppongono alla realizzazione di infrastrutture che minacciano gli equilibri di un ecosistema naturale, economico o culturale, alle lotte delle comunità indigene per il riconoscimento e la tutela della loro identità etnica e culturale, ecc. – essi presentano una serie di analogie di fondo: 1) con qualche eccezione (come quella del movimento No Global), si tratta per lo più di mobilitazioni *single issue*, che si concentrano cioè su un unico, specifico obiettivo rivendicativo (o su una costellazione omogenea di obiettivi), senza inquadrarlo in visioni politiche «antisistema»; 2) si tratta di lotte che raramente si impegnano per rivendicare l'uguaglianza, mentre tendono assai più spesso a ottenere il riconoscimento di differenze (di genere, di scelte sessuali, linguistico-culturali, ecc.); 3) il loro carattere post- o extraideologico consiste, da un lato, nel fatto che – accantonata ogni pretesa di presa del potere e/o di controllo sulla macchina statale – si concentrano sul tentativo di ottenere un controllo diretto e immediato sulle condizioni di vita, dall'altro lato, nel fatto che tendono ad assumere profili politici «trasversali», non classificabili in base all'asse oppositivo destra/sinistra; 4) dedicano in generale grande attenzione ai rapporti interperso-

[5] A condividere tale tesi, sia pure con sfumature diverse, sono, oltre a Marco Revelli e ai teorici postoperaisti con cui ho polemizzato nelle pagine precedenti, i teorici della «terza via» come Anthony Giddens (cfr. *Le conseguenze della modernità*, il Mulino, Bologna 1994 e *Il mondo che cambia*, il Mulino, Bologna 2000) e Ulrik Beck (cfr. *La società del rischio. Verso una seconda modernità*, Carocci, Roma 2000).

[6] Cfr., fra i tanti contributi, A. Melucci, *L'invenzione del presente*, il Mulino, Bologna 1982 e, dello stesso autore, *Passaggio d'epoca*, Feltrinelli, Milano 1994. Vedi anche L. Caruso, *Il territorio della politica*, Franco Angeli, Milano 2010.

nali e comunitari, che si propongono di cambiare qui e ora, a partire dalla loro stessa prassi, per cui privilegiano modelli organizzativi orizzontali, antigerarchici, con attenzione ossessiva alle regole da adottare per evitare la distribuzione ineguale dell'autorità[7]; 5) infine tendono a spostare l'asse del conflitto sociale sul terreno della rivendicazione di nuovi diritti, nonché a privilegiare i diritti civili rispetto ai diritti sociali e i diritti concreti di singoli e minoranze rispetto all'universalismo astratto dei diritti collettivi.

Dal punto di vista marxista, è evidente che questo insieme di fattori contorna una serie di limiti radicali. In primo luogo, è chiaro che nessuno di questi movimenti appare capace di assumere un ruolo controegemonico. Si tratta, infatti, di forme di agire collettivo che Gramsci avrebbe definito «apoliticiste», sia per il rifiuto di qualsiasi forma di istituzionalizzazione, sia per l'assenza di qualsiasi preoccupazione di prefigurare scenari futuri, per l'assenza cioè – volendo ancora usare il lessico gramsciano – di «spirito statale». Non a caso, si è insistito sulla loro endemica incapacità di durare nel tempo, in quanto il soggetto collettivo che ne è protagonista si dissolve nel momento stesso in cui ottiene l'obiettivo desiderato, o perde la fiducia nella possibilità di raggiungerlo. Agli occhi degli intellettuali postmoderni, questa «volatilità» appare, tuttavia, come una qualità positiva, poiché conferma le loro tesi sulla soggettività politica come «costruzione» discorsivo/narrativa. Scagliandosi contro questo «elogio della leggerezza», Mario Tronti, ne rintraccia le radici nei movimenti del '68, i quali ignoravano «che abbattere l'autorità non voleva dire automaticamente liberazione differentemente umana», così come ignoravano che la libertà da essi invocata avrebbe significato anche e soprattutto «libertà per gli spiriti animali capitalistici che scalpitavano dentro la gabbia d'acciaio dell'accordo politica-società»[8]. Si tratta di critiche «inattuali» che non

7 Si tratta di una ideologia antigerarchica che alimenta una contrapposizione basso/alto fondata sulla sfiducia sistematica nei confronti di intellettuali, categorie depositarie di «saperi esperti», politici di mestiere ed élite di ogni tipo. Come ho messo in luce altrove (*Se questa è democrazia. Paradossi politico-culturali dell'era digitale*, Manni, Lecce 2009), questa cultura ha ricevuto un formidabile impulso dalle pratiche di socializzazione mediate dalla Rete.

8 M. Tronti, *Noi operaisti*, cit., p. 51. E altrove (*Dell'estremo possibile*, cit., p. 133) aggiunge: «La parte sociale del lavoro non può nutrirsi di pensiero debole. Non può essere descritta come un luogo diffusivo, leggero, mobile, pragmatico, non ideologi-

smuovono gli autori che assumono come irreversibile l'approdo a una fase postideologica dei movimenti. Qui di seguito mi occuperò di tre di questi autori – il sociologico Ulrik Beck, il giurista Stefano Rodotà e il politologo Pierre Rosanvallon – che rappresentano altrettanti esempi di tentativi non banali di dare soluzione teorica ai problemi del conflitto politico nelle società dette postmoderne.

Per Ulrik Beck[9] l'insostenibilità di un progetto politico di sinistra fondato sui tradizionali valori e princìpi socialdemocratici è dovuta a un triplice ordine di fenomeni. In primo luogo, il fatto che lo Stato-nazione abbia dovuto cedere gran parte della propria sovranità a entità sovranazionali (Banca Mondiale, Fondo Monetario Internazionale, WTO, Comunità Europea, ecc.), rende irrealistico il tentativo di conservare il vecchio impianto del welfare. In secondo luogo, organizzazioni sindacali e partiti socialdemocratici non sono più in grado di difendere efficacemente i redditi e le condizioni di vita e di lavoro della classe operaia, dal momento che non dispongono di strumenti capaci di fronteggiare il ricatto della delocalizzazione messo in atto dalle multinazionali. Infine, i processi di frammentazione e individualizzazione che hanno smembrato il corpo della classe hanno prodotto effetti irreversibili, al punto che oggi ci troviamo a vivere in una società e una cultura dell'individualismo compiuto, dove i tradizionali «corpi intermedi» non riescono più a costruire identità collettive. Immaginare che sia possibile una ricomposizione politica, sociale e culturale del mondo del lavoro in un simile contesto è velleitario, quindi ben vengano i nuovi movimenti che, grazie alle cinque caratteristiche elencate poco sopra, possono rivendicare nuovi diritti all'altezza di un mondo che ha subìto mutamenti radicali: dal riequilibrio dei rapporti di forza fra i generi, al riconoscimento della dignità di lavoro alle attività di cura, dalla redistribuzione di opportunità di lavoro destinate a divenire sempre più scarse, a una riforma del welfare che introduca forme di tutela all'altezza delle sfide della «società del rischio»[10] (a partire dall'istituzione di un salario minimo di esistenza). Un programma riformistico che anche le sinistre radicali potrebbero condividere; peccato

co, senza pagare il prezzo di un arretramento di campo, di perdita di potere, di crisi dell'organizzazione».

[9] U. Beck, *La società del rischio*, cit.; vedi anche *La società cosmopolita*, il Mulino, Bologna 2003.

[10] Cfr. U. Beck, *La società del rischio*, cit.

che abbia un grave difetto: non esistono soggetti sociali, politici o istituzionali che possano attuarlo! E quando viene messo di fronte a questa obiezione, Beck non trova nulla di meglio che affidare il compito a una fantomatica «società mondiale dei cittadini»[11], una tesi che sarebbe eufemistico definire irrealistica...

A dare corpo – o almeno a provarci – all'utopia di una società mondiale dei cittadini prospettata da Beck, è Stefano Rodotà, il quale ne delega la realizzazione all'evoluzione del diritto[12]. Ma di quale diritto si parla, visto che il collasso degli Stati-nazione, che ne erano i depositari e produttori, sembra mettere a rischio la sua stessa sopravvivenza? Quali soggetti sociali e quali istituzioni politiche possono opporsi al diritto «naturale» del più forte che oggi si incarna nelle «leggi» del mercato? La risposta di Rodotà è che titolare del «diritto di avere diritti», cioè di una forma di diritto che sta «a monte» dei diritti incastonati nella dimensione locale degli Stati-nazione e che trova formulazione ideale nella Carta dei diritti europei, è la *persona*. Con tale concetto Rodotà si riferisce a una figura da «costruire», a una sorta di «luogo» virtuale e sovranazionale in cui far convergere quei diritti fondamentali che, a causa della crisi dello Stato-nazione che ne è stato la matrice, rischierebbero altrimenti di evaporare. Ed è proprio alle pratiche dei nuovi movimenti, così come ai nuovi diritti che essi rivendicano, che Rodotà chiede sostegno per dare concretezza e insufflare vita in questo costrutto teorico. Il suo è un «nuovo costituzionalismo» ritagliato sulle richieste di riconoscimento formale delle esigenze materiali e spirituali di dignità, uguaglianza, libertà, giustizia, cittadinanza, solidarietà che provengono da una molteplicità di soggetti concreti – individuali e di gruppo. Ci troviamo, insomma, di fronte a un progetto di «personalizzazione del diritto» che ricalca le istanze di personalizzazione della politica che i movimenti hanno messo in campo a partire dagli anni Ottanta. Il diritto dovrebbe in qualche modo riprendere in mano il testimone che la politica ha lasciato cadere da tempo, almeno da quando «il tramonto dei grandi soggetti storici» lo ha impoverito a un punto tale che oggi «la buona politica si configura sempre più come politica dei diritti»[13]. Ecco perché, repli-

11 Vedi U. Beck, *La società cosmopolita*, cit.

12 Cfr. S. Rodotà, *Il diritto di avere diritti*, Laterza, Roma-Bari 2012.

13 *Ibidem*.

cando a coloro che denunciano l'invadenza del diritto nei confronti della politica, Rodotà sostiene che solo il diritto appare oggi in grado di impedire che la naturalizzazione delle leggi economiche imponga la legge del più forte. Ed è proprio grazie a questa robusta attenzione critica nei confronti del totalitarismo del mercato che Rodotà si distingue dalle derive postmoderne di coloro che tendono ad abbandonare il terreno dei diritti sociali per privilegiare quello dei diritti civili. Nel tentativo di tenere insieme i «vecchi» diritti, strappati in decenni di lotte di classe, con i nuovi diritti rivendicati dai movimenti, Rodotà elabora il concetto di «indivisibilità» dei diritti, i quali, sostiene, dovrebbero appunto unificarsi attorno alla persona[14]. Ma qui scatta l'aporia che ho tentato di mettere in luce discutendo le tesi proposte nel *Diritto di avere diritti* in un articolo apparso in *Alfabeta2*[15]: se fosse vero, come sostiene Rodotà, che i grandi soggetti storici sono irreversibilmente tramontati, *qual è* il soggetto concreto che potrebbe oggi far valere il diritto di avere diritti, dal momento che nessun giudice ha mai potuto imporre il rispetto delle leggi in assenza di un «grande soggetto sociale» capace di esercitare un potere di *enforcement* nei confronti di coloro che le violano? In altre parole, le teorie di Rodotà naufragano sullo stesso scoglio su cui affonda l'utopia di Beck: tanto la società mondiale dei cittadini di cui parla Beck quanto la persona evocata da Rodotà sono entità astratte che, in assenza di soggetti sociali e politici concreti che le incarnino, perdono qualsiasi effettualità.

Veniamo infine alle tesi del politologo Pierre Rosanvallon[16]. Avendole già analizzate nel secondo capitolo, mi limito qui a richiamarne alcuni aspetti. Come si è visto, Rosanvallon aggira la questione del potere sostenendo che, nei sistemi postdemocratici, alle utopie di conquista dello Stato subentrano una serie di pratiche di contestazione permanente: «L'idea di un popolo che governa lascia il posto all'idea di un popolo che diffida»[17]. A differenza di Rodotà, Rosanvallon non affida solo al diritto il ruolo di esercitare forme di contropotere, ma lo

[14] Contro l'ideologia liberista che subordina l'esercizio dei diritti sociali alla disponibilità di risorse economiche in grado di soddisfarli, Rodotà ribadisce che non è possibile riconoscere i diritti civili o politici senza riconoscere anche i diritti sociali.

[15] Cfr. C. Formenti, «Per una replica da Rodotà», *Alfabeta2*, n. 29, maggio 2013.

[16] P. Rosanvallon, *Controdemocrazia*, cit.

[17] *Ibid.*, p. 48.

estende ai media, che svolgono classicamente la loro funzione di sorveglianza, e soprattutto ai movimenti dei cittadini, i quali incarnerebbero una sorta di «sfiducia organizzata» nei confronti della democrazia rappresentativa, svolgendo un ruolo di interdizione più che di contrapposizione antagonistica: «I cittadini non vogliono conquistare il potere ma contenerlo e ridurlo»[18]. Se i nuovi movimenti non si pongono più in una relazione antagonistica nei confronti del potere è perché essi riuscirebbero a ottenere ciò che vogliono esercitando inediti poteri di verifica, vigilanza e denuncia. Si tratta, in poche parole, di una versione aggiornata della visione sistemico-cibernetica di Niklas Luhmann[19], arricchita di un nuovo sottosistema funzionale, che Rosanvallon descrive come l'insieme dei cittadini che, di volta in volta, si organizzano per realizzare un obiettivo contingente senza mettere in discussione gli equilibri cibernetici del tutto. Si tratta di una soluzione epistemologicamente «elegante» – secondo lo stile del discorso sistemico – che mostra tuttavia tutti i suoi limiti non appena venga messa a confronto con la cruda realtà della lotta di classe, come lo stesso Rosanvallon è costretto ad ammettere laddove scrive: «Sorprende constatare che lo scarto crescente dei redditi tra il lavoro e il capitale, l'esplosione delle diseguaglianze fra remunerazioni di manager e salariati semplici, si è prodotto proprio quando si moltiplicavano le istanze di controllo e regolamentazione [...] il capitalismo può essere più inquadrato e più ingiusto, più trasparente e meno egualitario»[20]. Diverte vedere fino a che punto le parole di questo teorico della neutralizzazione sistemica dei conflitti antagonistici finiscano per somigliare a quelle di un critico radicale dell'ideologia dei nuovi movimenti come Mario Tronti: «Il fatto che l'emancipazione degli individui abbia portato alla restaurazione, con riforme, del vecchio rapporto di forze complessivo, tra le classi, tra i sessi, tra le generazioni, questo deve essere spiegato»[21].

[18] *Ibid.*, p. 183.

[19] Cfr. N. Luhmann, *Illuminismo sociologico*, il Saggiatore, Milano 1983. Vedi anche: *Potere e complessità sociale*, il Saggiatore, Milano 1979; *Struttura della società e semantica*, Laterza, Roma-Bari 1983; e *Teoria politica dello stato del benessere*, Franco Angeli, Milano 1983.

[20] P. Rosanvallon, *Controdemocrazia*, cit., p. 203.

[21] M. Tronti, *Noi operaisti*, cit., p. 30.

Si tratta di un'affermazione indubbiamente dura da digerire per tutti coloro che hanno generosamente speso le proprie energie nelle lotte degli ultimi trent'anni. Eppure, ove se ne tragga un bilancio disincantato, e ove si prescinda dalla «buona stampa» di cui alcune di queste lotte hanno goduto, è difficile non condividere il crudo giudizio di Tronti. Partiamo dal movimento pacifista. Nel febbraio del 2003, centodieci milioni di persone si radunavano nelle piazze di tutto il mondo per protestare contro la guerra in Iraq. Si è trattato della più grande manifestazione politica della storia umana, eppure, a dieci anni di distanza, che cosa rimane di quell'evento che aveva indotto i media a parlare della nascita un immenso «partito della pace», del quale nessun governo avrebbe mai più potuto ignorare l'esistenza? Poco o nulla. Non solo non si è riusciti a fermare la guerra in Iraq, ma non si è nemmeno potuto impedire il successivo proliferare di conflitti in altre parti del mondo, né si è potuta frenare la corsa agli armamenti. Un evento certamente spettacolare, ma del tutto incapace di sedimentare memoria storica e reti di militanza. Benché oggi quasi tutti – soprattutto a sinistra – si dichiarino pacifisti, nessun sostanziale passo indietro è stato imposto a chi continua a gestire i conflitti imponendo la legge del più forte, mentre molti passi indietro sono stati imposti alle lotte di classe, le quali, non appena superano soglie minime di intensità, vengono etichettate come violente, se non addirittura terroristiche. Veniamo ora all'ambientalismo: indubbiamente i movimenti ecologisti hanno contribuito a vincere battaglie importanti, come quelle contro il nucleare e la privatizzazione dell'acqua in Italia, ma la loro carica si è progressivamente esaurita a mano a mano che, da un lato, i loro princìpi e valori venivano integrati nel linguaggio dei media, o peggio tradotti in modelli di business da parte di consistenti settori dell'economia capitalistica, dall'altro lato, si istituzionalizzavano in partiti che, come in Germania, hanno assunto responsabilità di governo e legittimato scelte non sempre compatibili con gli obiettivi originari del movimento. Più complessa la parabola dei movimenti femministi. Nella loro fase aurorale, a cavallo fra gli anni Sessanta e Settanta del secolo scorso, la teoria e la prassi femministe hanno offerto un formidabile contributo all'analisi della composizione di classe, intrecciandola con quella dell'oppressione di genere; dopodiché, grazie alla sua maturazione organizzativa e alla sua crescita numerica, il movimento delle donne è stato protagonista di grandi vittorie – basti citare per tutte la conquista del diritto all'aborto. Tuttavia la tesi secondo cui la società capitalistica non sarebbe potuta sopravvivere se si fossero minate le sue radici patriarcali, si è rivelata priva di fondamento: il capitalismo si è dimostrato capace di adattarsi tranquillamente (quando non se ne è fatto diretto e attivo promotore) a una cultura postpatriarcale; ha cavalcato con profitto le opportunità offertegli dai processi di «femminilizzazione del lavoro»; ha integrato decine di milioni di donne nei processi produttivi nati dalla desocializzazione e mercificazione delle attività riproduttive e di cura, ne ha sfruttato le superiori attitudini e competenze emotive, comunicative e linguistiche per abbassare i salari e peggiorare la vita della forza lavoro maschile senza migliorare quella delle donne (che continuano a essere meno pagate, più sfruttate e più «flessibili» dei colleghi maschi). E ancora: la grande maggioranza delle donne in Asia, Africa e America Latina continua a subire spaventosi livelli di oppressione, mentre in Occidente assistiamo a processi di «emancipazione» che si rivelano più formali che reali. Una minoranza di donne è stata cooptata ai livelli superiori delle gerarchie economiche e politiche, senza che ciò contribuisse minimamente a cambiare le regole della gestione del potere, le quali non sembrano sensibili all'identità sessuale di chi le incarna e le applica; una percentuale più consistente ha avuto accesso a carriere accademiche (per lo più confinate nei ghetti dorati delle facoltà umanistiche); i linguaggi dei media e della politica propinano al pubblico una sorta di «neolingua» *politically correct*, senza che ciò contribuisca minimamente a migliorare le reali condizioni di vita della stragrande maggioranza delle cittadine del mondo, sulle quali vengono scaricati buona parte dei costi di una crisi che è, al tempo stesso, economica, sociale e culturale e che inasprisce i conflitti di genere, come testimoniano le cifre spaventose dei casi di femminicidio in costante crescita.

Con tutto ciò non intendo sostenere la tesi secondo cui le lotte per la pace, per l'ambiente e per i diritti delle donne andrebbero considerate come momenti collaterali, subordinati alla lotta di classe. Tornando su questi temi nella Parte quarta, chiarirò come, a mio parere, il superamento del conflitto capitale/lavoro non contenga affatto la soluzione di tutti gli altri conflitti sociali e culturali. Non condivido l'ingenuo ottimismo antropologico che si cela dietro l'utopia del comunismo come civiltà pacificata, senza conflitti. Sono al contrario convinto che il conflitto di genere, quello fra uomo e natura, così come i conflitti interculturali, interetnici, ecc. continueranno a sussistere, sia pure in forme diverse. Ma il punto sta esattamente nella precisazione «in forme diverse». Sono cioè convinto che, finché non ci saremo liberati dall'oppressione del capitale sul lavoro, tutti gli altri conflitti sociali tenderanno inevitabilmente ad assumere forme distruttive. Ma per liberarci dall'oppressione del capitale è indispensabile restare ancorati a una visione di parte, alla necessità di tracciare il confine amico/nemico – punto di vista che i nuovi movimenti non riusciranno ad assumere finché resteranno invischiati nell'ideologia della differenza.

Capitolo VIII
LOTTE E MODELLI ORGANIZZATIVI

Questo capitolo si propone di ampliare i temi affrontati nel capitolo VI («Profili della classe operaia globale»), analizzando forme di lotta e modelli organizzativi adottati da alcuni movimenti. Non potendo occuparmi di tutte le esperienze del primo decennio del XXI secolo, ho scelto alcuni casi che – sommati a quelli esaminati nel capitolo VI – mi pare concorrano a delineare uno scenario significativo: Occupy Wall Street e Movimento 5 Stelle, come esempi di movimenti delle nuove classi medie (lavoratori della conoscenza e classe creativa); i *riots* in Francia e Gran Bretagna, come esempi di insurrezione delle periferie metropolitane (migranti, *working poor*, minoranze etniche, ecc.); il movimento No Tav in Val di Susa, come esempio di politicizzazione di una lotta locale per la difesa del territorio; infine i movimenti di alcuni Paesi latinoamericani, come esempi di potere costituente dal basso (le implicazioni teoriche di quest'ultimo caso verranno approfondite più avanti, nella Parte quarta).

Nel capitolo VI, analizzando la condizione studentesca come fattore caratterizzante della condizione dei lavoratori della conoscenza, ho messo in luce la relazione fra crisi dell'università di massa ed evoluzione dei modelli produttivi del capitalismo digitale. L'attacco all'università di massa si intensifica, non a caso, dopo la crisi della Net Economy del 2000-2001; il massacro delle startup, i licenziamenti massicci e il decentramento di centinaia di migliaia di mansioni di livello medio/elevato verso Paesi fornitori di forza lavoro qualificata a basso costo determinano una nuova stratificazione della classe creativa: i destini si divaricano fra una minoranza di privilegiati (dipendenti diretti, manager e quadri delle Internet company uscite vittoriose dalla crisi, nonché una ristretta élite di consulenti e professionisti *freelance*) e una maggioranza di lavoratori precari o finti autonomi, costretti a vivacchiare nelle filiere decentrate che producono applicazioni per le grandi piattaforme, o ricacciati nei ghetti della sotto-occupazione e del terziario arretrato. Costretti a indebitarsi per accedere a percorsi formativi sempre più onerosi, milioni di giovani americani divengono sempre più consapevoli che per gran parte di loro non c'è futuro. Il movimento Occupy Wall Street (OWS) è il tentativo di tradurre la loro rabbia in azione e organizzazione politica.

Un primo interrogativo da affrontare, a proposito di OWS, è perché questo movimento abbia suscitato tante simpatie politiche – non solo da parte delle sinistre radicali – e mediatiche – non solo da parte dei media alternativi –: ad eccezione dei partiti e dei media dichiaratamente di destra, OWS è stato celebrato, valutato positivamente o almeno considerato espressione di esigenze legittime da uno schieramento che va dall'area libertaria ai democratici americani e alle socialdemocrazie europee, senza escludere alcune componenti del centro cristiano. Mi pare che questo apprezzamento «ecumenico» sia dovuto alle seguenti caratteristiche: 1) l'ispirazione espressamente non violenta, gandhiana; 2) la tendenza a ignorare le divisioni di classe; 3) il riconoscimento e la valorizzazione delle differenze di genere, etnia, ecc.; 4) l'assenza di programmi esplicitamente rivoluzionari e «antisistema», nonché di un'organizzazione politica in grado di attuarli. Che tali caratteristiche siano valutate positivamente dagli ambienti del progressismo americano è comprensibile: da un lato, l'interclassismo è un fattore di continuità con una tradizione che ha sempre esaltato il protagonismo di una classe media indifferenziata e refrattaria all'antagonismo; dall'altro lato, l'assenza di programmi «eversivi», di un'organizzazione esplicitamente «rivoluzionaria» e il pacifismo radicale inquadrano OWS in una cornice rivendicativa, ancorché radicale, di tipo redistributivo (il 99% chiede all'1% di restituire parte della quota enorme di risorse di cui si è appropriato), per cui anche qui si resta nell'alveo di un «sogno americano» che non mira ad abolire il mercato, ma vorrebbe «addomesticarlo» per garantire a tutti pari opportunità; infine la valorizzazione delle differenze di genere e identità culturale è in totale sintonia con una cultura che ha introiettato il linguaggio e i valori della *politically correctness*.

L'entusiasmo delle sinistre radicali americane ed europee, viceversa, rispecchia un'altra lettura delle caratteristiche appena descritte. Quello che i *liberal* assimilano alla tradizione interclassista, per esempio, dai postoperaisti viene interpretato come conferma delle loro tesi sulla moltitudine: la «trasversalità» di OWS sarebbe espressione del conflitto universale fra capitale e vita generato dalla produzione biopolitica; inoltre il ruolo che lavoratori della conoscenza e studenti esercitano nel movimento viene visto come una conferma della vocazione di questi strati sociali ad agire come avanguardia antagonistica, mentre l'uso della Rete come strumento di informazione, dibattito e organizzazione testimonierebbe della capacità di applicare alle esigenze della lotta politica i modelli di cooperazione sociale, condivisione di idee, conoscenze e informazioni, sperimentati nella prassi della produzione postfordista; infine, l'attenzione del movimento nei confronti del debito studentesco, tra campagne per invitare gli interessati a sospendere i pagamenti e proposte di rinegoziazione dell'entità e delle modalità di rimborso, viene considerata come una tappa verso l'apertura di un più ampio fronte di lotta di tutti gli «indebitati» – categoria che Negri e Hardt (vedi capitolo IV) considerano un soggetto politico fondamentale. Tuttavia è stato soprattutto il modello organizzativo adottato da OWS a suscitare l'entusiasmo degli estimatori radicali del movimento: l'esasperata vocazione all'orizzontalità e al regime assembleare vengono interpretati come un balzo verso forme organizzative adeguate al livello di auto-organizzazione che la nuova soggettività sociale sarebbe in grado di esprimere; la regola di assumere decisioni alla fine di discussioni assembleari governate dal metodo del *consensus process*[1], mutuato dall'esperienza dei movimenti femministi e di alcune comunità virtuali, la pratica del *mic checking*[2] e altri accorgimenti finalizzati ad agevolare l'esercizio della democrazia partecipativa e deliberativa, vengono esaltati in quanto espressione di livelli di consapevolezza politica e competenza culturale tali da non richiedere più alcun tipo di delega o rappresentanza, per quanto limitata e sottoposta a controllo dal basso.

[1] Si discute fino al raggiungimento della quasi unanimità, concedendo ai dissidenti la possibilità di esercitare il diritto di veto.

[2] Nelle assemblee chi sta più vicino all'oratore di turno avvia un passa-parola che raggiunge anche i più distanti, in modo che tutti possano sentire tutto ciò che viene detto ed esprimere la propria opinione in merito.

Si tratta di capire se e in che misura la realtà del movimento rispecchi queste letture ultraottimistiche. Una ricerca empirica[3] che tre sociologhe americane, Ruth Milkman, Stephanie Luce e Penny Lewis, hanno effettuato sul movimento nuovayorkese legittima più di un dubbio in proposito. Dall'indagine – condotta attraverso venticinque interviste in profondità ad altrettanti militanti e più di settecento interviste al volo ai partecipanti alla marcia del primo maggio 2012 – emerge infatti un'immagine significativamente diversa da quella sopra tratteggiata. Il movimento è composto in larga maggioranza da individui fra i venti e i trent'anni, di razza bianca, maschi, laureati e/o dottorati, provenienti da famiglie benestanti. Mancano all'appello, o sono rappresentati in percentuali inferiori alla media, gli esponenti degli strati sociali (donne, neri, ispanici) che sono le prime vittime della crisi. Ciò non basta ovviamente a negare l'esistenza di un rapporto fra movimento e strato inferiore dei *knowledge workers* – molti degli intervistati sono risultati disoccupati o sottoccupati, precari e/o indebitati –, ma lascia intuire come i militanti siano in larga misura membri di una élite sociale e culturale. Un altro assunto che viene a cadere è quello secondo cui il movimento sarebbe frutto di una spontanea insorgenza dal basso, quasi del tutto priva di *leadership*: la ricerca ha appurato che OWS non scaturisce dal nulla, ma eredita idee, esperienze e quadri dai movimenti degli anni precedenti (Adbusters, No Global, lotte studentesche, anarchici, autonomi, ecc.), i quali hanno studiato e organizzato le prime mobilitazioni sul modello della Primavera Araba e degli Indignados spagnoli.

Le interpretazioni radicali sbagliano dunque nell'esaltare l'assoluta «novità» di OWS, sottovalutandone i fattori di continuità/contiguità con le tradizionali culture dell'antagonismo politico; ma quelle liberal-progressiste sono ancora più lontane dalla realtà, in quanto assumono alla lettera certi tratti di «moderatismo» del movimento che, a una osservazione più attenta, sembrerebbero piuttosto scelte tattiche. La sistematica assenza di chiari punti programmatici, per esempio la «genericità» dello slogan interclassista «We are the 99%», sembra finalizzata a coagulare il risentimento di un ventaglio il più ampio pos-

[3] Cfr. «Changing the Subject: a bottom-up account of Occupy Wall Street in New York City», consultabile all'indirizzo http://sps.cuny.edu/filestore/1/5/7/1_a05051d2117901d/1571_92f562221b8041e.pdf

sibile di soggetti sociali contro la diseguaglianza e la concentrazione della ricchezza, evitando di spaventare la gente con rivendicazioni anti-sistema – considerazione che probabilmente vale, almeno in parte, anche per la scelta della non violenza. In conclusione, credo che sulla vocazione antagonistica di OWS non sussistano dubbi; mi pare, invece, che esistano molti dubbi in merito alla sua capacità egemonica, nel senso che né la scelta organizzativa «orizzontale» né la drastica semplificazione «populista» del messaggio politico sono riuscite a spostare ampie masse sul terreno della lotta di classe. Ciò è confermato sia dai dati sulla composizione sociale del movimento esposti nella ricerca sopra citata, sia dai livelli di partecipazione effettiva alle lotte nonché dalla loro durata temporale. OWS è rimasto espressione di una élite di lavoratori della conoscenza e militanti radicali e, pur ottenendo una forte visibilità mediatica, ha sostanzialmente fallito l'obiettivo di dare vita a un movimento antagonistico di massa. Non a caso, per tentare un rilancio dopo il riflusso intervenuto fra la fine del 2011 e l'inizio del 2012, il movimento si è visto costretto ad avviare un dialogo con i sindacati in occasione del primo maggio 2012, riconoscendo così la propria incapacità di stabilire contatti diretti con il proletariato americano. In poche parole, l'esperienza di OWS potrebbe essere sintetizzata con la formula «antagonismo senza egemonia».

* * *

La sinistra radicale ha spesso lamentato l'assenza di movimenti paragonabili a OWS in Italia, considerando questo «vuoto» come un sintomo di arretratezza. La verità è che da noi esiste un'esperienza politica – quella del Movimento 5 Stelle – che, sia per quanto riguarda la composizione di classe, sia per alcune caratteristiche ideologiche e organizzative, presenta non poche analogie con OWS, dal quale si distingue sostanzialmente per due motivi: in primo luogo non è, malgrado la radicalità del linguaggio, un movimento antagonistico; inoltre si è rivelato assai più capace di egemonizzare un largo schieramento di soggetti sociali.

Prima di analizzare questa vicenda politica, è tuttavia importante richiamare alcune specificità della nostra società e della posizione che in essa occupano i lavoratori della conoscenza. L'economia italiana, ancorché integrata nei processi di globalizzazione e finanziarizzazione, conserva tratti peculiari: 1) la frammentazione del sistema produttivo in una miriade di piccole imprese caratterizzate – ad eccezione di una ristretta minoranza – da arretratezza culturale, tecnologica e organizzativa; 2) un processo di terziarizzazione che ha privilegiato i settori del terziario tradizionale rispetto a quelli del terziario avanzato. Ciò ha fatto sì che – come messo in luce da Richard Florida nella prefazione all'edizione italiana di uno dei suoi libri – la nostra classe creativa sia rimasta numericamente debole e formata in larga misura da profili professionali «classici»[4]. È pur vero che alcuni contestano tale tesi[5], sostenendo che i distretti italiani si inquadrano a pieno titolo, sia pure con caratteristiche peculiari, nel paradigma dell'economia della conoscenza, tuttavia, anche dando per buono tale punto di vista, è difficile negare il permanere di tratti di arretratezza nel nostro sistema sociale e produttivo (vedi la situazione particolarmente tragica delle nostre università, aggravata dalla riforma Gelmini e da reiterati tagli di bilancio che hanno provocato – in un contesto nazionale già caratterizzato dal più basso tasso di laureati in Europa – un ulteriore, pesante calo delle iscrizioni). Uno scenario in cui i *knowledge workers* hanno accumulato una forte carica di frustrazione, rabbia e risentimento nei confronti di una società e di un sistema economico incapaci di soddisfare le loro aspettative di reddito e di carriera; ma soprattutto hanno trasferito progressivamente queste emozioni negative sul sistema politico, ritenuto il maggior responsabile del disastro a causa della corruzione, del clientelismo, dell'ottusità burocratica e dell'incapacità di aggiornamento culturale dei suoi esponenti[6].

Perché 5 Stelle è riuscito, al contrario di OWS, a intercettare gli analoghi sentimenti che covavano nel proletariato industriale abbandonato dalle sue organizzazioni tradizionali, nelle masse dei piccoli e piccolissimi imprenditori tartassati dallo Stato, nelle comunità locali vittime dei disastri ambientali provocati da interventi strutturali dissennati? Paradossalmente, ad agevolare la possibilità di stringere alleanza con questi soggetti, è stata la relativa arretratezza di una classe creativa che, non avendo avuto modo né tempo di costituirsi in élite, era anco-

[4] Cfr., in proposito, l'Introduzione di R. Florida all'edizione italiana del suo *L'ascesa della nuova classe creativa*, cit.

[5] Cfr. E. Rullani, *Economia della conoscenza*, cit.

[6] Sprezzantemente etichettati con l'epiteto de «la casta» (vedi il bestseller omonimo di due giornalisti del *Corriere della Sera*, Gian Antonio Stella e Sergio Rizzo, pubblicato da Rizzoli nel 2007).

ra in grado di parlare un linguaggio comprensibile alla gente. Mentre le sinistre, irretite in modelli culturali obsoleti e avendo smarrito l'abitudine a operare nei luoghi di lavoro e sui territori, non hanno saputo sfruttare l'opportunità, è bastato che sulla scena politica si affacciasse una figura come il comico Beppe Grillo, abilissimo nel dare voce alle emozioni di cui sopra, per dar vita a un movimento che, in tempi brevissimi, è potuto passare dallo stadio di comunità virtuale a primo partito italiano. Lo scenario socio-culturale sopra descritto ci aiuta a capire il successo di un'esperienza politica che è riuscita a combinare tre elementi che altrove erano rimasti separati: 1) l'ascesa al ruolo di «imprenditore politico» di un comico conosciuto e affermato; 2) la fondazione di un partito/movimento attraverso la Rete e la sua successiva conversione in soggetto capace di operare anche *offline*; 3) un progetto politico che tenta di associare pratiche di democrazia diretta e partecipativa a nuove forme di rappresentanza[7].

Poco sopra parlavo di rabbia, frustrazione e risentimento; ebbene: quale migliore interprete di tali emozioni di un personaggio come Grillo? Grillo non è solo un comico, né è solo un comico che, prima di «scendere in campo», aveva acquisito una vasta notorietà presso il pubblico televisivo e teatrale: è un attore dotato di straordinario talento comunicativo e feroce *verve* satirica[8]. La furia «politicamente scorretta» con cui aggredisce nelle piazze e sul Web governi, partiti e sindacati, ridicolizzandoli, insultandoli e mettendone a nudo le menzogne è esattamente il linguaggio che vogliono ascoltare le persone cariche di risentimento alle quali si rivolge. A far scattare la scintilla che ha trasformato in energia politica l'incontro fra il linguaggio di Grillo e la rabbia del pubblico, tuttavia, è stata soprattutto la sua fulminea «conversione» al ruolo salvifico di Internet[9]. Su questa illuminazione e sulla figura dell'esperto di marketing online che ne è stato il fautore, Gianroberto Casaleggio, si sono versati fiumi d'inchiostro. Personalmente ritengo di scarso interesse le «teorie del complotto» che aleggiano attorno a Ca-

[7] Cfr. R. Biorcio, P. Natale, *Politica a 5 stelle*, Feltrinelli, Milano 2013.

[8] Volendo adottare la classica distinzione gramsciana fra il propagandista – che deve comunicare molte idee a poche persone – e l'agitatore – che deve comunicare poche idee a molte persone –, siamo indotti a riconoscere in Grillo formidabili doti di agitatore.

[9] I media hanno ricordato fino alla nausea il fatto che, pochi mesi prima di essere «illuminato», Grillo era solito sfasciare un computer durante i suoi spettacoli, a testimonianza delle sue convinzioni di ecologista «tecnofobo».

saleggio; trovo assai più interessante analizzare gli effetti politici della venerazione «quasi religiosa» di Grillo nei confronti delle virtù taumaturgiche della Rete: questo culto è stato infatti un ingrediente decisivo della «grande narrazione» costruita dai pionieri della cultura internettiana degli anni Ottanta-Novanta (vedi più avanti, Interludio 3) e, dal momento che tale narrazione è arrivata con notevole ritardo in Italia, la «fede digitale» dei nostri creativi presenta caratteri di ingenuità e arretratezza che hanno favorito l'ascesa del «guru neofita» Beppe Grillo. È anche per questo che il trasferimento della predicazione del comico dai teatri alla Rete ha funzionato così bene, benché i canali tecnologici da lui utilizzati, e le modalità con cui se ne serve, appaiono «arcaici» se confrontati alle piattaforme del Web 2.0[10].

Che 5 Stelle sia nato dall'incontro fra il comico – ex tecnofobo folgorato sulla via della rivoluzione digitale – e una classe creativa *sui generis*, disposta ad accontentarsi di un surrogato dei miti della Silicon Valley, è indirettamente confermato dai dati relativi alla composizione sociale e ideologica del movimento nella fase iniziale: simpatizzanti, iscritti e attivisti sono prevalentemente giovani, maschi, laureati, distribuiti soprattutto nelle regioni del Centro-Nord, assidui frequentatori della Rete e provenienti in maggioranza dalle file della sinistra[11]. Più avanti, quando il movimento inizia a partecipare alle elezioni amministrative, fra gli eletti abbondano gli insegnanti, gli impiegati, gli avvocati e i medici (smanettoni sì, ma con profili professionali decisamente più tradizionali degli omologhi americani). Poi, a mano a mano che il movimento cresce, la composizione muta inglobando progressivamente nuovi soggetti, come dimostrano due istantanee dell'elettorato scattate, rispettivamente, nel 2012 e nel 2013: nel 2012 l'elettorato risulta ancora prevalentemente maschile (i due terzi), concentrato nelle grandi città del Nord-Ovest e del Centro-Nord, dotato di scolarità

[10] Ciò vale tanto per il blog, che Grillo usa come Berlusconi usa la TV, cioè come un canale unidirezionale dall'alto verso il basso, che consente ai militanti esclusivamente di commentare le sue esternazioni, quanto per la rete Meetup (l'uso di questo software come strumento di comunicazione politica orizzontale risale alla campagna condotta dal democratico Howard Dean, durante le primarie del 2004), la quale funziona discretamente come ambiente di dibattito e organizzazione per i gruppi locali di militanti, mentre si presta meno a gestire una discussione più ampia, interattiva e aperta a tutti.

[11] Ricavo questi dati statistici, al pari di tutti quelli che seguono, da R. Biorcio, P. Natale, *Politica a 5 stelle*, cit.

elevata (75%), giovane ma non giovanissimo (il 60% fra i 25 e i 45 anni), con storie elettorali pregresse prevalentemente di sinistra, sedotto dalla Rete; a un anno di distanza la prevalenza di giovani maschi laureati appare meno spiccata, cala la percentuale dei soggetti provenienti da esperienze di sinistra, si fa più omogenea la distribuzione sul territorio nazionale, mentre resta invariato il fideismo nei confronti della Rete. Dopo il trionfo delle elezioni del febbraio 2013, una ricerca di Ilvo Diamanti mette in luce come la rapida crescita numerica dell'elettorato sia associata alla capacità di ottenere un consenso crescente e trasversale da un ampio ventaglio di classi sociali: hanno votato per 5 Stelle il 40% degli operai, il 27% dei tecnici e degli impiegati e il 40% dei lavoratori autonomi e degli imprenditori[12].

La forte presenza di lavoratori dipendenti non sorprende: contrariamente a quanto predicato dai partiti della sinistra tradizionale, il Movimento 5 Stelle non si è presentato alle elezioni privo di un programma politico. Al contrario: il programma, pubblicato in Rete, non solo esiste, ma contiene diversi punti che sembrano «copiati» da quelli dei movimenti della sinistra radicale: reddito di cittadinanza, eliminazione delle grandi opere inutili, come la Tav, e utilizzo dei fondi relativi per restituire il «mal tolto» a scuola e sanità, abolizione delle leggi Biagi e Gelmini, abolizione della riforma delle pensioni, no all'allentamento della disciplina dei licenziamenti, ecc. Meno scontato il consenso raccolto fra imprenditori e lavoratori autonomi (con questo termine mi riferisco qui soprattutto a bottegai, artigiani e professionisti tradizionali). L'aggancio nei confronti di questi strati sociali medio/alti nasce da una progressiva modificazione della proposta politica che, a temi tipicamente di sinistra, è venuta sommando – con una giustapposizione al limite del caotico – parole d'ordine a sostegno degli interessi della piccola/media impresa, progetti (velleitari!) di ridimensionamento del potere di banche e monopoli, progetti (ancora più velleitari!) di uscita dell'Italia dall'euro e, soprattutto, una costante denuncia non solo dei privilegi (reali) delle caste politiche, ma anche di quelli (presunti) dei dipendenti pubblici in generale, con più di una strizzata d'occhio ai *Leitmotiven* cari al populismo di destra[13].

12 Cfr. I. Diamanti, «Destra e sinistra perdono il loro popolo. M5s come la vecchia Dc: interclassista», *la Repubblica*, 11 marzo 2013.

13 Non a caso Grillo si vanta di avere intercettato umori che, in sua assenza, avrebbero alimentato derive neofasciste.

Per tenere assieme una composizione così contraddittoria è stato necessario compiere una serie di mosse non meno contraddittorie: 1) si è usata la Rete per raccogliere suggestioni che, invece di essere filtrate e rielaborate in sintesi politica, contribuivano a modificare in tempo reale la linea del movimento «per sommatoria», senza badare alle incongruenze; la rivendicazione di un profilo identitario «né di destra né di sinistra» si è fatta ossessiva a mano a mano che l'afflusso di elettori provenienti dall'area di centrodestra imponeva di evitare un linguaggio troppo «progressista»; 3) infine, con la trasformazione del movimento in partito e con la partecipazione alle elezioni politiche, si è dovuto modificare l'originario progetto di democrazia diretta e partecipativa onde adattarlo alle esigenze di gestione di un corpo di rappresentanti politici eletti. In questa evoluzione la centralità del leader carismatico è rimasta l'unico punto fermo che, tuttavia, ha richiesto a sua volta un complicato e problematico processo di rimodulazione dei rapporti fra leader, militanti e base in modo da evitare i rischi di lacerazione fra autoritarismo del vertice e anarchismo della base. Nella fase iniziale, la paradossale coabitazione fra una democrazia digitale ispirata a princìpi di un orizzontalismo antigerarchico e l'autorità indiscussa del leader veniva mascherata con battute del tipo: Grillo è il nostro portavoce, incarna lo spirito del movimento senza mettere in discussione l'autonoma capacità decisionale della comunità dei militanti[14]. Il gioco si fa meno facile quando il movimento esce dal Web, arruola e organizza nuovi soggetti sociali, crea una rete di attivisti sul territorio, deve selezionare i candidati alle elezioni e controllarli una volta eletti. La soluzione viene cercata nello stravolgimento della democrazia rappresentativa, nella quale si tentano di «importare» metodi e princìpi della democrazia diretta. In alcune delle innovazioni proposte – mandato imperativo, rigorosi limiti alla rieleggibilità, drastico taglio degli stipendi, no al cumulo di cariche, ecc. – risuonano curiosamente echi della tradizione consigliare, dalla Comune di Parigi ai soviet russi (il che ha contribuito a sedurre non pochi militanti delusi della sinistra). A questo punto, tuttavia, il rischio che le contraddizioni accumulate esplodano si fa elevato: da un lato, l'aumento del tasso

[14] Una situazione analoga a quella di alcune comunità virtuali americane, caratterizzate dalla coabitazione fra democrazia di Rete e potere monarchico di «despoti illuminati»: vedi il caso di Richard Stallman per la comunità del Free Software o quello di Jimmy Wales per la comunità di Wikipedia.

di disomogeneità ideologica e sociale richiede che l'autorità del leader venga ulteriormente rafforzata, in quanto rappresenta l'unico collante in grado di tenere insieme il tutto; dall'altro lato, l'adozione di obiettivi politici e princìpi organizzativi «rivoluzionari» spingerebbe in direzione opposta, verso una democrazia diretta emancipata da opzioni autoritarie e chiaramente orientata a sinistra. Appare giustificato, insomma, il giudizio espresso da Loris Caruso sulle pagine de *il Manifesto*[15]: dire che il Movimento 5 Stelle non è di destra né di sinistra è sbagliato; la verità è che si tratta di una forza che è, al tempo stesso, l'una e l'altra cosa. Contenuti programmatici, insistenza su democrazia diretta e partecipativa, annullamento della differenza fra rappresentanti e rappresentati, no alla delega e al professionismo politico sono fattori che rinviano alla tradizione della sinistra libertaria degli anni Settanta; ma sia l'idea che tali obiettivi possano essere raggiunti solo attraverso una trasformazione in senso «totalitario» delle istituzioni della democrazia rappresentativa (rivendicando cioè il consenso della totalità dei cittadini), sia quella che occorra mantenere un ferreo controllo centralizzato sulla «virtù» dei militanti sono inequivocabilmente di destra.

Mettendo a confronto OWS e 5 Stelle si possono trarre alcune prime conclusioni. I due movimenti hanno una base sociale comune (le classi medie emergenti), ma hanno ottenuto risultati assai diversi: il progetto politico antagonistico di OWS non è riuscito a egemonizzare altri strati sociali, il Movimento 5 Stelle, al contrario, è riuscito ad aggregare un vasto schieramento sociale ma non a costruire un coerente progetto antagonistico. Comune appare il tentativo di costruire un modello organizzativo mutuato dal paradigma della Rete – tentativo che stimola analoghe considerazioni critiche: l'orizzontalismo della democrazia digitale, mentre rivendica le regole e i princìpi della partecipazione e del controllo dal basso, si trova controintuitivamente a dover fare i conti con il principio di verticalità che è immanente alle modalità di funzionamento di un *medium* in cui il 90% dei contenuti è generato dal 10% degli utenti. In conclusione, i lavoratori cognitivi non sembrano capaci di sfuggire alla trappola che il capitalismo digitale ha fabbricato per loro: consentire, o addirittura favorire, la più vasta partecipazione dal basso è il modo migliore per ottenere la più ferrea concentrazione del potere decisionale al vertice. Questa trappola

[15] Cfr. L. Caruso, «Un movimento bifronte», *il Manifesto*, 9 marzo 2013.

ha funzionato in modo diverso nei due casi: in OWS, il tentativo di mantenere la «purezza» libertaria ha provocato il sostanziale isolamento politico e sociale del movimento – senza impedire del tutto l'attivarsi di dispositivi carismatici –; in 5 Stelle, la vocazione all'ibridazione ideologica – sommatoria di temi di destra e sinistra – e organizzativa – contaminazione fra forme di democrazia diretta e principio di rappresentanza – ha sì favorito la capacità egemonica del movimento, ma al prezzo di neutralizzarne il potenziale antagonistico ed esaltarne le componenti autoritarie. Antagonismo senza egemonia *versus* egemonia senza antagonismo.

* * *

I *riots*, le esplosioni di rabbia delle grandi periferie urbane, sono un fenomeno endemico che si ripete ciclicamente dagli anni Sessanta del secolo scorso. Raramente queste eruzioni di violenza di massa sono state oggetto di analisi e ricerche sistematiche, o forse è più corretto dire che l'immagine di questi eventi che si è depositata nel senso comune deve molto alle interpretazioni che ne hanno dato media e governi, assai meno alle analisi sociologiche. Una delle ragioni del cono d'ombra che avvolge il fenomeno dei *riots* – facendo sì che resti assimilato a un'inspiegabile e imprevedibile sospensione della razionalità politica, a una sorta di moto viscerale nella pancia della società – è l'ostracismo sistematico delle sinistre tradizionali – partiti e sindacati – nei confronti di ogni tipo di lotta violenta, condannata come espressione di pratiche e valori strutturalmente «di destra» o, nella migliore delle ipotesi, come reliquia del passato, incompatibile con le regole di un conflitto sociale legittimo e «ordinato». Scartando queste interpretazioni ideologiche, nelle prossime pagine tenterò di rispondere a due interrogativi: 1) chi è il soggetto sociale dei *riots*; 2) come cambia tale soggetto nel momento stesso in cui partecipa a questi eventi.

Media, politici e forze dell'ordine danno risposte monotonamente simili a queste due domande. Dopo i disordini dell'agosto 2011 in diverse città inglesi (5 morti, 4.000 arresti, 15.000 partecipanti, 500 milioni di sterline di danni), il premier conservatore David Cameron ha puntato il dito contro le gang giovanili delle periferie abitate da immigrati, e ha attribuito i saccheggi avvenuti nel corso dei disordini alle «degenerazioni consumistiche» (argomento singolare in bocca a un politico liberista!) di una gioventù che pretende di avere accesso ai beni di lusso anche se i suoi redditi non lo consentono. Analoga l'analisi del presidente francese Nicolas Sarkozy sulle cause dei *riots* urbani del 2005 (300 città coinvolte, 10.000 auto bruciate, centinaia di edifici devastati, i disordini più estesi dopo quelli del maggio '68): la colpa è della criminalità giovanile che infesta le *banlieues*, degli agenti provocatori islamici e della nefasta influenza delle immagini violente veicolate dall'industria culturale. Sul «banale» dato di fatto che, in entrambi i casi, gli incidenti siano stati innescati dall'uccisione di giovani immigrati da parte della polizia (come era successo a Los Angeles negli anni Sessanta), si sorvola. Invece la constatazione che a fare da detonatore dei disordini siano le uccisioni di appartenenti a minoranze etniche da parte di agenti della polizia è decisiva: dietro l'apparente casualità di questi incidenti, che il potere liquida come «pretesti» per scatenare la violenza, si nasconde la realtà di tensioni fra comunità etniche (e altri *working poor*) e forze dell'ordine – tensione prodotta da un prolungato e sistematico lavoro di demonizzazione delle «classi pericolose». Una strategia nata durante la crisi degli anni Settanta, quando iniziarono i processi di deindustrializzazione; con l'aumento della disoccupazione e il conseguente peggioramento delle condizioni di vita di minoranze etniche e bianchi poveri, si creano i presupposti per una duplice operazione: da un lato, si tenta di dirottare il risentimento dei proletari bianchi contro la «concorrenza» degli immigrati; dall'altro lato, si alimenta il «panico morale» dei cittadini contro la criminalità che cresce parallelamente alla miseria degli strati sociali marginalizzati. In questo scenario si inquadra l'approvazione di leggi penalizzanti nei confronti degli immigrati che determinano un inevitabile peggioramento dei loro rapporti con la polizia. Ecco perché gli incidenti mortali di cui sopra non possono essere liquidati come «pretesti», ma vanno visti come punti di catastrofe, passaggi di soglia che hanno trasformato una tensione endemica e latente in scontro aperto.

Veniamo ora all'identificazione dei protagonisti. Grazie a un'indagine promossa dal *Guardian*[16], disponiamo di una descrizione piuttosto precisa dei partecipanti ai *riots* dell'agosto 2011. I tre quarti dei partecipanti sono giovani sotto i ventiquattro anni; il 90% di sesso

16 Consultabile alla pagina http://eprints.lse.ac.uk/46297/1/Reading%20the%20riots%28published%29.pdf; vedi anche l'articolo alla pagina http://www.theguardian.com/uk/2011/dec/05/reading-the-riots-methodology-explained

maschile; il 70% vive in aree ad alto tasso di deprivazione, caratterizzate da massiccia disoccupazione giovanile e dall'assenza di prospettive economiche; sono mediamente più poveri e meno istruiti della media dei cittadini inglesi (fra i ragazzi sono molti gli assenti o i cacciati da scuola e solo uno su venti risulta laureato); infine, a smentita della tesi sul carattere «razziale» dei disordini, è risultato che, a fronte di un 43% di partecipanti neri e a un 7% di asiatici, c'è una significativa presenza (33%) di bianchi che in alcune aree geografiche risultano addirittura più numerosi. Siamo dunque in presenza di una composizione sociale che rispecchia quella del «terzo strato» (migranti, bianchi poveri e altri emarginati) del proletariato globale descritto da Karl Heinz Roth (vedi capitolo VII). Inoltre, la realtà appare significativamente diversa da quella descritta da giornalisti, politici e poliziotti anche sotto altri aspetti: solo un'esigua minoranza dei partecipanti appartiene a qualche gang giovanile, mentre si registra una significativa presenza di minoranze politicizzate – fattore che spiega il carattere «ideologico» delle motivazioni che quasi tutti gli intervistati hanno addotto per la propria partecipazione: protesta contro la disoccupazione e la disuguaglianza e rabbia contro le banche ladre e i politici corrotti. Per questi stessi motivi, la maggioranza degli intervistati si è detta convinta che gli incidenti si ripeteranno e ha aggiunto che pensa di parteciparvi ancora. I protagonisti dell'insurrezione delle *banlieues* francesi si differenziano da quelli inglesi per l'elevato tasso di omogeneità etnica (schiacciante prevalenza di migranti africani e assenza di bianchi poveri) ma, per il resto, presentano molti tratti comuni: anche per loro le motivazioni politiche – rabbia per la disuguaglianza crescente, confinamento in zone ad elevata deprivazione, disoccupazione, odio per i politici e la polizia – sono prevalenti e tali da definire un profilo del tutto diverso da quello «criminale» tracciato dal potere. Inoltre anche in Francia il peso delle gang giovanili appare marginale, mentre svolge un ruolo determinante l'identità di vicinato, cioè la contiguità territoriale, l'appartenenza al quartiere come base per la costruzione di identità collettive[17].

Le motivazioni addotte dai protagonisti non appaiono quindi mol-

[17] Cfr. D. Waddington, M. King, «Contemporary French and British Urban Riots. An Exploration of the Underlying Political Dimension», in S. Seferiades, H. Johnston (a cura di), *Violent Protest, Contentious Politics, and the Neoliberal State*, Ashgate, Farnham 2012.

to diverse da quelle dei movimenti dei lavoratori della conoscenza, mentre le differenze riguardano la composizione di classe, le forme di lotta – pacifiche in un caso, violente nell'altro –, l'organizzazione, che nel caso dei *riots* sembrerebbe del tutto assente, e la dimensione temporale (contrariamente ai movimenti, i *riots* sono eventi puntuali, eruzioni contingenti e prive di continuità). A partire dalle ultime due caratteristiche – assenza di organizzazione e durata – Marilena Simiti traccia un confine netto fra movimenti e *riots*: nel caso dei secondi la dinamica degli scontri, la scelta dei bersagli, le decisioni sulla tattica da adottare dipendono da dinamiche casuali determinate dall'incontro sul campo fra persone che non si conoscono e, anche nel caso vi partecipino minoranze politiche organizzate, è difficile che queste riescano a controllare gli eventi e a esercitare un ruolo di *leadership*[18]. Per analoghe ragioni Hank Johnston e Seraphim Seferiades, analizzando i disordini greci del 2008, escludono che possano essere inquadrati nella categoria dei *riots*, preferendo parlare di Insurrectionary Collective Action[19]; infatti, al di là dell'episodio scatenante – l'assassinio di uno studente da parte della polizia – qui le cose sono andate in modo assai diverso dai casi fin qui descritti: immediatamente dopo la morte del ragazzo vengono convocate riunioni di militanti anarchici e della sinistra radicale per pianificare una risposta strategica; seguono quasi subito scioperi di insegnanti, studenti e dipendenti pubblici, mentre i tentativi dei sindacati confederali di frenare il movimento falliscono perché molti sindacati e partiti di sinistra, oltre ai movimenti studenteschi, decidono di andare avanti, delineando uno scenario politico caratterizzato da elevati livelli di organizzazione e pensiero strategico.

Per quanto queste distinzioni fra movimenti e *riots* appaiano giustificate, resta un dubbio cui la stessa Marilena Simiti dà voce, laddove scrive che non si possono trascurare i «processi di soggettivazione» associati alla partecipazione a questo tipo di eventi, la quale è di per sé un fattore di acquisizione di identità. Lo confermano le sopra citate dichiarazioni dei protagonisti dei *riots* inglesi, che affermano di essere pronti a partecipare anche in futuro a eventi analoghi: è vero che la dinamica dei *riots* può apparire casuale, governata da incontri contingenti fra persone che non si conoscono, ma è altrettanto vero che tali

18 Cfr. M. Simiti, «The Volatility of Urban Riots», *ibidem*.
19 Cfr. S. Seferiades, H. Johnston, «The Greek December, 2008», *ibidem*.

incontri possono preludere alla costruzione di relazioni meno effimere. Ecco perché Francis Fox Piven può scrivere[20] che i *riots* non sono mere esplosioni di rabbia, ma vanno considerati azioni che rispecchiano un particolare tipo di razionalità politica. Il ricorso alla violenza rappresenta una specifica modalità di domandare senso politico da parte di soggetti che non riescono a estrarre tale senso da un sistema che li emargina. Per questi soggetti l'uso della violenza è uno strumento che serve a una serie di obiettivi: sfoggiare la propria forza, dimostrando nel contempo la vulnerabilità del potere per arruolare nuovi insorti; distruggere i simboli che rappresentano il nemico di classe; mettere in discussione le regole delle istituzioni dominanti, opponendo la propria controviolenza alla violenza delle forze dell'ordine.

Per concludere: come collocare i *riots* nel campo definito da composizione di classe, tasso di antagonismo, capacità egemonica? Rispetto ai movimenti dei lavoratori della conoscenza, mi pare che le lotte del proletariato delle periferie metropolitane presentino due vantaggi e altrettanti svantaggi. Il vantaggio più evidente consiste nella maggiore omogeneità di classe e nella concentrazione territoriale: mentre i *knowledge workers*, dispersi in una miriade di schegge individuali, possono ricostruire un corpo collettivo solo al prezzo di faticose e complesse operazioni di riappropriazione di spazi pubblici, i *rioters* condividono culture e stili di vita e vivono concentrati negli stessi territori. Un altro vantaggio riguarda la «naturale» – in quanto acquisita attraverso ripetute esperienze di repressione – disponibilità allo scontro violento con il potere. Il primo svantaggio coincide invece con il carattere primitivo ed embrionale dell'organizzazione; e l'assenza di organizzazione provoca a sua volta – secondo svantaggio – l'incapacità di compiere un salto di qualità sul terreno della composizione politica: benché strutturalmente più omogenei dei *knowledge workers*, i *rioters* finiscono per agire come una massa di atomi che si raggrumano per poi sciogliersi senza residuare identità collettive stabili. Ecco perché queste lotte non appaiono solo incapaci di assumere un ruolo egemonico, ma restano anche isolate da quelle di altri strati proletari, per tacere di quegli strati di classe media che si sentono minacciati dalla loro violenza.

* * *

20 F. Fox Piven, «Protest Movements and Violence», *ibidem*.

La celebrazione del movimento No Tav da parte delle sinistre radicali italiane è divenuta un *Leitmotiv*, una sorta di mantra, uno scongiuro contro lo spettro del riflusso generalizzato dei movimenti sociali e politici che, nel nostro Paese, si aggira a partire dal 2001, dopo la grande manifestazione di quell'anno a Genova. L'eroica resistenza degli abitanti della Val di Susa contro la costruzione di una linea ferroviaria ad alta velocità fra Italia e Francia, che la comunità locale vive come l'ennesimo stupro ai danni del proprio ambiente perpetrato da interessi economici e politici esterni, è stata esaltata da diversi punti di vista: come lotta ambientalista, come articolazione locale del più vasto movimento per i beni comuni, come auto-organizzazione di una comunità capace di sfuggire al controllo del potere centrale, come modello organizzativo in grado di ispirare altri movimenti. L'elenco potrebbe continuare, aggiungendo altre definizioni che presenterebbero tuttavia lo stesso limite: nessuna riesce a offrire una lettura esauriente di un fenomeno il cui significato politico trascende ogni punto di vista parziale. Personalmente, sono infatti convinto che le lotte in Val di Susa abbiano dimostrato: 1) la possibilità che un movimento locale assuma il carattere di una lotta di classe marxianamente intesa, espressione cioè di un soggetto antagonistico di massa; 2) la possibilità di accompagnare la costruzione dal basso di istituzioni di democrazia diretta con la creazione di avanguardie politiche in grado di orientare il movimento in senso anticapitalistico. L'unica analisi di cui sia a conoscenza che abbia esplicitamente assunto tale punto di vista è quella condotta da alcuni militanti del Centro Sociale Askatasuna di Torino in un libro-inchiesta sull'esperienza valsusina[21]. Questo testo – frutto dei molti anni di lavoro politico che il centro sociale ha svolto in Valle –, oltre a raccogliere le storie di vita di venticinque protagonisti del movimento, contiene una lunga introduzione metodologica e due capitoli conclusivi che inquadrano le lotte in Val di Susa nella più ampia cornice delle lotte di classe in Italia. Prendendo le mosse da queste tre sezioni teorico-metodologiche, nelle prossime pagine tenterò di formulare una prima sintesi del paradigma che intendo far emergere da questa Parte terza. Il ragionamento seguirà un percorso articolato in quattro stazioni: caratteristiche socio-economiche e sto-

[21] Cfr. Centro Sociale Askatasuna (a cura di), *A sarà düra. Storie di vita e di militanza no tav*, Derive Approdi, Roma 2012.

ria del territorio; condizioni che hanno consentito al movimento di assumere forma antagonistica; rapporto fra istituzioni di democrazia diretta e partecipativa e avanguardie politiche «esterne»; considerazioni conclusive.

Nel libro appena citato, l'analisi delle caratteristiche socio-economiche e storico-culturali del territorio occupa un ruolo centrale, a partire da un'ovvia considerazione: per il capitale, il territorio rappresenta sia un mezzo di produzione in se stesso sia un mezzo di riproduzione della forza lavoro. Osservando la Val di Susa con questi occhiali, le prime considerazioni si riferiscono alle differenze fra Alta e Bassa Valle. La Bassa Valle, caratterizzata dalla massiccia presenza di infrastrutture e industrie, appare come un prolungamento del ciclo produttivo industriale e terziario e, al tempo stesso, come un bacino di forza lavoro per la metropoli torinese che genera flussi di pendolarità; si tratta di uno spazio di connessione fra area urbana e montagna, che funziona come porta di accesso verso l'Alta Valle, un tempo sede di economie alpine ora riconvertita al turismo. Da questo scenario, è già possibile intuire quanto l'immagine di una comunità montana impegnata a difendere un territorio incontaminato dall'aggressione industriale sia fuorviante: la Val di Susa di oggi è ciò che resta di una landa «invasa da anni di industrializzazione selvaggia e innumerevoli arterie di trasporto»[22]. La storia di questa invasione è lunga e caratterizzata da diverse fasi: all'industrializzazione selvaggia, ha fatto seguito un processo di deindustrializzazione a mano a mano che la crisi del fordismo spingeva il capitale ad adottare nuovi modelli di accumulazione. Dopodiché la Bassa Valle, ben prima che nascesse il problema della Tav, ha avuto modo di misurare – grazie alla costruzione dell'autostrada – l'inconsistenza delle promesse di sviluppo associate al processo di terziarizzazione: creazione di posti di lavoro in numero insufficiente a riempire i vuoti aperti dalla deindustrializzazione, aumento del traffico su gomma e dell'inquinamento, separazione fra il territorio e le vie di comunicazione che lo attraversano[23]. Non è quindi difficile capire perché a guidare il movimento siano stati soprattutto gli abitanti della Bassa Valle, sia in ragione della composizione di classe di quella parte

22 *Ibidem*.
23 *Ibidem*.

di territorio, sia perché depositari della memoria storica di lotte operaie locali e metropolitane[24].

Composizione di classe e memoria storica, tuttavia, non basterebbero da sole a motivare la nascita di un movimento antagonistico. In effetti, il salto di qualità è avvenuto nel momento in cui lo stupro della Valle è apparso intollerabile, un atto di violenza totale da parte di interessi economici e politici estranei e opposti a quelli della comunità locale, la quale, a quel punto, si è vista costretta a dire no. Il contenuto politico del movimento No Tav, scrivono i curatori del libro, sta tutto in quel «no»: «Il soggetto politico è tale nel momento in cui definisce e sostiene un punto di vista, assume una posizione di parte, si differenzia e costruisce una sua autonomia praticando una contrapposizione»[25]. Ancora una volta, dunque, l'emergenza del politico ha i connotati della definizione del nemico. La lotta dei valligiani diventa politica nella misura in cui costruisce un nemico, figura in cui convergono le imprese incaricate di costruire la Tav, i partiti – quasi tutti – che sostengono il progetto, lo Stato e le sue articolazioni locali – ad eccezione dei comuni della Valle. Ma soprattutto la lotta dei valligiani diventa lotta antagonistica dal momento in cui le differenti identità dei soggetti sociali che vi partecipano si fondono in un progetto comune, dandosi forme organizzative adeguate per bloccare e sabotare il progetto dei colonizzatori. Il riemergere del filo rosso antagonistico è riconoscibile dal riemergere della rigidità di comportamenti e pratiche di lotta: dalla rigidità dell'operaio massa che blocca la macchina produttiva fordista, alla rigidità della comunità valsusina, che inibisce l'accesso delle imprese ai cantieri e ne sabota l'attività.

Per capire come si sia passati dal «no» all'identificazione del nemico, e poi all'organizzazione della lotta, occorre tuttavia sgombrare il campo dai miti spontaneistici. Così come Occupy Wall Street non si spiega senza tenere conto del ruolo svolto dalle idee e dai militanti ereditati da movimenti precedenti, allo stesso modo l'insurrezione valsusina non si spiega senza tenere conto[26] del ruolo svolto dalle idee e dai militanti ereditati tanto dal ciclo di lotte dell'operaio massa tori-

[24] Molti valligiani lavoravano e tuttora lavorano a Torino. Gli autori del libro sottolineano inoltre come questa memoria storica affondi le radici in lotte ancora più antiche: dai movimenti ereticali nel Medioevo alla Resistenza antifascista.

[25] *Ibid.*, p. 13.

[26] *Ibid.*, p. 36.

nese, quanto dalle successive lotte proletarie sul territorio della Valle. Né, tanto meno, si spiega senza tenere conto del ruolo degli «esterni» – militanti del Centro Sociale Askatasuna, collettivi studenteschi, anarchici, ecc. Una delle caratteristiche più interessanti dell'esperienza No Tav consiste nel fatto che, in barba ai tentativi di tracciare un confine fra movimento autoctono, «pacifico», e gruppi esterni, «violenti», il movimento ha saputo creare una sintesi fra spontaneità e organizzazione, partecipazione di massa e militanti. Da questo punto di vista, il contributo del libro di Askatasuna è prezioso, in quanto descrive con chiarezza come gli esterni siano riusciti a farsi accettare, fino a divenire parte integrante del movimento. Seguendo il racconto dei protagonisti, si apprende come i militanti non abbiano mai tentato di sovradeterminare le scelte del movimento, o peggio, preteso di assumerne la rappresentanza. I militanti, leggiamo, «si formano nei movimenti e i movimenti formano e selezionano i militanti»; in altre parole, chi veniva da fuori non ha mai tentato di costruire una macchina organizzativa parallela a quella del movimento, ma si è sempre integrato nelle forme organizzative che il movimento stesso si è via via dato. Ciò non significa rinunciare a svolgere un ruolo di *leadership*, bensì sforzarsi di svolgere tale ruolo sfruttando la naturale distinzione che, in ogni movimento, si produce fra militanza attiva, «zoccolo duro» e «gente» (la massa di coloro che si mobilitano solo in occasione di grandi manifestazioni): dal momento che nel movimento «conta solo chi partecipa, non chi lo vuol rappresentare»[27], essere militanti comporta automaticamente l'assunzione di una posizione gerarchica, anche se si tratta di una gerarchia per scopi, cioè non formalizzata e costantemente soggetta a verifica. L'egemonia dei militanti si fonda sul fatto che costoro «sono l'anello che struttura il movimento, che gli dà forma, potenza e organizzazione, sono la cerniera che collega i vari segmenti che compongono la base»[28] e ancora: «il corpo dei militanti è organismo sociale con fini specifici, è parte del movimento, capace di motivarlo, indirizzarlo e organizzarlo dall'interno»[29]. La dialettica fra dimensione orizzontale e dimensione verticale si sviluppa interamente all'interno delle istituzioni di democrazia diretta e partecipati-

[27] *Ibid.*, p. 13.
[28] *Ibid.*, p. 23.
[29] *Ibidem.*

va inventate dal movimento: presidi permanenti, comitati di lotta, coordinamento, assemblea popolare, ecc. Infine qualche parola sull'uso della forza – argomento centrale, visti i continui tentativi di politici e media di contrapporre base pacifica e «infiltrati» violenti: una dimensione organizzata, scrivono i curatori del libro, «non deve mai sovradeterminare le iniziative, non deve porre obiettivi che siano alieni alla volontà collettiva, praticarli con più o meno forza di quella che il movimento è pronto a esprimere»[30]. Del resto, i «sovversivi» esterni raccontano di aver dovuto svolgere, in varie circostanze, opera di «pompieraggio» per frenare la spontanea volontà della gente di arrivare a uno scontro frontale con le forze dell'ordine.

A questo punto si comincia a profilare il paradigma che intendo delineare sul tema dell'organizzazione. Punto primo: nessun movimento è interamente spontaneo, una sorta di eruzione naturale che scaturisce liberamente da una determinata base sociale (si è visto come questo valga persino nel caso dei *riots*). Memoria storica di antiche lotte, presenza di idee, narrazioni e soggettività politicamente formate da precedenti esperienze offrono sempre l'indispensabile innesco affinché un movimento possa sorgere e crescere. Secondo punto: composizione di classe e caratteristiche socio-culturali di un settore o distretto produttivo, di un territorio o area urbana, pur non determinando meccanicamente intensità e contenuto di una lotta, ne rappresentano l'imprescindibile presupposto. Terzo punto: una lotta non ha carattere politico finché non assume esplicitamente natura antagonistica, cioè finché non riesce a identificare un nemico e a definire la rete di interessi economici, relazioni istituzionali e narrazioni ideologiche che ne definiscono l'identità. Quarto punto: il salto alla dimensione politica non può avvenire attraverso dinamiche puramente orizzontali. L'idea che un nuovo potere costituente possa nascere e svilupparsi autonomamente dal basso, bypassando ogni mediazione politica, come vedremo fra poco a proposito dell'esperienza latinoamericana, è una pia illusione. Quinto punto: l'elemento di verticalità, inteso come imprescindibile funzione di sintesi e decisione politica, può e deve essere garantito dalla figura del militante, vale a dire da una soggettività pienamente consapevole della natura antagonistica della lotta, quindi del suo carattere anticapitalistico e dell'obiettivo strategico della tran-

[30] *Ibid.*, p. 156.

sizione a una società postcapitalistica. L'attuale idiosincrasia per la forma partito fa sì che anche chi condivide questa prospettiva tenda oggi a parlare di rete di militanti, di nuovo soggetto politico o formule analoghe. Personalmente ritengo che il concetto di partito – per lo meno nel significato di organizzazione antagonistica di una parte sociale – possa svolgere ancora un ruolo; a condizione di capire che tale concetto non è inevitabilmente associato al professionismo politico, o a un centralismo incarnato da leader e apparati burocratici. Il partito può e deve essere reinventato, costruendo per tentativi ed errori una cultura e un'organizzazione politiche capaci di integrarsi nelle istituzioni di democrazia diretta create dai movimenti, nonché di guadagnarsi un ruolo egemonico al loro interno.

* * *

I tempi in cui larga parte dell'America Latina era dominata da dittature militari di destra non sono lontani; ancora meno lontani sono i tempi in cui, dopo la loro caduta, Stati Uniti, Comunità Europea e Fondo Monetario Internazionale avevano imposto alle neonate democrazie di adottare le regole e i princìpi neoliberisti del Washington Consensus. Come è stato possibile che nel giro di pochi anni – tra la fine del secolo scorso e il primo decennio dell'attuale –, e in controtendenza con quanto avveniva in tutto il resto del mondo, queste scelte siano state spazzate dalla «svolta a sinistra» (*giro a la izquierda*) che ha determinato l'ascesa al potere di governi progressisti in quasi tutti i Paesi del continente? Il dibattito scientifico e politico sul fenomeno[31] si è articolato attorno ai seguenti nodi di fondo: 1) analisi dei movimenti sociali (composizione di classe, ideologie, ecc.) che hanno provocato la caduta dei governi neoliberisti; 2) natura dei regimi che ne hanno preso il posto, variamente definiti come postneoliberisti, populismi di sinistra, socialismi del XXI secolo; 3) riforme costituzionali seguite alla svolta; 4) sostenibilità economica delle riforme attuate, debitrici di un modello produttivo neostatalista ed estrattivista[32]; 5) conflitti sociali seguiti alle rivoluzioni; 6) infine un interrogativo cruciale:

[31] Per un'ampia panoramica di tale dibattito, cfr. il numero monografico della rivista argentina *Temas y debates* (n. 20, ottobre 2010).

[32] Cioè fondato prevalentemente sull'afflusso di risorse finanziarie garantito dai prezzi elevati di alcune materie prime, petrolio in testa.

come è possibile che, nell'era della globalizzazione finanziaria, dopo il crollo dei regimi socialisti e del compromesso fra capitale e lavoro fondato sul welfare, lo Stato torni a rappresentare interessi nazional-popolari? Ad alcuni di questi problemi tenterò di rispondere nella Parte quarta, qui mi limiterò a isolarne alcuni aspetti, concentrando l'attenzione sui casi di Ecuador, Bolivia e Venezuela[33].

Sugli effetti delle politiche neoliberiste che hanno provocato la sollevazione delle masse popolari latinoamericane esiste un sostanziale accordo fra gli studiosi latinoamericani[34]: l'integrazione delle economie dei Paesi sudamericani nel mercato globale non ne ha solo ridotto le capacità di autofinanziamento e limitato la sovranità nazionale, ma ne ha modificato in profondità la struttura, provocando un crollo dell'occupazione e un'ulteriore dilatazione delle economie informali e del precariato (già ipertrofici). In questo modo le disuguaglianze fra ricchi e poveri e le condizioni di vita delle classi subordinate sono divenute ancora più tragiche, anche per effetto dei tagli alla spesa pubblica imposti dalle agenzie internazionali[35]. Nel contempo, le privatizzazioni contribuivano ad accelerare il processo di patrimonializzazione delle istituzioni, già penalizzate da una lunga tradizione di commistione fra interessi pubblici e privati e dagli alti livelli di corruzione. Tutto ciò avveniva con la complicità dei partiti politici, provocando una sfiducia generalizzata nei confronti di una democrazia rappresentativa che, appena riemersa dal buio delle dittature, non aveva ancora fatto in tempo a conquistare consenso e legittimazione. Il blocco sociale che, al grido *que se vayan todos*, insorge contro governi e partiti che hanno imboccato la via del neoliberismo appare socialmente stratificato, nonché articolato fra componenti etniche e attori urbani e rurali. La punta di lancia del movimento, soprattutto in Bolivia e in Ecuador, è rappresentata dalle masse contadine e dalle comunità indigene, che si alleano con le minoranze operaie sindacalizzate, con settori della piccola/media borghesia urbana (soprattutto intellettuali), con i movimenti ambientalisti e femministi e con quanto resta di una

33 Ancora più a fondo tenterò di andare in un libro dedicato al caso ecuadoriano, utilizzando i materiali raccolti in un lungo viaggio compiuto in quel Paese nell'estate del 2013 (l'uscita è prevista per il 2014).

34 Vedi la rivista citata sopra, alla nota 31.

35 Motivati, come al solito, dall'esigenza di ridurre i debiti pubblici.

sinistra radicale fortemente frammentata e di passate esperienze di lotta armata.

Neanche le masse rurali costituiscono però un blocco omogeneo. Sia in Bolivia che in Ecuador esisteva una forte tradizione di sindacalismo contadino organizzato; ma in entrambi i Paesi tale tradizione entra in crisi con l'esplosione dei movimenti nei primi anni del XXI secolo e viene rimpiazzata da nuovi movimenti, alcuni dei quali (soprattutto in Ecuador) rinnegano l'originaria connotazione di classe, assumendo i caratteri di lotte «indigeniste»[36]. Ambiguità identitaria fra classe ed etnia – per tacere delle differenze ancora più radicali fra componenti rurali e urbane – non impedisce tuttavia ai movimenti di dare vita a un modello organizzativo comune: i movimenti assumono una forma federativa, in cui le decisioni vengono spesso prese in forma assembleare. Un modello la cui apparente inefficienza è smentita dall'enorme sforzo necessario a organizzare le grandi marce sulle città che per anni hanno rappresentato la forma di lotta prevalente – eventi che imponevano di mobilitare un popolo disperso su un territorio vastissimo e povero di vie di comunicazione[37]. Ritroviamo quindi, in un contesto profondamente diverso, alcune caratteristiche dei fenomeni analizzati in questo capitolo: rifiuto dei partiti tradizionali e delle istituzioni della democrazia rappresentativa, costruzione dal basso di inedite istituzioni di democrazia diretta e partecipativa – che in questo caso si ispirano alle pratiche e ai valori della tradizione indigena. Ma troviamo anche conferma del fatto che, per vincere, queste esperienze non possono fare a meno di qualsiasi forma di mediazione politica. Se infatti è evidente che, senza la mobilitazione di un ampio fronte di movimenti sociali e indigeni il *giro a la izquierda* non sarebbe stato possibile, è altrettanto evidente che, a condurre in porto la svolta, sono stati i leader carismatici, i governi da essi guidati e le nuove forze politiche che hanno sostituito i vecchi partiti. L'ascesa al potere per via elettorale di Rafael Correa in Ecuador e di Evo Morales in Bolivia (di Chávez diremo più avanti) e le successive profonde trasformazioni istituzionali ed economiche sono l'esito di un processo che, inizialmente, si è appoggiato sui

36 Sulle specificità dei processi politici nei vari Paesi «bolivariani», cfr. A. Dargatz, M. Zuazo, *Democracias en transformación*, Friedrich Ebert Stiftung, La Paz-Quito-Caracas 2012.

37 Per una documentata e interessante descrizione delle lotte nei Paesi andini, cfr. G. Tarquini, *La guerra dell'acqua e del petrolio*, EdiLet, Roma 2011.

movimenti, ma poi è venuto successivamente emancipandosene, assumendo le caratteristiche di un progetto politico autonomo. In primo luogo, sia Morales che Correa hanno creato proprie formazioni politiche: il Movimiento al Socialismo (MAS) e Alianza País (AP). Il MAS guidato da Morales è un vero e proprio partito – sia pure di tipo nuovo – che nasce come federazione di sindacati contadini e operai, vecchi partiti di sinistra e nuovi movimenti; viceversa AP è poco più di un'agenzia elettorale: quando vince le sue prime elezioni presidenziali Correa si candida infatti come individuo, senza l'appoggio di un partito, impegnandosi, in caso di vittoria, a indire l'Assemblea Costituente e rifare le elezioni dopo la promulgazione della nuova Costituzione. Del resto, è proprio questa sua radicale presa di distanza dai partiti a favorirne il trionfo; dopodiché Alianza País, pur senza mai trasformarsi in un vero e proprio partito, aggrega a sua volta spezzoni di vecchi partiti – non solo di sinistra – e coopta intellettuali e quadri dei nuovi movimenti associandoli alla gestione delle nuove istituzioni statali create dalla Costituzione del 2008.

Dopo il consolidamento, i nuovi regimi non avanzano più per ondate di mobilitazione popolare, ma cercano di mantenere il consenso, di ottenere legittimazione attraverso i classici meccanismi della democrazia rappresentativa. Tali obiettivi vengono perseguiti soprattutto in tre modi: attraverso una significativa ridistribuzione di risorse a favore delle classi subordinate; recuperando i margini di sovranità nazionale erosi dalle politiche neoliberiste; promuovendo processi costituenti finalizzati al riconoscimento dei diritti rivendicati dai movimenti. Sul piano economico lo Stato torna protagonista: viene rinegoziato il debito estero; si esce dalla tutela delle istituzioni finanziarie internazionali; si nazionalizzano le industrie estrattive (o si ricontrattano gli accordi con le multinazionali che le gestiscono) e si usano le risorse così ottenute per ridistribuire il reddito e migliorare le infrastrutture e i servizi pubblici (strade, sanità, educazione); si inasprisce il prelievo fiscale sui redditi elevati. Ancora più radicali appaiono le innovazioni costituzionali: le nuove costituzioni integrano il modello liberale, fondato sulla tutela dei diritti individuali, con un modello che prevede il riconoscimento dei diritti collettivi di comunità indigene ed ecosistemi naturali, il riconoscimento del carattere multietnico dello Stato, la creazione di procedure per la partecipazione diretta dei cittadini ai processi decisionali. Fino al 2010 i nuovi regimi godono del consenso generalizzato di tutti i soggetti che hanno partecipato al processo costituente. Ma successivamente nascono tensioni crescenti fra domande di tipo ridistributivo – che trovano soddisfazione nelle politiche egualitarie e universalistiche promosse dai governi – e domande di riconoscimento identitario, soprattutto da parte delle comunità indigene, che viceversa lamentano la mancata applicazione dei diritti inseriti nelle costituzioni. Anche le sinistre, soprattutto quelle radicali a caratterizzazione ambientalista e soprattutto in Ecuador[38], avanzano dure critiche al modello estrattivista-statalista, sia perché non mette in discussione il modello di sviluppo fondato sullo sfruttamento intensivo delle risorse naturali, sia perché è esposto ai rischi associati alle oscillazioni del prezzo delle materie prime e non favorisce il riequilibrio della bilancia commerciale[39].

Prima di concludere, anticipando in parte i temi del dibattito che affronterò nella Parte quarta, prima di domandarmi, cioè, se questi regimi – anche considerate le contraddizioni appena esposte – siano populismi di sinistra, «socialismi petroliferi» o postneoliberismi, occorre analizzare brevemente il caso venezuelano. Rispetto a Ecuador e Bolivia, il processo venezuelano si caratterizza per un peso minore dei movimenti indigeni a fronte di un ruolo più significativo di sinistre e classe operaia, per il carattere apparentemente più radicale di alcune riforme politiche, per il riferimento più forte ed esplicito alla scelta socialista, ma soprattutto per il ruolo ancora più decisivo esercitato dal leader carismatico, Hugo Chávez. I circoli bolivariani, nati negli anni Novanta, non raggruppano solo soldati ribelli, ma anche un ampio schieramento di forze politiche: militanti comunisti, ex guerriglieri, movimenti contadini e studenteschi[40]. Vi si respirava, dunque, una certa atmosfera da fronte popolare novecentesco che ha influito sugli sviluppi successivi del processo rivoluzionario. Inoltre Chávez – che pure non ha mai descritto il suo progetto politico in termini di lotta di classe – si è dimostrato sensibile alle istanze di controllo operaio avan-

[38] Alle elezioni presidenziali del 2013, Alberto Acosta, già presidente dell'Assemblea Costituente e leader della sinistra ambientalista, si è candidato contro Correa, ottenendo un magro 3%, anche perché le altre componenti della sinistra non lo hanno sostenuto.

[39] Paradossalmente, tutti i Paesi dell'area bolivariana, pur godendo di forti tradizioni agricole e di condizioni climatiche ideali, sono costretti a importare alimenti e restano lontani dall'autosufficienza in questo settore.

[40] Cfr. G. Colotti, *Talpe a Caracas*, Jaca Book, Milano 2012.

zate dai lavoratori, per cui, a mano a mano che procedevano le nazionalizzazioni in vari settori industriali e crescevano le pressioni dal basso per ottenere la partecipazione alla gestione delle imprese, ha dato spazio a queste richieste, anche in contrasto con settori del suo governo. Veniamo ora alle riforme costituzionali: da un lato, si registrano molte analogie con quelle realizzate in Ecuador e Bolivia: riconoscimento dei diritti dei popoli indigeni, attenzione per le differenze di genere, tutela dell'ambiente, riconoscimento del diritto dei contadini alla terra[41], ecc.; dall'altro lato, il processo di integrazione fra istituzioni di democrazia rappresentativa e istituzioni di democrazia diretta e partecipativa viene spinto – almeno sulla carta[42] – più a fondo: sono previsti quattro diversi tipi di referendum popolare; si riconosce il decentramento amministrativo valorizzando il ruolo dei consigli comunali; si avviano processi di democratizzazione della polizia e delle forze armate[43]. Fanno parte del processo anche le Missioni: nate come articolazioni dell'amministrazione pubblica parallele a quelle tradizionali, e concepite come agenzie operative per affrontare le emergenze nei campi del diritto all'educazione, alla casa e alla salute[44], queste strutture sono state a loro volta democratizzate attraverso la partecipazione comunitaria alla gestione dei servizi[45]. Infine, con la fondazione del Partito Socialista Unito del Venezuela e con il tentativo (nel 2005) di far approvare tramite referendum ulteriori riforme finalizzate alla costruzione di un «socialismo del XXI secolo», si tenta di compiere un ulteriore salto qualitativo. Chávez perde il referendum, ma preme ugualmente l'acceleratore verso il riconoscimento di forme di proprietà alternative (sociale, pubblica, collettiva) alla proprietà privata (che pure non vuole abolire).

41 In realtà, qui come negli altri Paesi andini, contadini e indigeni continuano a denunciare la mancata attuazione di una riforma agraria degna di questo nome (cfr. A. Dargatz, M. Zuazo, *Democracias en transformación*, cit.).

42 Valgono anche qui le riserve espresse nella nota precedente.

43 I poliziotti partecipano a corsi di formazione condotti da quei militanti della sinistra cui avevano dato la caccia fino a poco prima (cfr. G. Colotti, *Talpe a Caracas*, cit.).

44 Su questo fronte l'aiuto cubano, con l'invio di numerosi medici, è stato determinante.

45 Tuttavia, secondo alcuni critici, anche in questo caso si tratta di una partecipazione puramente formale (cfr. A. Dargatz, M. Zuazo, *Democracias en transformación*, cit.).

Le contraddizioni di questo progetto sono evidenti quanto stridenti: 1) il «socialismo» di Chávez rifiuta il concetto di lotta di classe e lascia spazio al capitale privato che, nonostante qualche nazionalizzazione, conserva ampie quote di potere[46]; 2) gli interessi delle classi medio/alte trovano tuttora espressione nelle pieghe di una burocrazia di Stato pesantemente corrotta, per cui appare costantemente esposto alla sconfitta da parte di eventuali spinte controrivoluzionarie – rischio che si è fatto ancora più grave dopo la morte di Chávez nel marzo del 2013. Sono considerazioni critiche che valgono – sia pure in diversa misura – anche per la Bolivia e l'Ecuador. In particolare, la massiccia dipendenza di questi progetti politici dalle figure dei leader carismatici che li governano rischia di metterli sullo stesso piano di altri regimi populisti di segno ideologico opposto: si tratta indubbiamente di esperimenti di sinistra, nella misura in cui tentano di ridurre le diseguaglianze sociali ed economiche, di combattere le discriminazioni di genere, razza ed etnia e, con assai minore impegno, di promuovere la partecipazione delle classi subordinate alla gestione del potere; ma si tratta, altrettanto indubbiamente, di esperienze populiste, nella misura in cui si fondano su una dinamica alto/basso centrata sulla figura del leader e tendono a sostituire alla lotta di classe una narrazione che evoca l'opposizione fra vecchie oligarchie politiche e popolo. Sono esperienze nate grazie al vuoto fra istituzioni e società provocato dall'indebolimento e dal discredito dei partiti tradizionali, che si sono successivamente consolidate instaurando una comunicazione diretta fra leader e masse. Dunque populismo di sinistra e postneoliberismo più che socialismo del XXI secolo? Queste definizioni, ancorché accademicamente impeccabili, non colgono però l'interrogativo cruciale: considerata la ricchezza dei movimenti che hanno consentito l'ascesa di questi populismi di sinistra, e considerato che molti dei loro obiettivi erano e restano simili a quelli dei movimenti del resto del mondo, quale avrebbe dovuto essere la via «giusta» da imboccare? Esiste una alternativa al leaderismo e al ritorno dello Stato per indirizzare l'energia dei movimenti verso la transizione a una civiltà postcapitalistica?

46 Soprattutto mantiene il controllo sul sistema dei media, come del resto avviene anche in Ecuador e Bolivia; una situazione di cui mi occuperò più avanti, per discutere la «sostenibilità» politica degli esperimenti bolivariani.

Capitolo IX
LE TENTAZIONI LIBERALI DEI TEORICI DELL'ORGANIZZAZIONE ORIZZONTALE

Nelle riflessioni condotte fin qui, mi è spesso capitato di mettere in luce le analogie fra certe derive postmoderne della cultura di sinistra (radicale e non) con il pensiero liberale. Nelle prossime pagine – che vogliono essere una specie di «postilla» a questa Parte terza – mi propongo di motivare ulteriormente tale accostamento analizzando il campo teorico contornato dal pensiero neoanarchico, dalle tesi postoperaiste, nonché dall'area neosituazionistica – attiva soprattutto in Francia e Spagna – che integra suggestioni provenienti dalle prime due correnti. Questo «campo libertario», che esercita un'influenza non trascurabile sia sui nuovi movimenti che su una certa cultura accademica, sta pericolosamente sbandando verso i paradigmi del pensiero liberale, se non addirittura liberista (nel senso che viene attribuito al termine dagli autori che si definiscono anarco-capitalisti[1]).

Come ho scritto in un articolo su *Alfabeta2*[2], l'avvicinamento fra anarchici, neoautonomi, comunisti «consiliari» e situazionisti è un processo in atto da tempo, al punto che il filosofo anarchico David Graeber ha potuto sostenere che fra queste correnti di pensiero, pur nel permanere di differenze, esiste oggi una relazione di complementarietà più che di opposizione. Si tratta di una convergenza particolarmente evidente sul terreno del rifiuto tanto della forma partito, quan-

[1] Vedi, in particolare, Y. Benkler, *La ricchezza della Rete*, cit.

[2] C. Formenti, «Tra postoperaismo e neoanarchia», *Alfabeta2*, n. 22, settembre 2012.

to di qualsiasi modalità di aggregazione politica che contempli il principio di rappresentanza e di delega, o attribuisca un qualsiasi ruolo dirigente alle élite intellettuali e politiche professionalizzate. Nell'articolo appena citato, sottolineavo come il punto di vista neoanarchico appaia, sotto questo aspetto, più articolato e strutturato di quello post-operaista: sia perché può contare su una tradizione molto più lunga di riflessione sul tema, sia perché le sue relazioni più strette con movimenti come Occupy Wall Street e gli Indignados hanno permesso di arricchire questo lascito ideale con nuove esperienze pratiche. Particolarmente ricchi appaiono, in tal senso, i contributi di David Graeber[3]. Antropologo e filosofo, Graeber riprende un tema classico del pensiero anarchico, che consiste nel trarre ispirazione dalle forme di organizzazione sociale precapitalistiche – in particolare da quelle amerindie – valorizzandone soprattutto l'invenzione di modelli di relazione sociale studiati per evitare le concentrazioni di potere: il ruolo del capo, per esempio, viene sia limitato che reso gravoso, in modo che risulti scarsamente appetibile; inoltre in queste piccole comunità si tendono a produrre decisioni unanimi attraverso pratiche assembleari di discussione che puntano al convincimento reciproco, senza cristallizzare maggioranze e minoranze. Nel precedente capitolo si è visto come un modello simile – integrato dall'esperienza del femminismo – sia stato scelto da Occupy Wall Street, movimento che ha a sua volta adottato strutture decisionali di tipo orizzontale, fondate su piccoli gruppi autonomi e auto-organizzati e prive di leader designati e permanenti. Resta l'interrogativo se questo paradigma «indigenista», ritagliato sull'esperienza di piccole comunità locali, possa funzionare da modello per esperienze politiche che operano in società di massa a complessità elevata.

Graeber risponde che ciò è possibile grazie a quella che chiama «pratica della contaminazione», e che descrive nel seguente modo: a mano a mano che le persone sperimentano – attraverso l'esperienza e l'azione – l'efficacia della democrazia diretta e deliberativa, imparano a imitarla, dando così vita a nuovi nuclei di aggregazione. Grazie a tale pratica, sostiene Graeber, potrebbe nascere una rete di comuni ribelli

[3] Vedi, in particolare, i seguenti lavori: *Frammenti di antropologia anarchica*, elèuthera, Milano 2006; *Critica della democrazia occidentale*, elèuthera, Milano 2012; *La rivoluzione che viene*, Manni, Lecce 2012.

– rete che potrebbe estendersi progressivamente fino a divenire mondiale. A rilanciare tale tesi – quasi con le stesse parole – è un pamphlet pubblicato da un collettivo neosituazionista francese, dove leggiamo: «La comune è l'unità elementare della lotta partigiana, l'insurrezione potrebbe non essere altro che il proliferare delle comuni e dei loro legami»[4]; mentre in un'altra parte dello stesso testo si dice che la prospettiva strategica del movimento è la «moltiplicazione all'infinito delle comuni, che prenderebbero il posto delle istituzioni sociali: famiglia, scuola, sindacati, club sportivi, ecc.»[5]. In merito poi alla forma organizzativa che questa rete di comuni dovrebbe adottare, le idee appaiono chiare e radicali: «niente leader, rivendicazioni, organizzazione, ma parole, gesti, complicità»; e ancora: «niente assemblee, niente votazioni, l'assemblea serve solo a esercitare la libertà di parola» – un modello che, più che le esperienze di Occupy Wall Street e delle *acampadas* spagnole, evoca le aggregazioni fluide dei *riots* delle *banlieues* parigine.

Il discorso postoperaista sull'organizzazione non si discosta da quelli appena esposti, con la differenza che, nel suo caso, lo spontaneismo viene nobilitato da sofisticate argomentazioni sulle condizioni che renderebbero plausibile un processo rivoluzionario «emancipato» dalla sfera del politico. Essendomi già dilungato su tali argomenti, mi limito a richiamarne alcuni punti. L'idea di fondo è quella che i lavoratori della conoscenza rappresentino un'intellettualità di massa che si candida a ottenere l'egemonia politica, culturale e sociale, mentre appare di fatto già capace di esercitare tale egemonia all'interno dei rapporti di produzione. In modo assolutamente controintuitivo, si afferma cioè che il lavoro immateriale rappresenta una forza sociale autonoma, in grado di auto-organizzarsi e, ignorando l'elevato livello di sovradeterminazione di forme, contenuti e ritmi del lavoro (tanto dipendente quanto «autonomo») che le tecnologie digitali sono in grado di esercitare, si dice che è ormai il lavoro vivo a dominare sul lavoro morto, bypassando il comando capitalistico. Ecco perché Negri e Hardt, già in *Impero*[6], avevano sostenuto che, se il politico non scompare, scompare qualsiasi nozione di autonomia del politico, aggiun-

4 Comité invisible, *L'Insurrection qui vient*, La fabrique éditions, Paris 2007.

5 *Ibidem*.

6 M. Hardt, A. Negri, *Impero*, cit.

gendo, pochi anni dopo, in *Comune*[7], che oggi il potere politico è del tutto immanente alle strutture economiche e che la distinzione fra produzione economica e azione politica non ha più senso. Sono idee che Franco Berardi Bifo esprime con altrettanta chiarezza, laddove scrive: «Il nostro compito non è organizzare l'insurrezione», perché «l'insurrezione è nelle cose»[8]. Anche se poi, preso atto che la ribellione spontanea assume la forma di processi insensati e reattivi, ammette la necessità di «suscitare la coscienza dei cognitivi, organizzarne la collaborazione politica e intellettuale, rendere possibile la loro autonomia al di fuori del mercato»[9]. Insomma, l'attenzione torna ogni volta a concentrarsi ossessivamente sui «cognitari», mentre la fede dogmatica nel loro potenziale antagonistico – impermeabile all'evidenza, tanto che si continua a ritenere che una minoranza di nordoccidentali svolga un ruolo rivoluzionario superiore a quello dei milioni di operai nei Paesi in via di sviluppo – genera un'alternanza di esaltazione ed euforia: dall'eccitazione frenetica al primo segno di vitalità da parte dei *knowledge workers*, alla depressione a fronte dei loro puntuali rientri nei ranghi[10].

Al netto delle contorsioni teoriche, il modello organizzativo postoperaista appare tuttavia identico a quello neoanarchico: valorizza il paradigma organizzativo della Rete, sposandone acriticamente la concezione «orizzontalistica» (vedi più avanti, Interludio 3); esalta il «potere costituente» delle moltitudini; parla della necessità di inventare e istituzionalizzare una nuova gamma di costumi e pratiche collettive – che coincidono poi con quelli che i neoanarchici hanno «codificato» a partire dalle esperienze di OWS e altri movimenti; indica infine nell'aggregazione federativa dal basso l'unica via per unificare le differenze identitarie che striano il corpo sociale. Non a caso, il limite dei movimenti italiani – il «peccato originale» che avrebbe loro impedito di dare vita a un processo di aggregazione spontanea dal basso – viene identificato «nell'eccesso di densità di strutture politiche» (leggi nella sopravvivenza di organizzazioni politiche di tipo tradizionale) – den-

7 M. Hardt, A. Negri, *Comune*, cit.

8 F. Berardi Bifo, *La sollevazione*, Manni, Lecce 2011.

9 *Ibidem*.

10 Non ha quindi tutti i torti David Graeber a parlare ironicamente di «tristezza del postoperaismo» (cfr. *La rivoluzione che viene*, cit.).

sità che avrebbe vietato ai movimenti di elaborare decisioni «volute da tutti» attraverso il metodo dell'orizzontalità[11].

L'immaginario evocato da tutti questi discorsi è quello della dissoluzione postmoderna delle identità collettive: il «soggetto» che si nasconde dietro la figura dell'orizzontalità è, di fatto, la massa degli individui atomizzati. Né è solo la classe operaia a sprofondare nel vuoto del pulviscolo moltitudinario: all'estremo opposto è anche la borghesia a sparire, riassorbita nell'entità impersonale del mercato, ridotta a uno «sciame» guidato da una volontà inconsapevole: giochini di prestigio che fanno sparire i soggetti concreti che lottano per l'egemonia: dai nuovi mostri (manager industriali e CEO della finanza globale, ecc.) che danno volto al capitalismo contemporaneo, ai nuovi corpi (operai Foxconn, commessi Walmart, indigeni latinoamericani, ecc.) in cui si sostanzia l'identità del proletariato globale. È esattamente qui che si annida la tentazione liberale del pensiero libertario: nelle visioni che mettono al centro del discorso le identità individuali e microcomunitarie; nella concezione «culturalistica» e «personalistica» delle figure in campo; nell'idea secondo cui il mondo nuovo sarebbe già maturato nel grembo del vecchio, per cui il capitalismo è morto anche se non lo sa, così come i lavoratori della conoscenza sono al potere anche se non lo sanno; nella convinzione che non esista più un «fuori» dal rapporto di capitale ma che, al tempo stesso, all'interno di tale rapporto vivano già i rapporti che ne prenderanno il posto; nella rinuncia ad affrontare il nodo dell'abolizione di mercato e proprietà privata, perché si pensa che il problema sia superato dalla logica dei *commons*, proiettati al di là dell'opposizione pubblico/privato, ecc. Dietro questo lessico radical chic, occhieggiano le tre decrepite categorie liberali: individualismo (a contare sono le singolarità individuali più delle classi), idealismo (a contare sono le idee più degli interessi materiali), utopismo (basta sbarazzarsi del controllo dei governi per veder nascere una società fondata sulla cooperazione spontanea fra soggetti liberi e autonomi). Per i neoanarchici ciò rappresenta un ritorno alle origini, all'immaginario ottocentesco dei Proudhon e degli Owen, i quali non criticavano l'economia capitalistica e l'ideologia liberale in quanto

[11] Vedi, in proposito, il documento a firma Uninomade intitolato «Distruggere la paura, affermare il comune», consultabile all'indirizzo http://www.uninomade.org/affermare-il-comune

tali, bensì perché non mettevano in pratica i loro stessi princìpi e ideali. Per gli ex comunisti eretici dell'area postoperaista si tratta al contrario di una svolta di centottanta gradi – svolta che li porta a convergere con il pensiero di autori come Rosanvallon[12] che, come messo in luce in alcune capitoli precedenti, descrivono il conflitto sociale come dispositivo interno alla *governance* sistemica.

Come il lettore ricorderà, per Rosanvallon la crisi della democrazia rappresentativa è il riflesso della sfiducia generalizzata dei cittadini nei confronti delle istituzioni. Una situazione che giustifica la definizione degli attuali sistemi politici in quanto postdemocratici, a causa dell'impossibilità di garantire qualità e continuità al processo di legittimazione. A differenza di Colin Crouch[13], che dà una lettura critica e pessimistica del fenomeno, Rosanvallon non ritiene tuttavia che ciò sia negativo; al contrario, il punto, per questo autore, non è trovare un'inesistente via d'uscita, bensì istituzionalizzare le «pratiche compensative» che le democrazie hanno spontaneamente sviluppato per restaurare l'equilibrio sistemico. L'obiettivo di Rosanvallon consiste, insomma, nel «comprendere le manifestazioni della sfiducia come facenti politicamente sistema»[14]. A tale scopo, occorre compensare la crisi della fiducia attraverso l'organizzazione della sfiducia democratica, la quale, secondo Rosanvallon, assume tre diverse modalità: potere di sorveglianza (funzioni di vigilanza, denuncia e verifica esercitate da media e agenzie di garanzia); potere di interdizione (democrazia negativa, potenza di veto e rifiuto esercitati attraverso varie forme di resistenza e mobilitazione da parte di movimenti e cittadini); potere di giudizio (legato ai processi di giuridizzazione della politica)[15]. È chiaro che, ai fini di un confronto fra le tesi di Rosanvallon e il discorso postoperaista, ciò che qui interessa è la seconda modalità, cioè il potere di interdizione.

Da tale punto di vista, l'attenzione di Rosanvallon si concentra soprattutto sui nuovi movimenti, dei quali offre un'immagine decisamente positiva: sia perché si proiettano oltre il conflitto di classe (!), sia perché essi «sono il vettore più visibile e strutturato della contro-

[12] Cfr. P. Rosanvallon, *Controdemocrazia*, cit.

[13] Cfr. C. Crouch, *Postdemocrazia*, cit.

[14] Ho già citato un paio di volte questa formula (vedi, per esempio, capitolo II, nota 14).

[15] Su quest'ultimo punto cfr. S. Rodotà, *Il diritto di avere diritti*, cit.

democrazia»[16] – controdemocrazia che non nutre velleità di conquista del potere, visto che i «cittadini» (soggetto astratto che in lui, come nel pensiero di Ulrik Beck, sostituisce le classi sociali) non vogliono conquistare il potere, ma desiderano piuttosto contenerlo e ridurlo. Al governo subentra quindi una *governance* caratterizzata da tre fattori: 1) le decisioni contemplano una pluralità di attori, una rete eterogenea e interattiva di soggetti; 2) le decisioni non generano scelte irreversibili, ma sono il risultato sempre modificabile di complesse trattative fra governanti e società civile; 3) il tutto si fonda su un sistema di norme eterogenee (diritto statale e internazionale, arbitrati, convenzioni, ecc.)[17]. Ebbene, Rosanvallon è convinto che queste idee siano condivise «anche da un autore di estrema sinistra come Negri, che vede la possibilità di inserire questo movimento in una nuova impresa di emancipazione e sovversione dal basso»[18].

Ma esiste davvero convergenza fra il progetto «sovversivo» dei postoperaisti e la visione liberale sistemica di Rosanvallon? A leggere le dure parole che Franco Berardi Bifo dedica alla relazione fra il pensiero di Luhmann e il progetto politico europeo – «Con Luhmann possiamo comprendere che la *governance* è essenzialmente potere fondato su informazione senza significato»; e ancora: «*Governance* è la parola chiave della costruzione europea: pura funzionalità senza intenzione. Automazione del pensiero e della volontà. Incorporazione di astratte connessioni nella relazione fra organismi viventi. Sottomissione tecnica delle scelte alla concatenazione logica. Europa è la perfetta costruzione postmoderna in cui il potere è incarnato da strumenti tecno-linguistici di interconnessione e interoperatività»[19] – sembrerebbe di no. Invece l'operazione con cui Rosanvallon rivendica la sua vicinanza a Negri non è affatto arbitraria: sia perché, a partire da *Impero*, Negri ha sempre descritto la politica del XXI secolo come sequenza di processi di *governance* che incorporano la pressione dei movimenti, sia perché l'idea per cui non esisterebbe un «fuori» dal rapporto di capitale è strettamente affine alla visione che descrive la società come insieme integrato (e quindi non trascendibile) di sottosistemi funzionali. In breve: la filosofia liberale in salsa cibernetica, che vede economia

16 Vedi P. Rosanvallon, *Controdemocrazia*, cit., pp. 50-51.
17 Anche questi tre punti sono già stati richiamati in precedenza.
18 P. Rosanvallon, *Controdemocrazia*, cit., p. 186.
19 Cfr. F. Berardi Bifo, *La sollevazione*, cit., p. 19.

e società come sistemi autoregolati, governati da leggi simili a quelle formulate dal paradigma evoluzionistico-ecologico, ha «colonizzato» la filosofia immanentistica di Negri e soci, neutralizzandone le velleità «rivoluzionarie».

Interludio 3
IL DISINCANTO DELLA RETE

Incantati dalla Rete[1], così avevo intitolato un libro del 2000: titolo che alludeva al carattere di culto religioso che, in quegli anni, era venuto assumendo l'entusiasmo nei confronti di Internet. Le radici del fenomeno affondavano: 1) in quella religione della tecnica[2] che già nell'Ottocento era stata il credo di generazioni di inventori e ingegneri americani, convinti sostenitori dell'intrinseca bontà del progresso tecnologico; 2) nelle tesi dei teorici della cibernetica, che avevano assunto i dispositivi di autoregolazione dei sistemi artificiali a paradigma dei meccanismi di funzionamento di tutti i fenomeni, naturali e sociali; 3) nell'immaginario della fantascienza che aveva cercato nello spazio una nuova frontiera da conquistare, e in quello dei guru della Rete che avevano proiettato lo stesso immaginario nel cyberspazio. In altre parti del libro, tentavo di proporre un controcanto nei confronti di questa infatuazione, evidenziando le contraddizioni economiche e sociali che si nascondevano dietro le utopie digitali. Purtroppo il successo di quel lavoro – in ossequio allo spirito del tempo – fu dovuto all'analisi dell'immaginario, assai più che a quella delle strutture sociali ed economiche, tanto che mi ritrovai impropriamente arruolato nelle schiere degli «incantati». Ci sono voluti dieci anni, nei quali ho pubblicato vari lavori che andavano in direzione opposta, ma soprattutto

1 C. Formenti, *Incantati dalla Rete*, Raffello Cortina, Milano 2000.
2 Cfr. D. Noble, *La religione della tecnologia*, Edizioni di Comunità, Torino 2000.

c'è voluta la dura requisitoria contro l'uso capitalistico delle tecnologie digitali di *Felici e sfruttati*[3], per sciogliere l'equivoco e collocarmi nelle schiere dei «disincantati». Nelle pagine che seguono, intendo proseguire il lavoro di demitizzazione.

La cultura di Internet[4] è stata caratterizzata, fin dagli esordi, da cinque grandi promesse: 1) una democratizzazione dell'economia che avrebbe consentito alle startup di competere alla pari con le corporation e avrebbe appiattito le gerarchie aziendali, rafforzato la capacità di autogestione dei *knowledge workers*, ampliato i margini di autonomia di *freelance* e indipendenti, ridotto le barriere all'ingresso nei settori a più elevato contenuto di innovazione; 2) un'illimitata possibilità di accedere liberamente a informazioni e conoscenze, che avrebbe favorito l'ascesa al potere della «classe creativa»; 3) un processo di *empowerment* dei consumatori, sempre più in grado di controllare e condizionare le politiche commerciali e produttive delle imprese; 4) una messa in trasparenza dei meccanismi di funzionamento del potere politico, che si sarebbe esposto al controllo dei cittadini attraverso nuove forme di democrazia diretta, partecipativa e deliberativa; 5) un potenziamento del ruolo dei movimenti sociali, i quali, grazie alla nuova capacità di organizzazione e mobilitazione ottenuta dalla Rete, avrebbero svolto un ruolo strategico nell'arena politica del XXI secolo. Ebbene: queste promesse non si sono realizzate; o si sono realizzate in modo parziale, a causa di processi che hanno operato in direzione opposta.

* * *

Se il mito della democratizzazione dell'economia sta ancora in piedi, in barba a ogni smentita empirica, ciò è soprattutto dovuto alle tante voci – confuse o interessate – che continuano ad alimentarlo: guru della rivoluzione digitale, i quali, dopo la pausa di silenzio imposta dal crollo del Nasdaq nel 2000-2001, hanno sfruttato il glamour del Web 2.0 per tornare a profetizzare l'avvento di un'economia immateriale proiettata oltre i vincoli della scarsità; teorici dell'avvento di

[3] C. Formenti, *Felici e sfruttati*, cit.

[4] Cfr. M. Castells, *L'età dell'informazione: economia, società, cultura*, 3 voll., Università Bocconi Editore, Milano 2002-2003.

una versione postmoderna dell'economia del dono precapitalistica, i quali spacciano le pratiche delle comunità degli sviluppatori del software *open source* e dei redattori di Wikipedia come modello di un'economia alternativa, né capitalistica né socialista; teorici postoperaisti, i quali eleggono i *knowledge workers* a protagonisti di un processo di emancipazione del lavoro immateriale dal controllo e dal comando capitalistici.

A pochi anni dall'inizio della crisi, di queste chiacchiere non resta in piedi quasi nulla. In un brevissimo arco di tempo, quell'economia di Rete che avrebbe dovuto rivelarsi la tomba delle corporation, incapaci di reggere il ritmo dell'innovazione imposto dalle startup, si è al contrario trasformata nel teatro del più formidabile processo di concentrazione monopolistica della storia del capitalismo. La «banda dei quattro» – come il boss di Google Eric Schmidt ha definito il gruppo costituito da Amazon, Apple e Facebook, oltre che dalla stessa Google – concentra nelle proprie mani una quota enorme dei mercati di hardware, software ed e.commerce (in pratica l'intera industria hi tech, ad eccezione delle telecomunicazioni). Prendendo atto di tale situazione, l'*Economist*, in un articolo del dicembre 2011 intitolato «Big and Clever»[5], liquidava definitivamente il mantra «piccolo è bello» per ribadire che il principio che attribuisce un formidabile vantaggio competitivo alle economie di scala vale anche nel capitalismo immateriale, in quanto le grandi imprese dispongono di un surplus di risorse finanziarie che consente loro di arruolare e mettere al lavoro una massa molto superiore di competenze e talenti. Se negli anni Novanta questo paradigma era sembrato in crisi, ciò è dipeso soprattutto dalle distorsioni prospettiche generate dalla «bolla tecnologica»; dopodiché è tornata a valere la lezione di Schumpeter, secondo cui, ai periodi di «innovazione distruttiva» seguono inevitabilmente periodi di concentrazione e consolidamento. Per tacere del fatto che le crisi comportano sempre sia un calo degli investimenti che la loro concentrazione sulle imprese di grandi dimensioni.

Il nuovo scenario non ha solo determinato un vistoso crollo numerico delle startup, ha anche cambiato radicalmente le aspettative di chi vi lavora: oggi l'obiettivo non è più fare concorrenza alle corporation

[5] Consultabile all'indirizzo http://www.economist.com/node/21541826

hi tech, bensì attirarne l'attenzione per farsi acquistare[6]. Eppure ciò non impedisce di continuare ad attribuire alle startup il ruolo di avanguardie di un'economia dinamica e innovativa che potrebbe contribuire a risolvere la crisi. Un esempio? Nel dicembre del 2012 il governo Monti ha varato, con grandi fanfare e fra gli applausi delle pagine economiche dei maggiori quotidiani italiani, il Decreto Crescita 2.0, una sorta di Agenda Digitale annunciata da tempo e associata ad ambiziosi (sulla carta) progetti di digitalizzazione di Pubblica Amministrazione, Sanità, Giustizia e Scuola, accompagnati da piani di estensione delle aree geografiche coperte dalla banda larga, sviluppo di «smart city» nonché sostegni fiscali e finanziari per le startup made in Italy. Tenuto conto che queste imprese non hanno mai generato incrementi significativi dei livelli occupazionali, e visto che è difficile nutrire illusioni in merito alla nascita di una Silicon Valley nostrana, è evidente che i peana sull'innovazione e sul «ripartire dai giovani» nascondono altri obiettivi. Infatti, chiunque abbia letto con occhio smaliziato gli articoli degli «esperti» pubblicati nei giorni a ridosso dell'approvazione del decreto, ha capito dove si va a parare: l'insistenza sui temi della semplificazione burocratica, dell'alleggerimento del carico fiscale, ma soprattutto di una flessibilizzazione del lavoro ancora più spinta di quella imposta dalle riforme del governo «tecnico» svelano l'intenzione di utilizzare il discorso sulle startup come cavallo di Troia per legittimare un ulteriore peggioramento delle condizioni di lavoro e dei livelli di reddito. Del resto, tale scenario è confermato dagli esiti di un analogo progetto inglese – denominato Start Up Britain – per promuovere l'autoimpiego e il «capitalismo popolare» fra i giovani. In realtà, come denuncia un articolo del *Guardian*[7], in questo modo si è creato un esercito di riserva di oltre quattro milioni di lavoratori «autonomi» – precari, part time, a tempo determinato, sottopagati – che servono solo a mascherare i livelli di disoccupazione e sottoccupazione.

[6] Inoltre, quando questo obiettivo viene raggiunto, è raro che l'acquisizione preluda allo sviluppo dei progetti della startup: più spesso questi vengono congelati, perché il vero scopo dell'operazione è quello di assicurarsi il talento di chi ha avuto l'idea, eliminando, al tempo stesso, un potenziale concorrente prima che possa rivelarsi pericoloso.

[7] Consultabile all'indirizzo http://www.guardian.co.uk/commentisfree/2012/jan/22 /self-employment-proper-jobs-cameron

I *knowledge workers* che hanno la «fortuna» di lavorare come dipendenti di qualche impresa hi tech, del resto, non se la cavano molto meglio, e il loro *status* appare ben lontano da quello della classe creativa di cui si profetizzava l'ascesa non molto tempo fa. L'aumento dei margini di autonomia del lavoratore, sia in quanto individuo sia in quanto gruppo, è un processo effettivamente in atto, che non si sviluppa, tuttavia, con le modalità auspicate dai postoperaisti, bensì con quelle descritte dai teorici ultraliberisti della *wikinomics* e del *crowdsourcing*. Le imprese modificano i loro modelli organizzativi per adattarli alle nuove dinamiche di aggregazione sociale mediate dalla Rete, ma soprattutto per intercettare tutto il valore che viene prodotto al di fuori dei confini aziendali. Le piattaforme del Web 2.0 permettono di costruire sistemi produttivi nei quali il lavoratore deve operare come *medium* di accesso al surplus generato in tutti i nodi della sua rete sociale. Il fatto, per esempio, che venga favorita la frequentazione dei social network, e non necessariamente per scopi immediatamente lavorativi, non deve far dimenticare che tutto quanto succede «là fuori» resta di esclusiva proprietà e pertinenza aziendale[8]. Né deve far dimenticare che quell'area di «libera» interazione con l'esterno è anche e soprattutto un'area di controllo sulla produttività e sulla fedeltà del dipendente: si è «liberi», ma sotto la spada di Damocle di un controllo infinitamente più capillare e pervasivo di quello cui era sottoposto il lavoro fordista. I nuovi livelli di controllo sulla forza lavoro resi possibili dalle tecnologie digitali configurano un'inedita forma di taylorismo. Il concetto di postfordismo si fonda sull'idea che la produttività dei nuovi lavori, al contrario di quella delle mansioni standardizzate e ripetitive della fabbrica fordista, non sia misurabile; ma quest'idea è sbagliata: oggi le imprese possono tracciare, costantemente e in tempo reale, i comportamenti dei dipendenti allo scopo di elaborare modelli «ideali» di organizzazione spaziotemporale dell'attività produttiva. È un taylorismo digitale che esce dal luogo di lavoro e si protende nello spazio virtuale della Rete, dove la raccolta di dati e informazioni di ogni genere sui lavoratori è propedeutica alla selezione dei candidati, all'assunzione, allo sviluppo di carriere e percorsi professionali,

[8] Vedi il caso di un'impresa che ha fatto causa a un ex dipendente rivendicando la «proprietà» sulle migliaia di fan che costui aveva arruolato su Twitter mentre era in azienda. Cfr. l'articolo all'indirizzo http://www.guardian.co.uk/technology/2011/dec/27/company-sues-ex-employee-twitter

nonché al «miglioramento» di procedure e metodi di lavoro. Infine, la «personalizzazione» che le tecnologie digitali avrebbero introdotto al posto dell'uniformità standardizzata della produzione meccanizzata si riduce alla possibilità di modulare infinite variazioni su un tema predefinito dal software: la creatività dell'intellettualità di massa digitale consiste in una banale pratica di remixaggio di vecchi contenuti e il lavoro vivo – contrariamente a quanto pensano i postoperaisti – non è mai stato tanto subordinato alla macchina (anche se, in questo caso, si tratta di una «macchina» immateriale, fatta di codici informatici).

Poco sopra scrivevo che il lavoratore delle Internet company opera come un *medium* che deve raccogliere il valore generato dalle sue reti di relazioni sociali e canalizzarlo verso l'impresa. Ogni lavoratore funziona dunque come nodo di reti informali di cooperazione produttiva, all'interno delle quali migliaia di *prosumer* lavorano gratuitamente. La tesi secondo cui la creazione di contenuti autoprodotti sarebbe a tutti gli effetti lavoro gratuito è stata criticata con vari argomenti: si tratta di attività che, per il loro carattere ludico o amatoriale, non possono essere definite lavoro; è opinabile che ciò che producono abbia valore economico e, quand'anche ne avesse, questo non sarebbe misurabile, ecc. Tuttavia essa ha ottenuto un clamoroso riconoscimento «ufficiale» allorché due consulenti del governo francese hanno suggerito[9] di tassare il flusso dei dati delle Web company. Preso atto che i dati sono la linfa vitale dell'economia digitale, e visto che tale linfa viene estratta dalle informazioni generate dagli utenti, il passo successivo consiste nel riconoscere che l'attività svolta da questi ultimi è, di fatto, lavoro gratuito, per cui è giusto che una parte del valore così prodotto venga restituito ai produttori per mano dello Stato. Si tratta, ovviamente, di un punto di vista controintuitivo, ma come definire, se non lavoratori gratuiti, i milioni di amatori che regalano valore alle Web company per il semplice fatto di utilizzarne le piattaforme? Diventare utente di uno di questi *walled gardens*, come in America vengono definite le piattaforme proprietarie «chiuse», come Facebook e iTunes, significa essere confinati in un ambiente separato dal resto della Rete, dove tutti i contenuti che vengono generati sono di proprietà della società che gestisce il servizio, e dove gli utenti si trasformano in sogget-

[9] Per questa notizia vedi all'indirizzo http://www.key4biz.it/News/2013/01/18/Net_economy/ott_tasse_web_company_215073.html

ti che «secernono» informazioni così come le api secernono miele e le mucche producono latte. La «materia prima» che noi tutti in questo modo produciamo costituisce ciò che chiamano Big Data: un'enorme massa di dati personali – residenza, età, genere, stato di salute, orientamenti politici, sessuali e religiosi, ecc. – incrociati con altri dati generati dal tracciamento dei nostri comportamenti online (pagine visitate, mail, ecc.), dalle nostre operazioni finanziarie (acquisti con carte di credito) e da tutto quanto lascia traccia nella sempre più pervasiva dimensione delle interazioni virtuali. Incaricati di esplorare questo magma informazionale per estrarne indicazioni utili a fini di marketing sono professionisti che si chiamano *data scientists* e *data brokers*. Con il loro aiuto, i capitalisti digitali sono in grado di compiere miracoli: dagli algoritmi che consentono di vendere agli inserzionisti online annunci pubblicitari rivolti al singolo individuo nel momento stesso in cui costui accede a una determinata pagina Web, alla ricostruzione dettagliata di un'identità personale a partire dai «like» postati su Facebook. Per somma ironia, tutto ciò avviene in ossequio a quei valori di trasparenza, accessibilità, condivisione e gratuità che, qualche anno fa, venivano invocati per profetizzare l'*empowerment* dei consumatori.

* * *

Liquidati i miti su democratizzazione dell'economia, ascesa dei creativi ed *empowerment* dei consumatori, tocca affrontare quello secondo cui la Rete, rendendo trasparenti le mura della torre del Panottico, avrebbe invertito i ruoli fra controllore e controllati. Ebbene, questo rovesciamento dei rapporti non c'è stato. Anzi, il controllore continua a occupare il posto di comando, mentre la situazione dei controllati è ulteriormente peggiorata: intanto, perché il «cristallo» di cui è fatta la nuova torre del potere lascia trasparire solo ciò che i sudditi possono e devono vedere, poi perché, mentre lo sguardo del controllore si è fatto pervasivo e penetrante, in grado di frugare in ogni anfratto della vita dei controllati, costoro non ne sono consapevoli, al punto che si offrono oscenamente all'occhio del padrone. Bentham aveva progettato il Panottico in modo che i controllati, sapendo di essere sorvegliati, si autocensurassero; il panottico digitale, invece, è fatto in modo che i controllati ignorino in che misura siano sorvegliati, in modo che si espongano inconsapevolmente a eventuali punizioni. Il motto foucaultiano «sorvegliare e punire» è ancora valido, ma non si basa più sull'autocensura, bensì sull'illusione di libertà. Le nuove modalità di controllo e dominio del Grande Fratello governativo, messe in atto con la complicità delle Grandi Sorelle – telecom e Internet company –, si fondano, fra le altre cose, sul monitoraggio dei flussi di dati; sulla criminalizzazione degli hacker e di ogni altra forma di resistenza; sulla guerra fredda digitale e sulle nuove tecnologie di controllo progettate dalle imprese private e usate dai governi.

In primo luogo, occorre prendere atto dell'ipocrisia degli Stati Uniti e degli altri Paesi occidentali, i quali accusano la Cina, Cuba, l'Iran e altri regimi totalitari di impedire la libera circolazione delle informazioni in Rete e di sottoporre i cittadini a ossessive forme di controllo, dopodiché si comportano come e peggio di loro. Per dimostrarlo, mi limiterò a fare qualche esempio. Dopo i *riots* del 2011 – nel corso dei quali polizia e agenzie di sicurezza avevano fatto largo ricorso ai software di riconoscimento facciale per identificare e punire i rivoltosi[10] – il premier del governo conservatore inglese, David Cameron, ha dichiarato di essere pronto, nel caso si ripetessero eventi analoghi, a prendere la decisione di «spegnere» i social media e i telefoni cellulari (cioè la stessa cosa che aveva fatto il governo egiziano in occasione dei moti della Primavera Araba!). Poco più di un anno dopo, lo stesso governo ha messo in cantiere il Communications Data Bill[11], che impone a telecom e service provider di conservare per almeno un anno le registrazioni di conversazioni telefoniche, email e visite a pagine Web, in modo che polizia e agenzie di sicurezza possano accedervi per prevenire possibili azioni criminali e terroristiche. Non meno impressionanti le strategie di cybersicurezza adottate dal democratico e «progressista» Barack Obama: un lungo e inquietante elenco. Nel

10 In Inghilterra questa modalità di controllo è favorita dalla più fitta rete di telecamere presente sul territorio europeo. Questi occhi elettronici sono stati piazzati ignorando le proteste delle associazioni per la difesa della privacy, e con il consenso assicurato dalla paranoia sicuritaria dei cittadini, bombardati da messaggi sull'aumento della microcriminalità. L'American Civil Liberties Union denuncia a sua volta (vedi l'articolo alla pagina http://articles.washingtonpost.com/2013-07-17/business/40624330_1_license-plate-readers-license-plate-readers-catherine-crump) che le telecamere della polizia tracciano i movimenti di milioni di cittadini americani intercettando le targhe delle automobili.

11 Vedi all'indirizzo http://globalnews.ca/news/317980/lawmakers-say-u-k-governments-data-surveillance-plan-overkill

2008 il Pentagono istituisce il Digital Engagement Team[12], con lo scopo di monitorare e analizzare i flussi di messaggistica elettronica fra «estremisti» – etichetta sotto la quale potrebbero ricadere i terroristi islamici, ma anche i militanti dei movimenti ambientalisti e delle sinistre radicali. È inoltre noto che, a partire dal 2009, il Department of Homeland Security si avvale sistematicamente della consulenza di contractor privati (i quali vengono quindi in possesso dei dati personali di cittadini «sospetti», americani e non, al di fuori di ogni garanzia giuridica!) per il monitoraggio dei social media. A uno di questi contractor, la società Listen Logic, è stato affidato l'incarico di spiare le comunicazioni online dei militanti di Occupy Wall Street[13], e nel 2012 un giudice di New York ha chiesto a Twitter di mettere a disposizione degli inquirenti – come prove di accusa – i post pubblicati da alcuni militanti di Occupy Wall Street fermati nel corso di una manifestazione. Nell'aprile 2013, a coronamento di una martellante campagna di securizzazione del cyberspazio, il Parlamento americano ha approvato il Cyber Intelligence Sharing and Protection Act (CISPA), un provvedimento che consente alle imprese di violare le clausole contrattuali che tutelano la privacy degli utenti, ove richiesto dalla necessità di proteggere infrastrutture e istituzioni da eventuali attacchi online. Ancora: dopo gli attentati alla maratona di Boston, al Big Brother governativo e al Little Brother delle imprese private si affianca il Social Brother, termine con il quale un articolo dello *Huffington Post*[14] ha definito il contributo delle migliaia di utenti dei social media che hanno partecipato alle indagini, postando miriadi di video e foto della scena del crimine[15]. La prova più imbarazzante del fatto che gli Sta-

12 Cfr. l'articolo all'indirizzo http://www.nytimes.com/2011/11/18/world/us-military-goes-online-to-rebut-extremists.html?pagewanted=all&_r=0

13 Vedi l'articolo all'indirizzo http://www.huffingtonpost.com/alison-craiglow-hockenberry/occupy-wall-street-social-media_b_1047815.html

14 Vedi all'indirizzo http://www.huffingtonpost.com/john-pavley/big-brother-little-brothe_b_3124299.html

15 Questo evento dimostra come gli sciami online potrebbero facilmente trasformarsi in armi di indagine e repressione nelle mani del potere, con un'inversione di centottanta gradi rispetto al ruolo di denuncia e controinformazione che migliaia di manifestanti «armati» di cellulari e videocamere avevano svolto durante la manifestazione di Genova 2011. Un altro, inquietante esempio di possibile utilizzo delle nuove tecnologie come strumento di spionaggio «popolare» diffuso viene dalla riflessione di un articolo dello *Huffington Post* (http://www.huffingtonpost.com/jonathan-rajew-

ti Uniti, con la complicità dell'Inghilterra e la compiacente connivenza di altri Paesi occidentali, usino sistematicamente le nuove tecnologie a fini di spionaggio e controllo globali è arrivata infine dal caso Snowden. Il «pentimento» di Edward Snowden, ex agente della NSA fuggito a Hong Kong e attualmente ospite del governo russo, ha infatti svelato l'esistenza di PRISM, un potente sistema di intercettazioni ai danni di telefonate, sms, email, conversazioni online e ogni tipo di comunicazione elettronica che consente al governo americano di spiare milioni di cittadini di tutto il mondo, nonché governi e imprese straniere. La propaganda occidentale – in particolare americana – in merito alla necessità di rendere la comunicazione libera e trasparente, «liberandola» da ogni forma di controllo, spionaggio e censura, ha subìto così un colpo tremendo, come testimonia la reazione scomposta che l'evento ha provocato: dal «dirottamento» dell'aereo del presidente boliviano Evo Morales, costretto ad atterrare a Vienna in quanto «sospettato» di portare con sé Edward Snowden (cui aveva offerto asilo politico)[16], all'arresto di David Miranda[17], amico e collaboratore del giornalista che ha gestito per primo l'informazione sul caso Snowden – il blogger e giornalista del *Guardian* Glenn Greenwald –, trattenuto per nove ore all'aeroporto di Londra in quanto sospettato di «terrorismo», alle pressioni dei servizi britannici nei confronti del *Guardian*, costretto a distruggere dischi rigidi e file contenenti i documenti che Snowden aveva fatto pervenire al quotidiano – un'azione palesemente intimidatoria quanto insensata, dato che era noto che copie di quei materiali erano custodite altrove[18].

È in ogni caso difficile che quest'ultimo infortunio, ancorché clamoroso, possa indurre gli Stati Uniti a rinunciare alla strategia con cui

ski/through-google-glass-prep_b_3600140.html) in merito ai Google glass, gli occhiali-telecamera le cui registrazioni, volontarie o casuali, potrebbero essere usate come prove in certi processi.

16 Si tratta di una vicenda che ha provocato – come ho personalmente potuto constatare visto che in quei giorni mi trovavo in Ecuador – un drastico peggioramento delle relazioni fra quasi tutti i Paesi latinoamericani, gli Stati Uniti e l'Europa (Francia, Spagna, Portogallo e Italia avevano negato il permesso di sorvolo all'aereo di Morales).

17 Miranda è stato trattenuto per nove ore all'aeroporto di Londra in quanto sospettato di «terrorismo». Vedi l'articolo all'indirizzo http://www.theguardian.com/world/2013/aug/19/david-miranda-detention-outcry-terrorism-laws

18 Cfr. l'articolo all'indirizzo http://www.theguardian.com/world/2013/aug/20/nsa-snowden-files-drives-destroyed-london

hanno finora tentato di ottenere il massimo consenso possibile nei confronti delle loro pratiche di controllo pervasivo e capillare. Strategia classicissima che consiste nell'evocazione di un nemico; o meglio, nel caso in questione, di due nemici: gli hacker e la Cina. La guerriglia fra governi e imprese da un lato e hacker dall'altro è un fenomeno che accompagna da sempre la storia della Rete. Tuttavia, fino a quando il conflitto ha riguardato episodiche violazioni della proprietà intellettuale e altrettanto episodici tentativi di accedere senza autorizzazione a certe sezioni «protette» del Web, la lotta si è svolta senza spargimenti di sangue (metaforicamente parlando), e sovente ha assunto l'aspetto di una competizione sportiva, una gara fra guardie e ladri in cui i ladri finivano spesso per essere assunti come consulenti per la sicurezza dalle guardie. Il gioco si è fatto pesante a mano a mano che levitavano gli interessi in campo, per divenire feroce quando gli hacker hanno iniziato a estrarre dall'armadio del potere scheletri troppo imbarazzanti. Come nel caso del sito Wikileaks creato dall'hacker australiano Julian Assange. La pubblicazione di migliaia di file secretati, che mettevano in pericolo la riservatezza e la sicurezza di operazioni diplomatiche e militari, ha scatenato una dura reazione, che ha costretto Assange a rifugiarsi nell'ambasciata ecuadoriana di Londra (mentre scrivo è ancora lì) per non finire davanti a un tribunale militare con l'accusa di spionaggio e il rischio di subire una pesante condanna. Un rischio tutt'altro che ipotetico, ove si considerino i 35 anni di carcere inflitti al giovane soldato americano Bradley Manning, accusato di avere fornito ad Assange i file secretati. Sorte ancora peggiore è toccata all'hacker, nonché militante del movimento per la difesa dei diritti civili, Aaron Swartz, il quale è stato indotto al suicidio dal terrore di dover passare gran parte della vita in galera, dopo che l'accusa aveva minacciato di chiedere il massimo della pena prevista.

Ma gli hacker diventano buoni alleati se arruolati nella cyberguerra che oppone gli Stati Uniti all'altro nemico, la Cina: così il Pentagono e il Department of Homeland Security lanciano campagne di arruolamento di *cyber warriors*, il primo fra i reduci di guerra, il secondo fra i ragazzini delle scuole medie superiori, chiamati a misurarsi in gare di *war games* per selezionare i talenti più promettenti[19]. Negli ul-

[19] Vedi l'articolo all'indirizzo http://www.economist.com/blogs/babbage/2012/12/internet-regulation

timi anni, la tensione fra Cina e Stati Uniti, che si accusano reciprocamente di condurre cyberattacchi contro imprese, centri di ricerca e pubbliche amministrazioni della potenza rivale, è cresciuta a livelli tali da indurre l'*Economist* a interrogarsi sulla possibilità che si possa arrivare a una vera e propria guerra fredda virtuale, mentre il segretario alla Difesa, Leon Panetta, si è spinto fino a evocare lo spettro del rischio che gli Stati Uniti possano essere vittima di una Pearl Harbour digitale, e il presidente Obama ha siglato una direttiva segreta sulle strategie da adottare in caso di cyberattacchi contro le reti private e governative e le maggiori infrastrutture del Paese. Questa enfasi sulla necessità di difendersi contro possibili attacchi cinesi è tanto più sospetta in quanto tende a sopravvalutare la potenza tecnologica cinese, accreditando l'idea che potrebbe essere giustificato procedere ad attacchi preventivi prima che il nemico diventi troppo forte[20]. Di fronte all'atteggiamento aggressivo dell'amministrazione americana – impegnata a stringere le maglie del controllo sulla Rete con la scusa di proteggere il Paese da minacce interne ed esterne –, l'atteggiamento delle Internet company è apparentemente ambiguo. Apparentemente perché, da un lato, società come Twitter e Google, fra le altre, continuano a rendere pubblici i dati sulle richieste di violazione della privacy degli utenti da parte dei governi, Stati Uniti in testa; dall'altra parte è noto che a tali richieste raramente vengono opposti rifiuti, così come è noto che tutte le corporation hi tech agiscono da canali di propaganda e intelligence a favore di Washington. Google, per esempio, è stata la punta di lancia della propaganda americana contro la censura cinese, anticipando di un paio d'anni lo scontro fra le due superpotenze, così come ha chiamato alla mobilitazione i propri utenti contro il tentativo dell'ITU (l'agenzia ONU per le telecomunicazioni) di regolamentare il Web, sostenendo che la libertà e l'apertura della Rete ne sarebbero state minacciate (in realtà la Rete è già regolamentata da una serie di agenzie, come l'ICANN, nominalmente private ma di fatto controllate dall'America). In cambio di questi e altri servigi, Google si è sempre sottratta alle richieste di regolamentazione avanzate nei suoi confronti dagli esperti che denunciano l'incredibile potere che è ve-

[20] Filosofia che gli Stati Uniti, in azioni congiunte con Israele, hanno già messo in atto contro l'Iran, nelle cui infrastrutture sono stati inoculati virus informatici distruttivi.

nuta concentrando nelle sue mani: un potere che potrebbe arrivare al punto di influenzare, se non pilotare, l'esito di una campagna elettorale, alterando la percezione dei candidati da parte del pubblico[21]. Per concludere, fra governi e corporation non esiste alcun serio contrasto ma piena collaborazione, in quanto entrambi sono impegnati a ridurre progressivamente quegli spazi di autonomia in Rete di cui, almeno originariamente, godevano lavoratori, cittadini e consumatori.

* * *

Se le speranze di democratizzazione dell'economia, di ascesa della classe creativa e di *empowerment* e consumatori si sono rivelate infondate, quella relativa al potenziamento del ruolo dei movimenti è l'unica che abbia avuto parziale riscontro nella realtà. Prima di discuterne, tuttavia, vale la pena di ricordare che, sul ruolo politico della Rete, si sono a lungo fronteggiati due approcci che potremmo definire, rispettivamente, riformistico-istituzionale e conflittuale-rivoluzionario[22]. Un esempio classico di questo dualismo è la contrapposizione fra teorici dell'e.government e teorici dell'e.democracy: i primi vedono la Rete come strumento in grado di promuovere la modernizzazione e l'efficientizzazione della macchina amministrativa, il miglioramento quantitativo e qualitativo dei servizi al cittadino concepito come «cliente», la messa in trasparenza delle procedure decisionali e l'attivazione di canali di scambio interattivo fra Stato e società civile; i secondi mettono al contrario l'accento sulla crisi della democrazia rappresentativa e sull'opportunità di sfruttare i nuovi media come ambiente di sperimentazione di nuove forme di democrazia diretta. L'elenco delle promesse mancate dell'e.government è lungo: nel precedente paragrafo ho già spiegato come l'utopia della trasparenza sia stata pervertita in un nuovo *Panopticon*; né meno deludente appare il bilancio dei progetti di *open government*: oggi il cittadino è effettivamente bombardato di informazioni che piovono dall'alto, ma la maggioranza di tali informazioni sono irrilevanti ai fini della comprensione delle relazioni di

21 Chi pensa che questa sia un'esagerazione, dovrebbe riflettere sul peso enorme che la Rete in generale e alcune Internet company in particolare hanno avuto nelle vittorie elettorali di Obama nel 2008 e nel 2012 (vedi più avanti).

22 Anche se esistono posizioni più articolate e complesse: cfr., in particolare, S. Rodotà, *Tecnopolitica*, Laterza, Roma-Bari 2004.

potere in cui è coinvolto, e la gente non dispone di strumenti che consentano di capire quali di queste informazioni siano realmente importanti e coglierne il significato; quanto all'interattività, è noto quanto poco siano frequentati forum, mailing list, chat e pagine di social media ideati dalle amministrazioni per favorire lo scambio con la società civile[23].

Del resto, il dibattito accademico si è progressivamente spostato dai temi dell'e.government e dell'e.democracy a quelli della comunicazione online come strumento di propaganda elettorale e di mobilitazione politica. Il tempo in cui gli esperti di cose di Internet potevano farsi beffe dell'ottusità dei politici, incapaci di comprendere le dinamiche del mondo online, è ormai tramontato[24]. Manuel Castells dà un'interpretazione ottimistica di tale evoluzione[25], citando le elezioni presidenziali del 2008 negli Stati Uniti come esempio di *empowerment* dei cittadini e della loro capacità di determinare dal basso non solo l'esito ma anche i contenuti politici di una campagna elettorale. Avendo compreso il ruolo strategico dell'autocomunicazione di massa[26], scrive Castells, Obama è riuscito a instaurare un rapporto di interazione continua con la propria base elettorale attraverso la piattaforma Mybarackobama.com. Costruito come un clone di Facebook, questo sito diffondeva testi, foto e video assieme ad altri materiali di propaganda e a informazioni utili su come, dove e con chi usarli; raccoglieva i contributi dei gruppi locali di militanti e sostenitori, consentiva gli scambi orizzontali e l'organizzazione autonoma di eventi, aggiustava il tiro in tempo reale, adeguando contenuti e linguaggi della campagna all'input proveniente dal basso. Un quadro idilliaco del rapporto fra un leader e la sua base che ha però due difetti: 1) non tiene conto del fatto che tutto ciò dura finché si tratta di raccogliere consenso, men-

23 Ciò avviene perché i cittadini vedono che le loro domande restano inevase e le loro critiche non producono effetti.

24 «Il marketing della politica utilizza la Rete con sempre maggiore sicurezza e competenza mentre, in direzione opposta, la capacità dei cittadini di appropriarsi degli strumenti di rete per orientare la politica sembra essere in discreta crisi», annota malinconicamente il blogger Massimo Mantellini (http://www.punto-informatico.it/3484241/PI//Commenti/contrappunti-politica-twitter.aspx).

25 Cfr. M. Castells, *Comunicazione e potere*, Università Bocconi Editore, Milano 2009.

26 Con questo termine Castells definisce la produzione/condivisione di contenuti autogestita dai cittadini/utenti.

tre la festa della partecipazione finisce subito dopo che è stato raggiunto lo scopo dell'elezione, dopodiché il potere esecutivo si riappropria del monopolio assoluto della decisione; 2) omette di spiegare che la macchina elettorale era saldamente in mano alle Internet company che l'avevano costruita per promuovere il «loro» candidato. La «complicità» fra Obama e corporation hi tech è emersa ancora più chiaramente nella campagna presidenziale del 2012, allorché il presidente democratico, dovendo recuperare il consenso eroso dalla crisi e dalle sue promesse non mantenute, si è visto costretto a ricorrere in misura ancora più massiccia all'aiuto della tecnologia: per costruire una propaganda «personalizzata», mirata sui profili dei singoli cittadini, sono stati usati tutti gli strumenti di tracciamento già sperimentati da Web company e *data broker*, offrendo un impressionante esempio della superiore efficacia della Rete come strumento di manipolazione propagandistica rispetto ai vecchi media, TV compresa[27].

Passiamo ora al rapporto fra movimenti e Rete. Mi sono già occupato del tema ragionando sulle esperienze di Occupy Wall Street e del Movimento 5 Stelle, ma il caso più intrigante, da questo punto di vista, è quello della Primavera Araba. Anche perché è quello che più di ogni altro ha alimentato la discussione in merito alla presunta capacità della Rete, non solo di agire da catalizzatore e strumento di organizzazione e mobilitazione dei movimenti, ma addirittura di «generarli». A quest'ultima idiozia sono già state rivolte critiche argomentate e convincenti, come quelle avanzate da Malcolm Gladwell in un articolo apparso sulle pagine del *New Yorker*[28], e riprese in modo ancora più efficace da Cory Doctorow su quelle del *Guardian*[29]. Replicando alla tesi sostenuta dai media occidentali – secondo cui i moti nordafricani sarebbero una sorta di «Twitter Revolution» –, i due ricordano che la stragrande maggioranza dei milioni di persone scese in piazza erano lavoratori poveri e analfabeti che non dispongono di connessioni Internet, e che non sarebbero state comunque in grado di postare i messaggi in inglese che hanno raccontato la rivoluzione al mondo; dopo-

27 Cfr. in proposito l'articolo del *New York Times* all'indirizzo http://bits.blogs.nytimes.com/2012/11/01/romney-and-obama-campaigns-leaking-web-site-visitor-data

28 Consultabile all'indirizzo http://www.newyorker.com/reporting/2010/10/04/101004fa_fact_gladwell

29 Consultabile all'indirizzo http://www.guardian.co.uk/technology/2011/jun/16/networks-fame-revolutions

diché sostengono che, a mobilitare le masse, sono state piuttosto le cronache dei grandi network televisivi in lingua araba, come Al-Jazeera, comprese da centinaia di milioni di persone di tutti i Paesi coinvolti. Inoltre, aggiunge Evgeny Morozov in un altro articolo apparso sul *Guardian*[30], chi esalta il ruolo delle élite acculturate e anglofone e accredita la tesi che questa «avanguardia» si sarebbe aggregata spontaneamente dal basso grazie ai social media, ignora che le insurrezioni erano state preparate da militanti tunisini ed egiziani che erano in contatto da anni, non solo attraverso la Rete, ma anche con incontri faccia a faccia. Ancora Morozov, in un libro che approfondisce la riflessione sul rapporto fra Rete e movimenti[31], smonta quella che chiama la «dottrina Google», cioè la tesi secondo cui i regimi autoritari, nel momento in cui devono fare i conti con la comunicazione mediata dalla Rete, avrebbero le ore contate perché, con la sua sola presenza, Internet sarebbe in grado di innescare una spinta irreversibile verso la democrazia. L'unica verità contenuta in questo discorso, sostiene Morozov, consiste nel fatto che la crisi dei regimi islamici moderati provocata dalla Primavera Araba e l'incremento nell'uso dei social media che l'ha accompagnata offrono agli Stati Uniti e alle corporation hi tech una straordinaria opportunità per rafforzare la loro influenza nell'area[32].

Il tragico fallimento della rivoluzione egiziana – passata dalle speranze della Primavera Araba alla vittoria elettorale dei Fratelli Musulmani, e infine approdata a una nuova, efferata dittatura militare – dovrebbe indurci a mettere da parte una volta per tutte le chiacchiere sulla «Twitter Revolution», per avviare una seria analisi sulla composizione di classe dei movimenti arabi. Qui non ho lo spazio per affrontare il compito, per cui mi limito a offrire qualche spunto in tal senso. L'Occidente ha voluto vedere, nella rivolta delle élite giovanili, acculturate e informatizzate che hanno dato inizio ai movimenti una domanda di riforme politiche ed economiche per avviare la transizione

30 Vedi all'indirizzo http://www.guardian.co.uk/commentisfree/2011/mar/07/facebook-twitter-revolutionaries-cyber-utopians

31 Cfr. E. Morozov, *The Net Delusion*, PublicAffairs, New York 2011.

32 Non a caso, a poco più di un anno dallo scoppio della Primavera Araba, i media americani si compiacciono della capacità di penetrazione commerciale che Twitter, Facebook, Linkedin e altre piattaforme hanno acquisito sui mercati nordafricani e mediorientali.

verso forme di democrazia liberale, e per accelerare l'integrazione dell'area nel mercato globale. Viceversa, a me pare che l'ideologia delle masse giovanili arabe sia più simile a quella dei protagonisti dei movimenti occidentali come Occupy Wall Street, gli Indignados e 5 Stelle: si trattava soprattutto di studenti e neolaureati, consapevoli di non avere la minima chance di trovare occupazioni all'altezza del livello di conoscenze acquisito, condannati all'emigrazione o a sopravvivere con redditi da fame. La convergenza fra queste élite e le masse proletarie avrebbe potuto avvenire sul piano di una richiesta di ridistribuzione delle ricchezze accumulate dalle caste dominanti grazie al petrolio. Ma questo non è successo e, come è avvenuto con i movimenti occidentali, anche qui non è stato possibile instaurare un rapporto di egemonia fra avanguardie intellettuali e masse proletarie. La successiva vittoria elettorale dei Fratelli Musulmani non deve quindi stupire, non solo per il loro pluridecennale, profondo radicamento culturale fra le masse popolari, ma anche e soprattutto perché hanno sempre praticato forme di solidarietà nei confronti degli esclusi, garantendo una sorta di «welfare religioso» autogestito dal basso. Una volta al potere, tuttavia, non hanno avuto il coraggio e la forza di rompere con l'Occidente e i paradigmi neoliberisti, per imboccare la via di un «socialismo estrattivista» simile a quello di alcuni Paesi latinoamericani (vedi capitolo IX). Di qui l'aggravarsi della crisi economica e la ripresa dei conflitti che ha provocato il nuovo golpe militare, benedetto dai Paesi occidentali come il male minore, come soluzione obbligata per evitare che la situazione precipitasse nel caos e nell'ingovernabilità. Benedetto, purtroppo, anche da una parte della sinistra democratica egiziana, nonché dalle sinistre occidentali e, meno sorprendentemente, dai media globali. Mai come in questa circostanza, l'insipienza culturale e politica di una sinistra globale sempre più allineata con i valori occidentali è apparsa evidente, al punto da abdicare al compito di analizzare la situazione dal punto di vista della lotta di classe per aderire, di fatto, alla tesi di Samuel Huntington sullo «scontro di civiltà» fra Islam e Occidente.

Chiusa la parentesi politologica, resta il dato di fatto della sopravvalutazione del ruolo della Rete come agente scatenante della Primavera Araba. Il che non significa sostenere che Internet non abbia svolto e non continui a svolgere un ruolo importante per i movimenti: negarlo sarebbe come negare che la stampa abbia svolto un ruolo nella nascita e nel consolidamento del movimento operaio alla fine dell'Ottocento. Più semplicemente si tratta di sfatare il mito che attribuisce a Internet il compito di fare le rivoluzioni e liberare il mondo, mito che Morozov ha definito «Internet-centrismo». Ciò di cui occorre prendere atto una volte per tutte è che le tecnologie in generale, e le tecnologie digitali in particolare, non contengono soluzioni già pronte ai dilemmi politici e sociali che esse stesse creano. Solo adottando questa posizione «cyber-realistica», è possibile analizzare lucidamente in che misura, perché e a quali condizioni la Rete può funzionare come strumento per alimentare, gestire e organizzare il conflitto politico e sociale. Troviamo un esempio di questo atteggiamento realistico e anti-ideologico nel già citato libro[33] sulle lotte No Tav curato da Askatasuna: richiamata l'attenzione sul crescente livello di integrazione fra vecchi e nuovi media, sempre più controllati dall'industria culturale; raccontate le operazioni di «guerrilla marketing» contro il movimento, messe in atto dai media *mainstream* grazie alla loro capacità di «infiltrare» e manipolare i social media; ricordato che le forme più importanti di comunicazione del movimento No Tav rimangono il passaparola da paese a paese e la «chiacchiera da bar», i curatori ribadiscono che la Rete resta in ogni caso un canale di controinformazione, uno strumento di organizzazione e di mobilitazione e, soprattutto, uno strumento di rafforzamento delle relazioni faccia a faccia. Come dire: Internet rappresenta un nuovo, importante campo di opportunità per i movimenti, ma la sua efficacia è commisurata alla capacità di interagire con legami sociali preesistenti o generati nel corso della lotta.

[33] Centro Sociale Askatasuna (a cura di), *A sarà düra*, cit.

Parte quarta
RIPENSARE LA TRANSIZIONE

Capitolo X
CINQUE MOTIVI PER TORNARE A DISCUTERE DI TRANSIZIONE

1. Perché il capitalismo non muore da solo

Dopo il crollo dell'Unione Sovietica Francis Fukuyama annunciava «la fine della storia»[1]: sparita ogni alternativa al capitalismo, l'ideologia liberal-liberista poteva celebrare il proprio ingresso nell'eternità, lo Spirito Assoluto hegeliano aveva trovato incarnazione terrena. Qualche anno dopo, lo stesso annuncio è stato ripetuto in versione «di sinistra»: che altro sono i discorsi sulla produzione biopolitica e sul «comunismo del capitale»? Dai teorici dell'Impero abbiamo appreso che il potere non ha più centro, essendo interamente distribuito nelle reti, il che può significare solo due cose: o che il potere è inscalfibile e inattaccabile, in quanto «introiettato» da tutti i soggetti del corpo sociale (versione Fukuyama), o che il potere può essere «spento», neutralizzato dall'interno attraverso la presa di coscienza dei soggetti (versione Negri). Immaginare una rottura rivoluzionaria da parte di nemici esterni dell'Impero è vano, perché la rottura può venire solo dall'interno e la posta in palio può essere solo il comando imperiale. Addio storia, perché l'idea di rivoluzione perde ogni connotato di catastrofe (di «redenzione» in senso benjaminiano) per appiattirsi sul significato letterale di ritorno allo stesso punto; e addio conflitto perché, se si tratta di decidere chi detiene il comando restando all'in-

[1] Cfr. F. Fukuyama, *La fine della storia e l'ultimo uomo*, Rizzoli, Milano 2002.

terno delle leggi imperiali, è evidente che fra i contendenti deve esistere una relazione mimetica. Così si dà per scontato che il potere non abbia più trascendenza, sia interamente immanente alle strutture economiche; si afferma che non ha più senso aspettare la nascita di un uomo nuovo, in quanto la natura umana sarebbe già cambiata; si sostiene che il capitale non organizza più la cooperazione produttiva, la quale sarebbe già nelle mani di una creatività sociale diffusa, autonoma e auto-organizzata. Insomma: perché aspettare la rivoluzione comunista se il comunismo è qui e ora? Oggi la rivoluzione vive nel presente e, per liberarla dallo spettro del capitale, basta far emergere «l'imprenditorialità del comune». Mimesi: non c'è autonomia del politico perché, se il potere è totalmente immanente all'economia, capitale e lavoro sono due «nomi» della stessa cosa, basta cambiare nome all'organizzazione produttiva per far sparire il capitalismo. Il nuovo nasce dal guscio di un vecchio che è ormai vuoto, privo di sostanza come un uovo prossimo a schiudersi per liberare il pulcino, allo stesso modo in cui la Rivoluzione francese ha liberato la borghesia dal guscio dell'Ancien Régime. In un mondo in cui il *general intellect* è egemone, il concetto di transizione lascia il posto al concetto di potere costituente come espressione di un nuovo riformismo[2].

Se per Negri basta evocare il nome del comunismo per renderlo reale, l'anarchico Graeber si limita ad affermare – con un pizzico di prudenza in più – che ci sono buone ragioni per credere che il capitalismo sparirà nel giro di una generazione. Invece di motivare questa improbabile profezia, Graeber si limita a dire che l'ottimismo è un «imperativo morale», e che l'affermazione secondo cui un altro mondo è possibile va assunta come un «atto di fede» (*sic*). Affermazione che rafforza aggiungendo che il potere avrebbe paura dei movimenti, il cui più grave errore consisterebbe nel non saper riconoscere le proprie vittorie. A parte questa delirante applicazione del gramsciano ottimismo della volontà, a Graeber va riconosciuto di non avere del tutto dimenticato il pessimismo della ragione, visto che ammette che, oggi, la rivoluzione potrebbe attuarsi solo come improbabile dominio di una minoranza, per cui occorre prepararsi a una lotta di lungo pe-

[2] Per montare questa sequenza di enunciati ho attinto ai seguenti testi di A. Negri: *Impero*, cit.; *Comune*, cit.; *Movimenti nell'Impero*, Raffaello Cortina, Milano 2006; *Cinque lezioni su Impero e dintorni*, Raffello Cortina, Milano 2003; *Inventare il comune*, Derive Approdi, Roma 2012.

riodo[3]. In ogni caso, tanto la posizione di Negri quanto quella di Graeber si presentano come varianti della teoria del crollo capitalistico. Nella versione classica, tale teoria rinviava a cause strutturali, quali l'inarrestabile tendenza alla caduta del saggio del profitto, oppure, nella lezione ecologista, ai limiti che l'esaurimento delle risorse non rinnovabili e il degrado ambientale impongono allo sviluppo e alla crescita. Nella versione nominalistico-soggettivistica di postoperaisti e anarchici il crollo è invece attribuito a una sorta di esaurimento della capacità egemonica del «racconto» del capitale, per cui si avvicina il momento in cui noi tutti ci «sveglieremo» dall'incantamento per renderci conto che già viviamo in un mondo nuovo.

Nel corso di questo lavoro credo di avere dimostrato l'inconsistenza di tale punto di vista: il capitalismo non muore da solo; il suo potere resta saldo e reale e, anche se non è più concentrato in qualche Palazzo d'Inverno, si incarna in soggetti sociali e politici concreti, un «nemico» contro cui ha ancora senso organizzare la resistenza di soggetti sociali e politici altrettanto concreti, piuttosto che attendere il «risveglio» delle moltitudini. La più letale delle utopie evocate dal titolo di questo libro consiste nel presentare il mondo in cui viviamo come «ambiguo», come convivenza fra «narrazioni» in concorrenza reciproca, una delle quali – quella del capitale – sarebbe prossima a perdere senso, e quindi la capacità di in-formare di sé la realtà. Anche Marx afferma che il lavoro è, al tempo stesso, astratto fattore produttivo per il capitalista e concreta esperienza di vita per l'operaio; due mondi che convivono pur escludendosi reciprocamente sul piano del senso; ma il suo discorso non si inscrive nell'ordine dell'ambiguità, bensì nell'ordine della *contraddizione*: per usare l'operaio come fattore produttivo il capitalista deve annientarne la resistenza; per riconquistare la condizione di soggetto vivente l'operaio deve annientare il capitalismo.

2. *Perché il personale è politico, ma il politico non è personale*

Il pensiero marxista convive da sempre con una contraddizione irrisolta. Da un lato, sostiene la parzialità del punto di vista operaio, ri-

[3] Per le fonti vedi i lavori di Graeber citati al capitolo IX, nota 3.

vendica una prospettiva di classe che rifiuta l'idea di «bene comune», l'astratto universalismo dell'ideologia borghese che maschera gli interessi della classe dominante. Dall'altro lato, afferma che l'emancipazione della classe operaia realizzerà l'emancipazione dell'intera umanità, finalmente liberata dall'alienazione del mercato – il che equivale a far rientrare dalla finestra il punto di vista universalistico cacciato dalla porta. Il rischio è quello di cadere in un'antropologia ingenuamente ottimistica, per cui si presume che gli esseri umani, una volta liberati dall'alienazione economica, diventino «buoni» e che tutti i conflitti sociali e culturali spariscano nel paradiso del comunismo. Sono convinto che questa visione vada superata, riconoscendo che la fine del conflitto di classe non comporterà l'estinzione di altri conflitti, non meno «strutturali», come il conflitto di genere, il conflitto fra uomo e ambiente e il conflitto fra tradizioni e identità culturali diverse; se mai, potrebbe contribuire a rendere tali conflitti meno distruttivi, neutralizzando il surplus di antagonismo che il capitalismo inietta al loro interno. Il curioso è che, a mano a mano che le donne, le identità sessuali alternative, quelle etnico-culturali, le lotte per la pace e per l'ambiente, ecc. hanno sostituito la classe operaia nella narrazione dei movimenti di sinistra, la tensione fra punto di vista parziale e punto di vista universale non è affatto venuta meno; al contrario, si è radicalizzata. Ciò è evidente nel caso del movimento femminista, il quale – sia pure in modo non univoco e con diverse accentuazioni – ha spesso sostenuto che l'esito della lotta per la liberazione della donna coinciderà con l'emancipazione dell'intera umanità, con la riappropriazione delle proprie vite da parte di tutti i soggetti, individuali e collettivi. Ancora una volta si presume che un punto di vista parziale possa e debba rovesciarsi dialetticamente in punto di vista universale. Certamente le donne rappresentano un candidato più credibile della classe operaia, se non altro perché sono la metà del genere umano laddove la classe operaia è una minoranza, ancorché di massa. Ciò nondimeno, la seduzione «universalistica» non si è rivelata meno letale per il movimento femminista di quanto sia stata per il movimento operaio: in entrambi i casi, ha funzionato da agente di neutralizzazione dell'energia antagonistica favorendone l'integrazione nei dispositivi di dominio del capitale. Argomenterò questa tesi intrecciando quattro aree tematiche: 1) effetti controintuitivi dello slogan «il personale è politico»; 2) effetti della rimozione/sottovalutazione dei conflitti sociali e culturali che marcano e striano l'identità femminile; 3) fallimento della tesi secondo cui la fine del patriarcato comporterebbe la fine del dominio economico e politico del capitalismo; 4) funzionalità dell'ideologia *politically correct* alla conservazione e al rafforzamento del capitalismo nella sua fase postmoderna.

Come ricordavo nel capitolo VII, il contributo del femminismo all'analisi critica del capitalismo è fondamentale, nella misura in cui mette in luce la centralità del lavoro di cura che le donne svolgono gratuitamente ai fini della riproduzione/conservazione del sistema di sfruttamento capitalistico. Lo slogan «il personale è politico», coniato negli anni Settanta, va inquadrato nello sforzo di svelare l'intrinseca politicità della relazione fra generi, esaminandola dal lato della divisione del lavoro nell'istituzione famigliare: gli uomini a produrre plusvalore in fabbrica o in ufficio, le donne a riprodurre la forza lavoro maschile (e quindi ancora plusvalore) in casa, il tutto incastonato in una catena gerarchica in cui la subordinazione femminile nei confronti del maschio appare come il necessario presupposto dello sfruttamento della forza lavoro operaia. Politicizzare il personale, in quel contesto, significava mettere in discussione l'esistenza di una barriera fra il carattere pubblico/politico della sfera del lavoro e il carattere privato/personale della sfera delle relazioni famigliari, unificando le due sfere sul terreno della lotta anticapitalistica. La postmodernizzazione dell'economia e della politica hanno provocato uno slittamento semantico che, decontestualizzando lo slogan dal significato originario di lotta, ad un tempo, contro oppressione di classe e oppressione di genere, lo ha fatto divenire sinonimo di personalizzazione/privatizzazione della politica: dalla messa in gioco di ciò che del personale può essere reso politico, si è passati alla teorizzazione di una riconversione immediata del privato in pubblico. Una mutazione che Anna Straniero mette in luce a proposito delle modalità con cui si è sviluppato il conflitto fra l'uso dell'immagine femminile da parte del berlusconismo e il movimento «Se non ora quando?»[4], ma che può essere esteso a tutto l'uso strumentale del *politically correct* da parte del linguaggio del potere. Scrive ancora Anna Straniero: «La sfera privata scoppia nella sfera pubblica spargendosi in mille pezzi e inserendosi

[4] Cfr. A. Straniero, «Il personale è politico? Note a margine sulla sessualità come discorso pubblico nell'era berlusconiana», in A. Simone (a cura di), *Sessismo democratico. L'uso strumentale delle donne nel neoliberismo*, Mimesis, Milano-Udine 2012.

come chiacchiera spettacolarizzata, commercializzata, mentre la seconda implode su se stessa, svuotata dall'elemento della formazione attiva delle opinioni da parte di pubblici che sembrano avere perso la propria capacità critica»[5].

Attraverso i dispositivi paralleli di femminilizzazione del lavoro e omologazione della comunicazione politica e mediatica ai canoni della «neolingua» *politically correct*, non sono le donne a essere incluse nella vita pubblica, bensì la loro immagine, ridotta a componente di un corpo sociale «identificabile attraverso le ripartizioni semantiche: le donne, i disabili, i gay e le lesbiche, i neri, i trans, ecc.»[6]. Per chi qualche anno fa invitava a fare salti di gioia per la fine del patriarcato, esistono non pochi motivi di riflessione. Non c'è dubbio che oggi – almeno sul piano culturale e simbolico – si viva in un mondo postpatriarcale, ma ciò non ha sancito l'egemonia politica del movimento femminista, né, tanto meno, il crollo del capitalismo. Quest'ultimo si è dimostrato ampiamente in grado di adattarsi alla nuova realtà; anzi, se ne è fatto il più zelante ed entusiasta sostenitore, nella misura in cui interpreta la nuova libertà femminile «come una nuova forma di schiavitù rispetto ai valori consumistici di tipo neoliberale e rispetto ai dispositivi messi a punto per gestire pubblicamente la soggettività»[7]. Il sessismo non può più essere inteso e combattuto nella sua forma classica – ormai defunta –, ma va riconosciuto e contrastato in quanto dispositivo che non ha più la funzione di escludere le donne dalla scena pubblica bensì di promuoverne l'«inclusione differenziale»[8], in modo non dissimile da quello in cui viene gestita l'inclusione differenziale delle masse migranti (vedi capitolo VI). Nel frattempo, la «vittoria» contro il patriarcato produce una serie di effetti che non si rivoltano solo contro le donne, ma contro l'intero corpo sociale, a partire da un disordine simbolico che rischia di divenire ingovernabile, come nota Ida Dominijanni commentando sarcasticamente la rielezione di Giorgio Napolitano: «Mi chiedo a quale cornice simbolica corrisponda la mossa del più giovane e più femminilizzato parlamento della storia

5 *Ibidem*.

6 Sono parole di Anna Simone, tratte dalla Introduzione al libro citato sopra, alla nota 4.

7 *Ibidem*.

8 *Ibidem*.

italiana che si consegna mani e piedi a un padre raddoppiato, nell'età e nell'incarico»[9].

Vuoto e disordine simbolico sono temi su cui riflette a sua volta Marisa Fiumanò, in una conferenza tenuta l'8 maggio del 2013 a Milano[10]. Quarant'anni di femminismo, argomenta, hanno dato il loro contributo alla mutazione culturale che ha scardinato l'ordinamento simbolico che regolava le nostre vite, che promuove il consumo di oggetti e il godimento a ogni costo, che tenta di annullare i limiti dell'impossibile, che rimuove la malattia e la morte, che promette a tutti l'accesso a tutto e ci lascia in preda alle nostre pulsioni senza alcun filtro. Ovviamente il femminismo riteneva di poter dar vita a un ordine simbolico alternativo, «un grande ombrello simbolico che permettesse alle donne di ripararvisi sotto»[11]; ma quel progetto è fallito perché, non avendo tenuto conto della radicale dissimmetria fra le posizioni maschile e femminile, ha praticato una «ideologia della differenza» che, paradossalmente, si è rovesciata in un'idea di sociale in cui tutto è interscambiabile: in assenza di ogni ordine gerarchico, una differenza vale l'altra e, prima di essere uomini e donne, siamo solo e soprattutto consumatori[12].

Come volevasi dimostrare: la parte che aspira a farsi totalità finisce per identificarsi con gli unici valori «universali» che la storia metta oggi a disposizione: democrazia e mercato. È pur vero che democrazia e liberismo, argomenta ancora Fiumanò, sono in un certo senso dalla parte delle donne, garantiscono la loro circolazione sociale, le proteggono dalla disuguaglianza, permettono di insorgere contro la violenza, ne difendono la fragilità fisica e psichica; ma andrebbe aggiunto che ciò vale soprattutto per le donne dei Paesi ricchi e delle classi medio-alte, assai meno per le altre, cui tocca pagare il prezzo della «libertà» che democrazia e mercato regalano alle «sorelle» più fortunate. Un esempio? Marta Cabezas Fernández[13] racconta la lotta

9 Cfr. I. Dominijanni, «Il raddoppio», *Alfabeta2*, 25 aprile 2013, articolo consultabile all'indirizzo http://www.alfabeta2.it/2013/04/25/il-raddoppio

10 M. Fiumanò, «La questione femminile, la psicanalisi e il politically correct»; video consultabile all'indirizzo http://www.affaritaliani.it/Rubriche/cafephilo/filosofia-sui-navigli-la-conferenza-di-nelly-cappelli.html

11 *Ibidem.*

12 *Ibidem.*

13 Cfr. M. Cabezas Fernández, «19 años de lucha por la ley, 11 en el parlamento», *Iconos*, n. 44, settembre 2012.

delle lavoratrici domestiche boliviane: indie affidate in tenera età alle famiglie della borghesia bianca delle città, costrette a lavorare anche sedici ore al giorno senza retribuzione (ricevono solo vitto e alloggio), finché vengono rispedite alle famiglie di origine più o meno nelle stesse condizioni in cui avevano lasciato le montagne o la foresta amazzonica (solo conoscendo qualche parola di spagnolo in più). Queste donne si sono organizzate in sindacato per chiedere un salario minimo garantito e il riconoscimento dello *status* di lavoratrici. La lentezza con cui hanno ottenuto giustizia, spiega l'autrice dell'articolo, è dipesa dall'opposizione incontrata da parte di alcune parlamentari femministe di sinistra perché, argomentavano costoro, le ragazze non erano trattate come serve bensì come «figlie», e molte famiglie non sarebbero state in grado di pagarle. «Femminismo *señorial*», commenta sarcastica la Fernández, che contrappone a questo atteggiamento il punto di vista di un femminismo critico che non consideri le donne una categoria omogenea e riconosca che la «sorellanza» non è un presupposto naturale, bensì il risultato di una costruzione politica che tenga conto delle differenze di classe e di identità culturale. Per concludere: se è vero che oggi le lotte del proletariato globale hanno spesso come protagoniste masse femminili che sopportano il doppio peso dello sfruttamento capitalistico e dell'oppressione di genere (cui non di rado si aggiunge quello dell'oppressione da parte delle donne delle classi medio-alte), occorre riconoscere che queste lotte, benché non si ispirino all'ideologia femminista, sono la vera «avanguardia» della lotta per la liberazione della donna. E lo sono in quanto lotte politiche che affondano le radici in un'identità di classe rispetto alla quale l'identità di genere appare come un potenziamento, non come un'alternativa.

3. Perché i diritti non fanno la rivoluzione

Nel capitolo VII ho discusso il «nuovo costituzionalismo» che, secondo Stefano Rodotà, dovrebbe riconoscere, accogliere e istituzionalizzare le richieste materiali e spirituali di dignità, uguaglianza, libertà, giustizia, cittadinanza, solidarietà avanzate da una molteplicità di soggetti. Rispondendo a chi contesta l'invadenza del diritto nei confronti della politica, Rodotà replica che, dopo il tramonto dei grandi soggetti storici, resta solo il diritto a opporsi alla naturalizzazione delle «leggi» economiche – le quali si riducono, di fatto, alla legge del più forte. Quindi, tentando di tenere insieme i vecchi diritti sociali, conquistati in decenni di lotte di classe, con i nuovi diritti civili rivendicati dai movimenti, Rodotà parla di «indivisibilità» dei diritti, i quali dovrebbero unificarsi attorno alla persona. A questa tesi obiettavo che, se davvero non fossimo in grado di definire quali soggetti sociali e politici possano far valere il «diritto di avere diritti»[14], il suo rischia di ridursi a un progetto di personalizzazione del diritto omologo ai processi di personalizzazione della politica che hanno smantellato ogni forma di opposizione antagonistica. Replicando alle mie obiezioni[15], Rodotà, mentre riconosce che il suo è un tentativo estremo di dilatare la dimensione dei diritti in un tempo che tenta di cancellarla, insiste sulla necessità di mettere al centro di tale tentativo il concetto di persona, scaturito dalle domande delle singolarità attorno alle quali si aggregano i nuovi movimenti, per lavorare a un progetto di «costituzione infinita».

Sono precisazioni che non bastano a sciogliere le perplessità. Analizzato da una prospettiva psicanalitica[16], il diritto ad avere diritti tende a identificarsi con il diritto a un godimento illimitato, fuori norma, senza censure; al «vietato vietare» di sessantottesca memoria che, nel corso dei decenni, come aveva previsto Marcuse parlando di desublimazione repressiva[17], si è trasformato in motore dell'iperconsumismo postmoderno. Se tutti hanno diritto ai godimenti che vogliono e i godimenti non possono essere normati, ne va della sopravvivenza del desiderio, il quale non si fonda sull'accesso illimitato ma sulla mancanza. Il godimento, che oggi è in primo luogo godimento di oggetti-merce, «ottura» il desiderio, quindi ottura anche quel senso radicale di mancanza che è fonte di ogni domanda e rivendicazione politica. Onofrio Romano, intervenendo a sua volta nel dibattito sul libro di Rodotà[18], liquida in tre mosse la tesi che trasferisce dalla politica al diritto il ruo-

14 Cfr. S. Rodotà, *Il diritto di avere diritti*, cit.

15 Cfr. S. Rodotà, «La grande trasformazione costituzionale», *Alfabeta2*, n. 29, maggio 2013.

16 Cfr. il citato video di Marisa Fiumanò; vedi anche, della stessa autrice, *L'inconscio è il sociale*, Bruno Mondadori, Milano 2010.

17 Cfr. E. Marcuse, *L'uomo a una dimensione*, Einaudi, Torino 1967; vedi anche «La tolleranza repressiva», in *Critica della tolleranza*, con R. Wolff e B. Moore Jr., Einaudi, Torino 1968.

18 Cfr. O. Romano, «Politica o barbarie», *Alfabeta2*, n. 29, maggio 2013.

lo di contrastare il dominio del mercato. In primo luogo, mette in luce come l'idea del protagonismo di una persona che dovrebbe rimpiazzare il soggetto astratto della tradizione illuministico-borghese rinvii a una visione «vitalistica», alla sostanza corporea di una singolarità umana il cui destino sarebbe quello di autorealizzarsi, di costruirsi autonomamente in quanto tale. Poi respinge l'idea della narrazione dei diritti come «fatto sociale totale», come unica grande narrazione del presente – idea che, superando di slancio ogni dubbio in merito al carattere universale del punto di vista occidentale (il solo che metta il tema dei diritti al centro del discorso), presenta tutte le lotte per l'emancipazione come momenti di una marcia planetaria per l'acquisizione illimitata di nuovi diritti. Infine sostiene – in sintonia con il discorso psicanalitico – che il confine fra autonomia e voglia di partecipare allo sbraco consumistico è labile, se non inesistente: «Ciò che noi chiamiamo lotta per i diritti è spesso lotta per il proprio annichilimento nel consumo»[19]. Il punto è che mercato e diritti sono entrambi fattori fondanti della tradizione liberale, di un «pensiero della libertà» che ha trionfato sulla tradizione critica. Mercato e diritti sono, dunque, due facce della stessa egemonia politico-culturale che pone al centro il singolo, sottratto a ogni autorità sovraindividuale, mentre riduce la politica a infinita moltiplicazione dei diritti, dando per scontata l'inutilità dei tentativi di modificare lo scenario complessivo in cui i singoli agiscono.

4. Perché dire né pubblico né privato è come dire privato

Che cosa sono i beni comuni? A chi sono comuni? Chi li deve amministrare? Queste alcune delle domande che Ermanno Vitale si pone nel corso della sua polemica[20] contro la moda «benecomunista» che seduce la sinistra. Mettendo fra parentesi gli effetti più ridicoli, al limite del grottesco, di tale moda (dallo slogan sindacale sul lavoro bene comune alla sigla Italia bene comune inalberata dalla coalizione di centrosinistra nelle elezioni del 2013[21]), partirò da questi tre interro-

[19] *Ibidem*.

[20] E. Vitale, *Contro i beni comuni. Una critica illuminista*, Laterza, Roma-Bari 2013.

[21] Criticando questi eccessi, Rodotà ha scritto: «Un uso estremamente lato dell'espressione può comprometterne l'efficacia e banalizzarne il senso» (*Il diritto di avere diritti*, cit., p. 114).

gativi per tentare di capire se esista un elemento unificante dietro gli usi eterogenei del termine.

Una prima, ovvia distinzione andrebbe fatta – e infatti quasi tutti coloro che si occupano del tema la fanno – fra beni comuni materiali e immateriali. Con i secondi ci si riferisce in primo luogo ai prodotti della conoscenza, la cui importanza economica, politica e culturale è venuta crescendo con la New Economy – un processo che ha posto al centro dell'attenzione il dibattito sulla proprietà intellettuale (copyright e brevetti) e alimentato la polemica contro l'inasprimento delle norme che la tutelano, denunciate come pratiche di «enclosure» dei beni comuni immateriali. Vitale ironizza sull'uso di questo termine che, a suo parere, è diventato una parola *passepartout*[22] che consente di sorvolare sulle diverse peculiarità dei fenomeni connotati; personalmente, ritengo che si tratti di una metafora accettabile ove utilizzata in senso *politico*, cioè in riferimento alla legittimazione governativa di pratiche di appropriazione privata e controllo monopolistico della conoscenza; credo invece che Vitale abbia ragione quando vi si fa ricorso per sostenere che la conoscenza sfuggirebbe «per natura» alle leggi di mercato. In una famosa causa civile intentata da un cittadino americano contro l'istituto di ricerca che aveva brevettato alcune sequenze del suo codice genetico (in quanto contenevano informazioni utili per curare una forma di cancro al fegato), la corte diede ragione ai ricercatori perché accettò la tesi della difesa, in base alla quale oggetto del brevetto non era il materiale biologico in quanto tale, bensì le informazioni che ne erano state estratte al prezzo di costosi investimenti. Si tratta di un caso estremamente interessante, in quanto consente di capire come, a mano a mano che il mercato invade tutte le sfere vitali, nulla può più essere *naturalmente* sottratto alle sue leggi: a caratterizzare come «prodotto» un determinato oggetto – sia esso una macchina, un alimento, una sequenza di codice informatico o genetico, una specie vegetale o animale geneticamente modificata, una pratica di cura divenuta servizio commerciale, ecc. – è il fatto che si sia investito del capitale per crearlo e/o modificarlo al fine di venderlo e ricavarne un profitto. Ciò aiuta a comprendere come, anche nel caso di beni materiali necessari a soddisfare esigenze vitali fondamentali, come l'acqua, non esistano vincoli né princìpi «naturali» che li carat-

22 Cfr. E. Vitale, *Contro i beni comuni*, p. 17.

terizzino *a priori* come beni comuni: per raccogliere e distribuire l'acqua occorrono investimenti, quindi, se a realizzare tali investimenti non è lo Stato bensì un'impresa privata, l'acqua diventa una merce come tutte le altre e la possibilità di disporne dipenderà esclusivamente dalle «leggi» del mercato.

Che cos'è allora un bene comune? Personalmente, ritengo che comuni siano tutti e solo quei beni di cui determinati soggetti sociali si appropriano, sottraendoli al controllo del mercato. Ma i benecomunisti aggiungono: sottraendolo anche al controllo dello Stato, in quanto questi beni sfuggono alla dicotomia pubblico/privato; ed è qui che diventano rilevanti il secondo e il terzo interrogativo sollevati da Vitale: a chi sono comuni i beni comuni e chi li deve amministrare. Per Negri e Hardt[23] la risposta è chiara: il comune è inclusivo, cioè aperto all'accesso di tutti contro il monopolio della proprietà privata e della proprietà pubblica, e deve essere amministrato tramite autogestione comunitaria dal basso. Così per Vitale diventa facile affondare il colpo: universalità dell'accesso e autogestione comunitaria sono una contraddizione in termini. Storicamente è dimostrato che l'autogestione si è rivelata possibile solo per piccole comunità, da poche decine a poche migliaia di persone – situazioni che evocano la gestione condominiale di un caseggiato più che la Comune di Parigi, commenta sarcasticamente Vitale[24]. Di più: nella maggior parte dei casi, queste comunità non si ispirano ai princìpi di orizzontalità dei nuovi movimenti; al loro interno vigono piuttosto rapporti gerarchici, così come vengono erette barriere nei confronti degli estranei, cui non è concesso accedere al godimento del bene. Addio universalità, insomma, a meno di non presupporre – come fanno irrealisticamente Negri e Hardt – che il benecomunismo segni l'inizio di una nuova era, fondata su un'antropologia radicalmente altra[25].

Esistono risposte più «realistiche» ai nostri due interrogativi? Sì, sono risposte che appiattiscono il discorso dei beni comuni sul discorso dei nuovi diritti analizzato nel precedente paragrafo. «I beni comu-

23 Cfr. M. Hardt, A. Negri, *Comune*, cit. Vedi anche M. Hardt, «Il comune come organizzazione», *Alfabeta2*, n. 21, luglio-agosto 2012.

24 E. Vitale, *Contro i beni comuni*, cit., p. 13.

25 *Ibid.*, p. 44. Qui l'argomentazione di Vitale converge con la mia critica al concetto di comunismo come società totalmente pacificata, paradiso in terra.

ni», scrive per esempio Maria Rosaria Marella[26], «sono quei beni che, a prescindere dall'appartenenza pubblica o privata, si caratterizzano per un vincolo di destinazione, essendo funzionali alla realizzazione dei diritti fondamentali di tutte e tutti». Essi, specifica a sua volta Rodotà, appartengono a tutti e a nessuno, tutti possono accedervi, nessuno può vantare diritti esclusivi[27]. Qui l'universalità è presupposta ma, per quanto riguarda chi dovrebbe amministrare il diritto universale di accesso, si torna alla tesi secondo cui ciò spetterebbe non allo Stato e alla politica, sempre più deboli di fronte al dominio del mercato, bensì a un costituzionalismo globale fondato su un nuovo sistema dei diritti. Ho già sottolineato come l'assenza di istituzioni e soggetti politici e sociali in grado di incarnare tale sistema renda impraticabile questa via; qui vorrei richiamare l'attenzione su un altro punto: se non dobbiamo rivolgerci allo Stato, su quali rapporti di forza potrà fondarsi il diritto universale di accesso? E ancora: come evitare che l'attuale tendenza alla dismissione delle proprietà pubbliche si traduca in estensione della proprietà privata? Le risposte che vengono date a questi problemi aiutano a comprendere fino a che punto l'ideologia benecomunista sia omologa all'ideologia della domanda di nuovi diritti, e come entrambe restino ancorate al paradigma liberale. Leggiamo ancora Maria Rosaria Marella: «Si può quindi concludere che non c'è contraddizione tra il diritto privato, sia della tradizione liberale, sia della fase attuale, e il diritto dei *commons*, anzi direi che quest'ultimo si può ben iscrivere all'interno del diritto privato»[28]. Come volevasi dimostrare: dire né pubblico né privato è come dire privato; l'idiosincrasia per lo Stato unifica anarco-capitalisti, postoperaisti, neocostituzionalisti e benecomunisti e li riconduce tutti nel solco della tradizione liberale.

5. Perché è meglio farsi Stato che odiare lo Stato

«Don't hate the media, become the media», recita un famoso slogan coniato dai mediattivisti. Il senso della battuta è chiaro: per i mo-

26 M.R. Marella, «Il diritto dei beni comuni oltre il pubblico e il privato», articolo consultabile all'indirizzo http://www.uninomade.org/il-diritto-dei-beni-comuni

27 Cfr. S. Rodotà, *Il diritto di avere diritti*, cit., p. 125.

28 Cfr. M.R. Marella, «Il diritto dei beni comuni...», art. cit. sopra, alla nota 26.

vimenti è meglio creare canali di comunicazione autonomi e autogestiti, piuttosto che sprecare tempo ed energie a contestare la disinformazione dei media ufficiali. Il titolo di questo paragrafo, che a quello slogan fa il verso, allude invece all'opportunità di esplorare nuovi approcci al problema del ruolo dello Stato nelle fasi di transizione. Gli intellettuali latinoamericani invitano i colleghi europei a non illudersi che quanto sta capitando nel loro continente rappresenti un modello esportabile – saggio consiglio, però ritengo ugualmente che l'esperienza dei regimi postneoliberisti in America Latina offra importanti spunti di riflessione.

Partiamo da un punto fermo: a prescindere dal fatto che certi Paesi andini si sono autodefiniti «socialismi del XXI secolo», e a prescindere dall'emozione che questa scelta linguistica suscita nei cuori delle sinistre radicali europee, assetate di alternative, occorre chiarire una volta per tutte che nessuno di questi Paesi è socialista, né è probabile che lo diventi in tempi brevi. Certo, se ad esempio prendiamo a riferimento la triade «bolivariana» – Bolivia, Ecuador e Venezuela –, va riconosciuto che questi Paesi hanno rinnegato la via del neoliberismo. Lo confermano la crescita degli investimenti pubblici in settori come l'educazione, la sanità e le infrastrutture, la fuoriuscita di milioni di cittadini dallo stato di povertà, gli aumenti di reddito e il miglioramento delle condizioni di vita che hanno premiato lavoratori dipendenti, contadini, popolazioni indigene, lavoratrici domestiche, disabili, ecc. Non c'è dubbio, dunque, che in questi Paesi lo Stato stia svolgendo il ruolo di garante dell'accesso effettivo dei meno privilegiati a nuovi diritti e a consistenti benefici materiali e spirituali[29]. Così come va preso atto del fatto storico che Bolivia, Venezuela ed Ecuador si sono sottratti alla tutela del Fondo Monetario Internazionale e del Washington Consensus, che hanno ripudiato e/o ricontrattato i rispettivi debiti, nazionalizzato molti servizi pubblici e ridefinito al ribasso gli accordi con le multinazionali straniere. D'altro canto, va pure riconosciuto che non hanno seriamente aggredito le diseguaglianze sociali, che non hanno ridistribuito una ricchezza che resta saldamente in mano alle classi che la detenevano prima delle «rivoluzioni», che non hanno compiuto passi significativi per attuare una rifor-

[29] Cfr. il saggio conclusivo di P. Stefanoni in A. Dargatz, M. Zuazo, *Democracias en transformación*, cit.

ma agraria radicale, né hanno perseguito l'obiettivo della sovranità alimentare (in barba alle favorevoli condizioni climatiche, tutti continuano a importare alimenti). Di più: i princìpi del *Buen Vivir*[30] – ispirati alle culture tradizionali indigene e al loro rispetto nei confronti dell'ambiente – sono rimasti lettera morta, benché occupino ampio spazio nei testi costituzionali, in particolare nella Costituzione ecuadoriana del 2008; non meno inattuati – o solo episodicamente e marginalmente attuati – restano i princìpi di democrazia diretta e partecipativa sostenuti dai movimenti che hanno rovesciato i governi liberisti tra la fine degli anni Novanta e i primi del Duemila, benché anche questi princìpi siano stati accolti nelle costituzioni postrivoluzionarie. Infine, poco o nulla è stato fatto per cambiare un modello produttivo che, come in epoca liberista, resta fondato sull'estrattivismo, visto che quasi tutte le risorse che gli Stati utilizzano per finanziare investimenti pubblici e politiche sociali provengono dall'esportazione di petrolio, gas e altre materie prime. Certo fa non poca differenza il fatto che prima tali risorse finissero nelle tasche delle multinazionali straniere e delle borghesie locali, mentre oggi contribuiscono a migliorare le condizioni delle classi subalterne; ma ciò non basta a nascondere la fragilità di un modello di sviluppo che dipende totalmente dalle oscillazioni del prezzo delle materie prime, per tacere dei rischi politici associati a una modalità di acquisizione del consenso che «seduce» le masse, assuefacendole a contare sulla provvidenza di uno Stato-Miracolo, o del «socialismo petrolifero» come è stato anche definito[31]. Se a tutto ciò aggiungiamo che il problema del debito si è riproposto con un nuovo interlocutore, non meno potente ed esigente degli Stati Uniti, qual è la Cina, appare giustificato il dubbio che, più che a un nuovo campo socialista, ci si trovi di fronte alla nascita di una sorta di neocapitalismo di Stato, transitato dalla tutela del Washington Consensus a quella del Beijng Consensus.

L'evoluzione appena descritta rappresenta una battuta d'arresto – o addirittura un passo indietro – rispetto alle speranze dei movimenti che sognavano di passare direttamente dal liberismo al postcapitali-

[30] Si tratta della traduzione spagnola di un termine indigeno che serve a sintetizzare diversi concetti: dall'appartenenza degli esseri umani all'ambiente in cui abitano alla necessità di adottare pratiche e regole di vita compatibili con tale appartenenza. I princìpi del *Buen Vivir* sono stati costituzionalizzati sia in Ecuador sia in Bolivia.

[31] P. Stefanoni in A. Dargatz, M. Zuazo, *Democracias en transformación*, cit.

smo, e dallo Stato liberale alla democrazia diretta? Oppure è più corretto considerarla una necessaria – ancorché problematica – tappa intermedia lungo il cammino verso il socialismo? Ancora: la centralizzazione del potere in regimi presidenziali a guida carismatica è sintomo di un processo degenerativo, un ritorno nell'alveo della tradizione populista, oppure è l'inevitabile tributo da pagare in una fase di dualismo di potere, in cui il rischio di un contrattacco reazionario da parte di forze interne ed esterne non può essere fronteggiato da istituzioni deboli e decentrate? Infine, il modello estrattivista è la via obbligata per raggiungere livelli di sviluppo minimi, dai quali diverrà possibile far partire radicali riforme strutturali, oppure significa deporre le velleità ecologiste per imboccare la via dell'efficientismo tecnocratico? Partirò dalle risposte – diametralmente opposte – che Laclau e Negri offrono a questi interrogativi, per poi esplorare un approccio alternativo.

Nel pensiero politico di Laclau[32], com'è noto, il populismo non è oggetto di valutazione negativa. Questo autore non pensa che il populismo sia un tipo particolare di movimento politico, al quale corrisponde una forma di regime più o meno autoritario, ma è convinto che si tratti di una dimensione costante della lotta politica o, per meglio dire, di una «logica politica». Laclau – marxista «pentito» che ha rinunciato ad analizzare la realtà sociale attraverso il filtro della lotta di classe – descrive questa logica a partire dalle categorie della psicanalisi lacaniana e da una peculiare reinterpretazione del concetto gramsciano di egemonia. Evitando di imbarcarmi in una discussione filosofico-metodologica su questi presupposti, mi limito a esporre il modo in cui Laclau interpreta e descrive la crisi dei regimi liberali e gli esiti populisti di tale crisi. Finché lo Stato ha potuto soddisfare – attraverso i dispositivi del welfare – in maniera differenziale i bisogni dei vari gruppi sociali, il sistema liberal-democratico è stato in grado di riprodursi senza problemi. Ciò non è più possibile nel momento in cui il neoliberismo provoca l'accumulazione di domande sociali che il sistema non è più in grado di soddisfare. A questo punto, argomenta Laclau, si instaura una relazione di equivalenza fra le domande inevase – da notare che in questo passaggio è già implicito il concetto di «costruzione» del popolo, il quale non preesiste come entità oggettiva

[32] Cfr. E. Laclau, *La ragione populista*, cit.; vedi anche M. Baldassari, D. Melegari (a cura di), *Populismo e democrazia radicale*, cit.

alle domande soggettive che lo costituiscono. Il passaggio successivo consiste nel fatto che una delle domande, per condizioni circostanziali, acquisisce centralità – anche qui è negata qualsiasi gerarchia oggettiva fra contraddizioni sociali e politiche: l'una vale l'altra, e il fatto che una assuma un ruolo centrale è dovuto a fattori contingenti. A questo punto, per chiudere il cerchio della logica populista, mancano solo due fattori: l'incarnazione della domanda centrale nella figura di un leader, e la costruzione del nemico. Partiamo dal primo punto: per Laclau, la catena equivalenziale delle domande si iscrive in un ordine puramente discorsivo e, per unificarsi, occorre che venga trasferita dall'ordine concettuale all'ordine nominale: «Meno la società è tenuta insieme da meccanismi differenziali immanenti, più essa dipenderà, per la sua coerenza, da questo momento singolare [...] occorre aggiungere che la forma estrema della singolarità è un'individualità»[33]. Semplificando brutalmente: la catena equivalenziale delle domande si aggrega attorno a una domanda singolare che diventa centrale, e la singolarità della domanda centrale trova espressione simbolica nel nome del leader. Quanto al secondo fattore, è chiaro che nessuna operazione populista si può dare in assenza di un'elevata percentuale di cittadini che vivano una condizione di esclusione; il popolo è costituito dalla massa degli esclusi e dalla loro contrapposizione polare con l'oligarchia dei potenti: Paese visibile contro Paese invisibile. Ecco perché il rifiuto della vecchia politica – classi dirigenti, istituzioni e partiti – è stato un fattore determinante in tutte le sollevazioni latinoamericane[34]. Ed ecco perché, aggiunge Pablo Stefanoni[35], in tutte le costituzioni promosse dai regimi postneoliberisti si è dato ampio spazio ai princìpi della democrazia diretta e partecipativa, salvo ridurli a puro ornamento di regimi fondati sul decisionismo presidenziale e sulla democrazia plebiscitaria.

Non mi dilungo sull'insostenibilità della lettura che Laclau fa della categoria gramsciana di egemonia (ne ho discusso in precedenza, vedi Interludio 2), limitandomi a ripetere che nel discorso di Gramsci non esiste alcun elemento che consenta di sostenere che la contraddizione di classe sarebbe sempre sovradeterminata da fattori culturali.

[33] E. Laclau, *La ragione populista*, cit., p. 94.

[34] Così come rappresenta un fattore importante di tutti i movimenti populisti europei, di destra come di sinistra.

[35] Cfr. P. Stefanoni in A. Dargatz, M. Zuazo, *Democracias en transformación*, cit.

Invece è importante ricordare che Laclau insiste sulla novità che Gramsci avrebbe introdotto nella teoria marxista dello Stato: non estinzione bensì divenire Stato della classe operaia (cui Laclau sostituisce il popolo). Un riferimento in assenza del quale le tesi di Laclau si esaurirebbero in un'apologia del populismo, visto che nel suo discorso l'intero processo del *giro a la izquierda* – ivi compreso l'esito presidenzialistico-carismatico – trova giustificazione razionale. L'unico fattore che permette di caratterizzare queste esperienze come «di sinistra» – visto che Laclau si occupa ben poco dei temi della politica economica – è infatti l'idea che, pur fra mille contraddizioni, sia in atto un processo di costruzione delle istituzioni dal basso: pur non potendo fare a meno del nome del leader, il popolo appare direttamente coinvolto in un processo di progettazione/creazione di nuove istituzioni.

Dall'apologia alla critica radicale: per Antonio Negri, il «ritorno dello Stato» che caratterizza i regimi populisti di sinistra ha avuto effetti catastrofici per i movimenti. In un libro di qualche anno fa, firmato con Giuseppe Cocco[36], Negri non fa distinzioni fra l'illusione «sviluppista» che ha accompagnato per tutto il Novecento le sinistre latinoamericane – pronte ad appoggiare i governi nazionalpopolari, a condizione che promuovessero processi di modernizzazione e industrializzazione – e le attuali politiche stataliste ed estrattiviste; in entrambi i casi, argomenta, lo Stato funziona da ostacolo «al libero dispiegarsi di una produttività sociale generalizzata»[37]. In passato, l'apertura al libero mercato ha favorito la nascita e lo sviluppo della classe operaia, contribuendo a rompere gli equilibri delle strutture sociali neo- e postcoloniali (Negri cita, in proposito, l'antipatia di Marx verso le politiche protezionistiche), mentre oggi il liberismo sarebbe preferibile allo statalismo in quanto il capitale globale è costretto a «riconoscere la dimensione necessariamente multipla che il lavoro assume»[38]. In questo approccio «liberista di sinistra» (vedi capitolo IX) è riconoscibile il marchio delle teorie postoperaiste che ho più volte criticato in questo lavoro: c'è l'idea che anche in America Latina esista una classe di lavoratori della conoscenza in grado di esercitare l'egemonia politica sui movimenti; così come c'è l'idea che la società sia in

[36] G. Cocco, A. Negri, *GlobAL. Biopotere e lotte in America Latina*, Manifestolibri, Roma 2006.

[37] *Ibidem.*

[38] *Ibidem.*

grado di sviluppare autonomamente e spontaneamente elevati livelli di cooperazione produttiva – cooperazione che può meglio svilupparsi in contesti di libero mercato che in contesti di economia statizzata. In tempi più recenti – avendo forse riflettuto su una serie di fattori, come lo sviluppo di processi di integrazione regionale, i miglioramenti che i movimenti sono riusciti a ottenere sul piano economico, nonché il ruolo che hanno esercitato nei processi costituenti – Negri ha parzialmente rettificato la propria posizione: preso atto che i movimenti si sono dimostrati capaci di integrarsi nei processi di *governance* e di orientarne gli esiti, la sua parola d'ordine è divenuta «stare dentro e contro lo Stato». In altre parole, si tratta di sfruttare il ruolo di baluardo contro le multinazionali che alcuni Stati hanno assunto, pur senza dimenticare che lo statalismo estrattivista continua a fare ostacolo al processo di democratizzazione economica e politica. In conclusione: né Laclau né Negri si pongono seriamente il problema delle forme statali della transizione e dei corpi politici che dovrebbero governarle. Tanto Laclau quanto Negri pensano che la forma partito sia morta, o destinata a svolgere un ruolo marginale; Laclau ripudia l'analisi di classe, mentre Negri applica il suo modello moltitudinario a prescindere dal contesto storico, culturale e sociale; Laclau parla del «farsi Stato» dei movimenti ma non spiega come ciò possa avvenire nel contesto di regimi presidenziali a guida carismatica, mentre Negri non si pone nemmeno il problema di quali forme concrete dovrebbe assumere un processo costituente dal basso. È possibile uscire da questi vicoli ciechi applicando il punto di vista che ho cercato di costruire in questo lavoro? Penso di sì, anche se qui devo limitarmi ad alcune indicazioni sul metodo con cui andrebbe affrontata l'impresa.

Analisi della composizione di classe. La storia dei processi rivoluzionari citati in questo paragrafo andrebbe riscritta a partire da una rigorosa analisi della composizione di classe in ogni singola situazione. Per quanto riguarda, per esempio, i casi di Ecuador e Bolivia, non c'è dubbio che in questi Paesi il soggetto trainante delle lotte siano state le masse rurali e indigene. Non solo perché è solo grazie alle loro sollevazioni che è stato possibile rovesciare i governi neoliberisti (mentre le classi medie urbane e i loro movimenti hanno svolto un ruolo relativamente marginale), ma anche e soprattutto perché le loro domande politiche – riforma agraria, sovranità alimentare, autodeterminazione delle comunità indigene, ridistribuzione della ricchezza, riconoscimento dei diritti della natura, ecc. – sono le sole capaci di innescare un reale cambiamento strutturale. In particolare, l'idea del *Buen Vivir* può attribuire al concetto di crisi ecologica una nuova dimensione, che riguardi non solo i temi dell'ambiente ma anche quelli dell'organizzazione istituzionale e politica. I diritti della natura, nella visione indigenista, non sono infatti riconducibili in ultima istanza ai diritti delle persone, come avviene in Occidente, ma hanno una caratterizzazione collettivistica che implica scelte radicali: fine dell'estrattivismo nel Sud del mondo e fine della crescita illimitata nel Nord. Non è un caso se il regime di Correa contrasta quelle che definisce le richieste «corporative» degli indigeni in nome del (presunto) universalismo della cittadinanza urbana. La sua «rivoluzione» si vuole appunto *ciudadana* (cittadina) il che, fuor di metafora ideologica, significa che conta su un blocco sociale costruito sul consenso generato dal «socialismo petrolifero»: crescita e aumento della ricchezza *versus* cambiamento di modello produttivo.

Partito di tipo nuovo. Al MAS di Evo Morales sono state rivolte numerose critiche[39]. Si è detto che non è un partito ma una federazione di sindacati e altre associazioni rappresentative di interessi economici, spezzoni di vecchi partiti di sinistra, movimenti indigeni e urbani, ONG, ecc. Si è detto che questo partito ha progressivamente «colonizzato» le istituzioni statali e governative, trasformandole in luoghi di contrattazione permanente fra interessi corporativi di ogni sorta. Si è detto che Morales, approfittando di tale situazione, è riuscito ad erigersi ad arbitro assoluto di tutti i conflitti e a trasformare il partito in strumento di potere personale. Eppure, non sono forse queste stesse critiche a dimostrare che si tratta di un esperimento di estremo interesse? La sinistra non è in cerca, da quando si è fatta evidente la crisi della forma partito, di un nuovo modello di organizzazione politica capace di superare le tradizionali contrapposizioni fra sindacati, partiti e movimenti? Non è lecito dubitare che, dietro l'accusa di «corporativismo», si nasconda lo spirito individualistico-universalista del paradigma liberal-democratico, in ragione del quale corporativo è, in primo luogo, l'interesse di classe? È possibile che il federalismo «corporativo» sia la sola forma che il partito di classe può assumere nell'era della frantumazione del proletariato globale (vedi capitolo VI), il solo modo di ricostruire la «parzialità» di un punto di vista che, oggi, si

[39] Cfr. A. Dargatz, M. Zuazo, *Democracias en transformación*, cit.

esprime come arcipelago di una serie di parzialità, in opposizione a quell'idea di «bene comune» che esprime viceversa l'egemonia delle classi dominanti. Credo che sia un'ipotesi che vale la pena di esplorare, anche perché è ormai dimostrato che, senza un'organizzazione politica in grado di unificarli, i movimenti non vanno da nessuna parte.

Senza Stato niente transizione. Quando riconosce che gli Stati postneoliberisti hanno agito – almeno in una certa fase – da baluardo contro la penetrazione delle multinazionali; quando usa la formula «dentro e contro lo Stato»; quando, messo di fronte all'interrogativo su come sia possibile una transizione diretta alla democrazia partecipativa, ammette di non essere in grado di rispondere, Negri riconosce, di fatto, che nessuna transizione è possibile al di fuori di un qualche tipo di cornice statuale. È una vecchia verità che i rivoluzionari hanno imparato a proprie spese. Pensare che la poderosa inerzia del modo di produzione capitalistico – fatta di ricchezze accumulate, forme giuridiche, princìpi e valori morali, abitudini quotidiane, relazioni speculari di dominio e dipendenza, istituzioni politiche e sociali – possa dissolversi magicamente di fronte al proliferare delle comuni, alla loro capacità di auto-organizzazione produttiva e autogestione politica, è pura follia. Anche in questo senso le esperienze latinoamericane offrono ulteriori conferme. Basti pensare alle lotte in corso fra tutti i regimi postneoliberisti e i media, in un continente dove il sistema dei media è da sempre monopolizzato da imprenditori privati di destra, al punto che si è potuto dire che in molti di questi Paesi la sola vera opposizione è oggi costituita dai media[40] – una situazione che ha indotto molti governi a promulgare leggi di comunicazione restrittive, classificate dalle «democrazie» occidentali come attacchi alla libertà di stampa. Oppure basti pensare alle riforme costituzionali che tendono a rendere ricandidabili all'infinito i leader carismatici che guidano questi regimi – altre scelte criticate come tentazioni totalitarie dalla comunità occidentale. Si tratta di sintomi evidenti della fragilità di esperienze politiche che, in ogni momento, potrebbero essere spazzate via da un golpe come da una sconfitta elettorale: chi lotta contro inerzie secolari non può pensare di cambiare le cose nell'arco di un mandato presidenziale, deve poter contare su processi trasformativi di lungo periodo, per cui non ha scelta: per sopravvivere deve impedire all'av-

[40] *Ibidem.*

versario di riprendere il potere. Ma se questo vale per regimi che di socialista hanno ben poco, vale a maggior ragione per eventuali, futuri esperimenti di natura più radicale. In casi del genere, non è però immaginabile che lo Stato, inteso come cornice politica del processo di transizione, mantenga le sue forme «classiche»: è qui che diventa pregnante la formula gramsciana del «farsi Stato» della classe operaia, nel senso che le istituzioni egemoniche dovrebbero assumere forme che prefigurino le relazioni sociali che vogliono instaurare. Un punto di vista che, secondo Gramsci, si applicava anche all'istituzione partito, per cui va considerata l'ipotesi che il partito nuovo cui si accennava poco sopra possa fungere da modello anche per le forme statali della transizione. Nella storia del socialismo, la sovrapposizione fra partito e Stato ha prodotto effetti drammatici (vedi l'esautoramento dei soviet da parte del partito bolscevico), ma non è detto che ciò debba avvenire anche in una situazione in cui partito e Stato assumano entrambi forma federativa e prevedano la gestione del processo decisionale da parte di una pluralità di soggetti.

CONCLUSIONI

Se un libro è riuscito a spiegare al lettore le idee che l'autore desiderava trasmettergli, non dovrebbero servire conclusioni: queste spetterebbero al lettore, piuttosto che all'autore (che si presume abbia già detto tutto ciò che voleva dire). Se non c'è riuscito, le conclusioni non potranno ovviare al fallimento. Ma le conclusioni sono un rito editoriale cui nessuno può sottrarsi, perciò, pur arrendendomi alla tradizione, cercherò di tributarle un omaggio limitato. Le pagine che seguono, per la gioia del lettore che ha già affrontato un lungo percorso, saranno le più sintetiche possibili. In questo lavoro, il dibattito teorico e la descrizione dei fatti sociali, politici ed economici sono strettamente intrecciati. Per facilitare quest'ultimo passaggio proverò tuttavia ad esporli separatamente.

Sul piano teorico il libro espone quattro tesi. La prima (capitoli I e II) afferma che la crisi in corso è sintomo di un irreversibile mutamento del modello di accumulazione capitalistica. Tale processo comporta, oltre ai processi di finanziarizzazione e globalizzazione, già analizzati da una serie di autori, un radicale cambiamento dei rapporti di forza fra le classi sociali che si esprime: 1) nello smisurato arricchimento dei già ricchi e nel progressivo immiserimento dei già poveri e delle classi medie, le quali facevano in precedenza da cuscinetto fra base e vertice sociali; 2) nello smantellamento dello Stato sociale, accompagnato da estese privatizzazioni e dalla trasformazione in servizi commerciali di una quota crescente di attività che prima rientravano nelle sfere delle relazioni private, famigliari e comunitarie; 3) nella frammentazione del proletariato dei Paesi occidentali e nella parallela crescita di grandi masse proletarie nei Paesi in via di sviluppo; 4) in un'evoluzione dei sistemi politici che segna il divorzio fra mercato e democrazia: gli Stati-nazione – privati di quote importanti della loro sovranità, trasferite ad agenzie internazionali, megaimprese private, aggregati politici regionali, ecc. – si trasformano in regimi postdemocratici incaricati di gestire gli interessi locali del capitale globale.

La seconda tesi (capitoli III, IV, V, VI) rovescia il paradigma – caro a postoperaisti, teorici dell'economia della conoscenza, cantori della Rete come ambiente di una «economia del dono», profeti del lavoro autonomo, ecc. – secondo cui i *knowledge workers* rappresenterebbero una sorta di avanguardia economica, sociale, politica e culturale destinata a guidare la transizione quasi indolore verso una civiltà postcapitalistica. A questa visione viene contrapposta l'idea secondo cui questo strato, dopo le due crisi che hanno squassato il primo decennio del 2000, si è spaccato in due componenti, la prima delle quali è stata integrata/cooptata nella stanza dei bottoni, mentre la seconda è precipitata nel proletariato dove, tuttavia, non rappresenta l'avanguardia bensì il fianco molle della classe, quello più esposto all'offensiva nemica. Viceversa, analizzando la composizione di classe a livello planetario, emergono nuove forze – la classe operaia dei Brics, le masse indigene e contadine dell'America Latina, i lavoratori precari del terziario arretrato negli Stati Uniti e in Europa, i migranti che si spostano a milioni in tutto il mondo, ecc. – che incarnano una controtendenza verso la concentrazione di enormi energie antagonistiche al sistema capitalistico.

La terza tesi (capitoli VII, VIII, IX) riapre il dibattito sull'organizzazione politica. Trent'anni (1980-2010) di esperienze politiche caratterizzate dai «nuovi movimenti» – femminismo, ambientalismo, pacifismo, No Global, fino alle più recenti insorgenze di Primavera Araba, Occupy Wall Street e Indignados – dimostrano che la rinuncia alla centralità del soggetto di classe e la sua sostituzione con identità di genere, culturali, di *status*, ecc. hanno determinato il crollo della capacità delle sinistre – radicali e non – di contrastare l'attacco del capitale. Spontaneismo (si presume che i movimenti si auto-organizzino e debbano respingere le interferenze esterne), culturalismo (si ripudia la collocazione produttiva come criterio identitario), «orizzontalismo» (caro a neoanarchici, postoperaisti e movimenti «incantati» da Internet) hanno provocato l'incapacità dei movimenti di coordinarsi, sedimentare memoria delle proprie esperienze, adottare obiettivi, programmi e forme organizzative comuni. Inoltre questo miscuglio di ideologie antigerarchiche, antistataliste, antiautoritarie, orientate alla rivendicazione di diritti individuali/personali (esito della lunga deriva postsessantottina) sono contigue ai valori della cultura liberale, se non addirittura liberista (è il caso delle idee anarco-capitalistiche che prevalgono in molte culture cyber). È chiaro che non si viene a capo di questa regressione riproponendo il modello novecentesco del partito di classe; ma tanto meno se ne viene a capo assecondando il rifiuto di ogni organizzazione politica strutturata – che ironicamente genera conventicole guidate da piccoli leader carismatici. È possibile recuperare l'idea del partito come espressione di interessi di una parte sociale contro la mistificazione di un presunto «interesse generale», in una epoca in cui la parte è esplosa in pezzi? Sì, se si riparte dai pezzi senza chiedere loro di rinunciare alla propria specificità, se si immagina, cioè, un modello federativo che riunisca identità differenti – andando oltre l'obsoleta distinzione fra partiti, sindacati, movimenti, associazioni, ecc. – ma convergenti su un programma di opposizione antagonistica.

La quarta tesi (capitolo X) – conseguenza logica delle precedenti – afferma la necessità di tornare a riflettere sul concetto di transizione. Contro le nuove teorie del crollo che predicano che il comunismo è immanente al nuovo modo di produrre, per cui basterebbe che la gente se ne accorgesse per mandare in pensione il capitalismo; contro il mito (femminista e non solo) secondo cui la rivoluzione si fa «partendo da sé», modificando la psicologia e l'antropologia personali, piuttosto che attaccando direttamente i rapporti economici e politici di dominio; contro l'idea che si possa arrivare a cambiare il mondo attraverso una lunga marcia dei diritti; contro le utopie «benecomuniste» che pensano si possa cancellare con un tratto di penna «costituente» millenni di diritto pubblico e privato, si sostiene che partito e Stato vanno riprogettati come strumenti della transizione al postcapitalismo, e che, a questo fine, rivisitare le teorie gramsciane sul «farsi Stato» e sull'egemonia delle classi subalterne è assai più utile delle chiacchiere sul «potere costituente» delle moltitudini.

Come accennavo all'inizio di queste annotazioni conclusive, nel libro tesi teoriche e descrizioni dei fenomeni empirici sono intrecciate. Fanno eccezione il primo e il terzo Interludio: il primo è un elenco di crudi fatti – al limite della cronaca – per far capire al lettore quali effetti stiano producendo le mutazioni economiche e politiche che stiamo vivendo. Fame, miseria, perdita di dignità, riduzione in schiavitù, negazione dei più elementari diritti alla salute, all'istruzione, alla casa e a una vita decente sono destino comune di milioni e milioni di esseri umani, non solo nei Paesi che un tempo chiamavamo Terzo Mondo e oggi si sono conquistati i galloni di nazioni in via di sviluppo, ma anche nei Paesi ricchi. Il terzo è a sua volta un repertorio di fatti che illustrano il processo di colonizzazione della Rete da parte di corporation e governi – processo che ha trasformato Internet da luogo (mitico) delle speranze di democrazia diretta, fine della scarsità, libero accesso alla conoscenza, economia del dono, trasparenza, controllo dal basso, ecc. nell'incubo di oggi, nel nuovo *Panopticon* che ha ispirato il film di Terry Gilliam, *The Zero Theorem*, e nel regno della manipolazione di consumatori, utenti e cittadini da parte di un pugno di marchi monopolistici e dei politici al loro servizio.

Il secondo Interludio è un'eccezione di segno opposto, in quanto si tratta di un inciso teorico sull'attualità delle teorie di Marx, Lenin e Gramsci. Il che, assieme ad altre tesi esposte nel libro, mi varrà la duplice accusa di avere rinnegato le radici operaiste ed essermi convertito alla più classica delle ortodossie. Nella prima accusa c'è del vero: del discorso post- o neo-operaista, dal quale mi ero già allontanato in precedenti lavori, qui resta solo il riferimento alla categoria di composizione di classe, che considero irrinunciabile non solo per capire l'attuale realtà del capitalismo, ma anche per prendere atto del tramonto di un paradigma il cui contenuto di verità si fondava sulla contingenza storica dell'organizzazione fordista del lavoro. Non sono invece disposto ad avvallare il giudizio di «classicismo» neomarxista: è vero che in questo lavoro le idee di Marx, Gramsci e Lenin hanno un peso tutt'altro che trascurabile, ma è anche vero che, per molti aspetti, le mie idee si distanziano da quelle dei maestri. Non credo, per esempio, che la fine del capitalismo sia un destino immanente alla logica di questo modo di produzione: penso che per farlo finire occorra un progetto rivoluzionario cosciente e organizzato; non credo che la civiltà (comunista o quel che sarà) che succederà a quella capitalistica sarà scevra da contraddizioni: penso che i conflitti di genere, interculturali e altri resteranno, anche se assumeranno forme diverse, in barba a ingenui ottimismi antropologici; non credo che il partito potrà mantenere le forme novecentesche: credo che dovrà assumere forme adeguate a organizzare/rappresentare un corpo di classe che si è fatto articolato e complesso; credo ancora che lo Stato borghese vada distrutto, ma non credo che lo Stato si estinguerà: penso che subirà radicali mutazioni a mano a mano che le classi subalterne riusciranno a farsi Stato. Ci sono altre differenze, ma lascio al lettore, se ne avrà tempo e voglia, il compito di scoprirle.

BIBLIOGRAFIA

A. Abruzzese, V. Susca, *Tutto è Berlusconi*, Lupetti, Milano 2004.

G. Allegri, R. Ciccarelli, *La furia dei cervelli*, manifestolibri, Roma 2011.

L. Althusser, *Per Marx*, Editori Riuniti, Roma 1967.

G. Arrighi, *Adam Smith a Pechino. Genealogie del XXI secolo*, Feltrinelli, Milano 2008.

—, *Il lungo XX secolo*, il Saggiatore, Milano 1996.

A. Aronowitz, *Post-Work. Per la fine del lavoro senza fine*, Derive Approdi, Roma 2006.

M. Baldassari, D. Melegari (a cura di), *Populismo e democrazia radicale. In dialogo con Ernesto Laclau*, ombre corte, Verona 2012.

U. Beck, *La società del rischio. Verso una seconda modernità*, Carocci, Roma 2000.

—, *La società cosmopolita*, il Mulino, Bologna 2003.

Y. Benkler, *La ricchezza della Rete*, Università Bocconi Editore, Milano 2007.

F.B. Berardi, *La sollevazione*, Manni, Lecce 2011.

P. Biorcio, P. Natale, *Politica a 5 stelle*, Feltrinelli, Milano 2013.

S. Bologna, A. Fumagalli (a cura di), *Il lavoro autonomo di seconda generazione*, Feltrinelli, Milano 1997.

S. Bologna, D. Banfi, *Vita da freelance*, Feltrinelli, Milano 2011.

G. Borio, P. Pozzi, G. Roggero, *Futuro anteriore*, Derive Approdi, Roma 2002.

Y.M. Boutang, *Dalla schiavitù al lavoro salariato*, manifestolibri, Roma 2002.

— (a cura di), *L'era del capitalismo cognitivo*, ombre corte, Verona 2002.

A. Bonomi, *Il capitalismo molecolare*, Einaudi, Torino 1997.

A. Bonomi, M. Cacciari, G. De Rita, *Che fine ha fatto la borghesia?*, Einaudi, Torino 2005.

A. Bonomi, E. Rullani, *Il capitalismo personale. Vite al lavoro*, Einaudi, Torino 2005.
N. Carr, *Il lato oscuro della Rete*, Rizzoli, Milano 2008.
B. Cartosio, *La grande frattura. Concentrazione della ricchezza e diseguaglianze negli Stati Uniti*, ombre corte, Verona 2013.
L. Caruso, *Trasformazioni del lavoro nell'economia della conoscenza*, Edizioni Conoscenza, Roma 2012.
—, «Gramsci e la politica contemporanea. Azione collettiva, fasi di transizione e crisi della modernità nei 'Quaderni dal carcere'», *Filosofia Politica*, n. 2, 2012.
M. Castells, *L'età dell'informazione: economia, società, cultura*, 3 voll., Università Bocconi Editore, Milano 2002-2003.
—, *Galassia Internet*, Feltrinelli, Milano 2002.
—, *Comunicazione e potere*, Università Bocconi Editore, Milano 2009.
Centro Sociale Askatasuna (a cura di), *A sarà düra. Storie di vita e di militanza no tav*, Derive Approdi, Roma 2012.
M. de Certeau, *L'invenzione del quotidiano*, Edizioni Lavoro, Roma 2001.
F. Chesnais, *Debiti illegittimi e diritto all'insolvenza*, Derive Approdi, Roma 2011.
G. Cocco, A. Negri, *GlobAL. Biopotere e lotte in America Latina*, manifestolibri, Roma 2006.
G. Colotti, *Talpe a Caracas*, Jaca Book, Milano 2012.
Comité invisible, *L'Insurrection qui vient*, La fabrique éditions, Paris 2007.
S. Cristante (a cura di), *L'onda anonima*, Meltemi, Roma 2004.
C. Crouch, *Postdemocrazia*, Laterza, Roma-Bari 2003.
A. Dargatz, M. Zuazo, *Democracias en transformación*, Firedrich Ebert Stiftung, La Paz-Quito-Caracas 2012.
M. Ferrero, *Pigs. La crisi spiegata a tutti*, Derive Approdi, Roma 2012.
M. Fiumanò, *L'inconscio è il sociale. Desiderio e godimento nella contemporaneità*, Bruno Mondadori, Milano 2010.
R. Florida, *L'ascesa della nuova classe creativa*, Mondadori, Milano 2003.
C. Formenti, *La fine del valore d'uso*, Feltrinelli, Milano 1980.
—, *Incantati dalla Rete*, Raffaello Cortina Editore, Milano 2000.
—, *Mercanti di futuro*, Einaudi, Torino 2002.
—, *Cybersoviet. Utopie postdemocratiche e nuovi media*, Raffaello Cortina, Milano 2008.
—, *Se questa è democrazia*, Manni, Lecce 2009.
—, *Felici e sfruttati*, Egea Milano 2011.
R.H. Frank, P.J. Cook, *Winner-Take-All Society*, Penguin Books, New York 2010.
F. Fukuyama, *La fine della storia e l'ultimo uomo*, Rizzoli, Milano 2002.
A. Fumagalli, S. Mezzadra (a cura di), *Crisi dell'economia globale*, ombre corte, Verona 2009.

A. Giddens, *Le conseguenze della modernità*, il Mulino, Bologna 1994.
—, *Il mondo che cambia*, il Mulino, Bologna 2000.
A. Gorz, *Miserie del presente, ricchezza del possibile*, manifestolibri, Roma 1998.
—, *L'immateriale. Conoscenza, valore e capitale*, Bollati Boringhieri, Torino 2003.
—, *Ecologica*, Jaca Book, Milano 2009.
A. Gramsci, *Note sul Machiavelli*, Editori Riuniti, Roma 1971.
—, *Americanismo e fordismo*, Einaudi, Torino 1978.
—, *Passato e presente*, Editori Riuniti, Roma 1971.
L. Gallino, *Finanzcapitalismo*, Einaudi, Torino 2011.
—, *La lotta di classe dopo la lotta di classe* (Intervista a cura di P. Borgna), Laterza, Roma-Bari 2012.
D. Graeber, *Frammenti di antropologia anarchica*, elèuthera, Milano 2006.
—, *Critica della democrazia occidentale*, elèuthera, Milano 2012.
—, *La rivoluzione che viene*, Manni, Lecce 2012.
M. Hardt, A. Negri, *Impero. Il nuovo ordine della globalizzazione*, Rizzoli, Milano 2001.
—, *Moltitudine. Guerra e democrazia nel nuovo ordine imperiale*, Rizzoli, Milano 2004.
—, *Comune. Oltre il privato e il pubblico*, Rizzoli, Milano 2010.
—, *Questo non è un manifesto*, Feltrinelli, Milano 2012.
D. Harvey, *Il capitalismo contro il diritto alla città*, ombre corte, Verona 2012.
P. Himanen, *L'etica hacker e lo spirito della società dell'informazione*, Feltrinelli, Milano 2001.
H. Jenkins, *Cultura convergente*, Apogeo, Milano 2007.
A. Johns, *Pirateria*, Bollati Boringhieri, Torino 2011.
K. Kelly, *Nuove regole per un mondo nuovo*, Ponte alle Grazie, Milano 1999.
P. Krugman, *End This Depression Now!*, Norton, New York 2013.
E. Laclau, *La ragione populista*, Laterza, Roma-Bari 2008.
V. Lenin, *Opere*, 2 voll., Edizioni in Lingue Estere, Mosca 1948.
L. Lessig, *Cultura libera*, Apogeo, Milano 2005.
J.-F. Lyotard, *La condizione postmoderna*, Feltrinelli, Milano 1981.
N. Luhmann, *Potere e complessità sociale*, il Saggiatore, Milano 1979.
—, *Illuminismo sociologico*, il Saggiatore, Milano 1983.
—, *Struttura della società e semantica*, Laterza, Roma-Bari 1983.
—, *Teoria politica dello stato del benessere*, Franco Angeli, Milano 1983.
C. Marazzi, *Capitale e linguaggio*, Derive Approdi, Roma 2002.
—, *Il comunismo del capitale. Biocapitalismo, finanziarizzazione dell'economia e appropriazioni del comune*, ombre corte, Verona 2010.
W. McKenzie, *La classe hacker*, Feltrinelli, Milano 2004.

E. Marcuse, *L'uomo a una dimensione*, Einaudi, Torino 1967.
E. Marcuse, R. Wolff, B. Moore Jr., *Critica della tolleranza*, Einaudi, Torino 1968.
K. Marx, *Il Capitale: Libro I capitolo VI inedito*, La Nuova Italia, Firenze 1969.
—, *Lineamenti fondamentali della critica dell'economia politica*, La Nuova Italia, Firenze 1970.
—, *Il Capitale. Libro I*, UTET, Torino 1974.
K. Marx, F. Engels, *Opere scelte*, Editori Riuniti, Roma 1971.
A. Melucci, *L'invenzione del presente*, il Mulino, Bologna 1982.
—, *Passaggio d'epoca*, Feltrinelli, Milano 1994.
S. Mezzadra, *Diritto di fuga. Migrazioni, cittadinanza, globalizzazione*, ombre corte, Verona 2006.
—, *La condizione postcoloniale. Storia e politica nel mondo globale*, ombre corte, Verona 2008.
E. Morozov, *The Net Delusion*, PublicAffairs, New York 2011.
A. Negri, *Cinque lezioni su Impero e dintorni*, Raffaello Cortina Editore, Milano 2003.
—, *Movimenti nell'Impero*, Raffaello Cortina Editore, Milano 2006.
—, *Inventare il comune*, Derive Approdi, Roma 2012.
—, *33 lezioni su Lenin*, manifestolibri, Roma 2004.
D. Noble, *La religione della tecnologia*, Edizioni di Comunità, Torino 2000.
J. O'Connor, *La crisi fiscale dello stato*, Einaudi, Torino 1977.
Osservatorio Metropolitano di Madrid, *La crisi desnuda*, Manni, Lecce 2012.
D. Palano, *Dioniso postmoderno*, Multimedia Publishing, Milano 2008.
K. Polanyi, *La grande trasformazione*, Einaudi, Torino 1974.
Pun Ngai, *Cina. La società armoniosa*, Jaca Book, Milano 2012.
M. Revelli, *Oltre il Novecento*, Einaudi, Torino 2001.
—, *Sinistra e destra. L'identità smarrita*, Laterza, Roma-Bari 2007.
J. Rifkin, *L'era dell'accesso*, Mondadori, Milano 2000.
G.A. Ritter, S. Miller (a cura di), *La rivoluzione tedesca 1918-1919*, Feltrinelli, Milano 1969.
S. Rizzo, G.A. Stella, *La casta*, Rizzoli, Milano 2007.
S. Rodotà, *Tecnopolitica*, Laterza, Roma-Bari 2004 (nuova edizione accresciuta).
—, *La vita e le regole*, Feltrinelli, Milano 2007.
—, *Il diritto di avere diritti*, Laterza, Roma-Bari 2012.
G. Roggero, *La produzione del sapere vivo*, ombre corte, Verona 2009.
P. Rosanvallon, *Controdemocrazia*, Castelvecchi, Roma 2012.
E. Rullani, *Economia della conoscenza*, Carocci, Roma 2004.
E. Rullani, L. Romano (a cura di), *Il postfordismo. Idee per il capitalismo prossimo venturo*, Etas Libri, Milano 1998.

A. Salento, G. Masino, *La fabbrica della crisi. Finanziarizzazione delle imprese e declino del lavoro*, Carocci, Roma 2013.
S. Sassen, *Una sociologia della globalizzazione*, Einaudi, Torino 2008.
S. Seferiades, H. Johnston (a cura di), *Violent Protest, Contentious Politics and the Neoliberal State*, Ashgate, Farnham 2012.
A. Simone (a cura di), *Sessismo democratico. L'uso strumentale delle donne nel neoliberismo*, Mimesis, Milano-Udine 2012.
D. Tappscott, A.D. Williams, *Wikinomics 2.0*, Rizzoli, Milano 2008.
—, *Macrowikinomics*, Etas, Milano 2010.
G. Tarquini, *La guerra dell'acqua e del petrolio*, EdiLet, Roma 2011.
M. Tronti, *Operai e capitale*, Einaudi, Torino 1966.
—, *Noi operaisti*, Derive Approdi, Roma 2009.
—, *Dell'estremo possibile*, Ediesse, Roma 2011.
L. Vasapollo, *Il risveglio di maiali*, Jaca Book, Milano 2011, 2012[2].
E. Vitale, *Contro i beni comuni. Una critica illuminista*, Laterza, Roma-Bari 2013.
S. Žižek, *The Parallax View*, The MIT Press, Cambridge, Mass. 2006.
—, *Tredici volte Lenin*, Feltrinelli, Milano 2003.
M. Weber, *Scritti politici*, Donzelli, Roma 1998.
—, *Economia e società*, voll. II-IV, Edizioni di Comunità, Torino 1999-2000.
A. Zanini, U. Fadini (a cura di), *Lessico postfordista*, Feltrinelli, Milano 2001.

INDICE DEI NOMI E DEI LUOGHI

Dal catalogo Jaca Book

H. JAFFE, *Germania. Verso il nuovo disordine mondiale*, 1994, 2012[2]
G. NEBBIA, *Le merci e i valori. Per una critica ecologica al capitalismo*, 2002
H. JAFFE, *La trappola coloniale oggi. Sudafrica, Israele, il mondo*, 2003
P. CARRUBBA, *Mi chiamavano sovversivo. Memorie di solidarietà operaia*, 2004
M. GUIDETTI (a cura di), *Siria. Dalle antiche città-stato alla primavera interrotta di Damasco*, 2006
G. RICOVERI (a cura di), *Capitalismo Natura Socialismo*, 2006
J. HILAL (a cura di), *Palestina, quale futuro? La fine della soluzione dei due Stati*, 2007
P. BRANCA (a cura di), *Egitto. Dalla civiltà dei Faraoni al mondo globale*, 2007
J.-L. PORQUET, *Jacques Ellul, l'uomo che aveva previsto (quasi) tutto*, 2008
J.-F. COLOSIMO, *Dio è americano. La teodemocrazia negli Stati Uniti*, 2009
G. CORM, *Storia del Medio Oriente. Dall'antichità ai nostri giorni*, 2009
J. ELLUL, *Il sistema tecnico. La gabbia delle società contemporanee*, 2009
A. GORZ, *Ecologica*, 2009
J. GODELIER, *Comunità, Società, Cultura. Tre chiavi per comprendere il conflitto*, 2010
M. RAHNEMA, J. ROBERT, *La potenza dei poveri*, 2010
S. ZUBAIDA, *Islam, popolo e Stato. Idee e movimenti politici nel Medio Oriente*, 2010
PP. POGGIO (a cura di), *L'età del comunismo sovietico. Europa 1900-1945*, vol. 1 de *L'altronovecento. Comunismo eretico e pensiero critico*, 2010
PP. POGGIO (a cura di), *Il sistema e i movimenti. Europa 1945-1989*, vol. 2 de *L'altronovecento. Comunismo eretico e pensiero critico*, 2011
M. e Y. BRONDINO, *Il Nord Africa brucia all'ombra dell'Europa*, 2011
A. CAILLÉ, J.-L. LAVILLE, J. MAUCOURANT, K. POLANYI, *Il sofisma economicista. Intorno a Karl Polanyi*, 2011
G. CIULLA, *Ai confini dell'impero. 5.000 chilometri nell'Europa dei diritti negati*, 2011
P. SENSINI, *Libia 2011*, 2011
C. SINI, *Del vivere bene*, 2011
M. RUZZENENTI, *L'autarchia verde. Un involontario laboratorio della* green economy, 2011
L. VASAPOLLO, *Il risveglio dei maiali.* PIIGS, 2011, 2012[2]
R. CANTINI, *Fabbricanti di arcobaleni. Coloro che hanno cercato di abolire la guerra*, 2012
G. COLOTTI, *Talpe a Caracas. Sentieri del cambiamento nel Paese di Hugo Chávez*, 2012
"PASQUINO", *Se cento giorni di Monti vi sembran pochi...*, 2012
PUN NGAI, *Cina, la società armoniosa. Sfruttamento e resistenza degli operai migranti*, 2012
G. RIST, *I fantasmi dell'economia*, 2012
V. STRADA (a cura di), *Da Lenin a Putin e oltre. La Russia tra passato e presente*, 2012
L. VASAPOLLO, *Terroni e campesindios. Da sud a sud, per un'educazione alla democrazia popolare della terra*, con la collaborazione di P. Graziano e R. Martufi, 2012
L. BERTELL et al., *Davide e Golia. La primavera delle economie diverse*, 2013
H. CÂMARA, *Rivoluzione nella pace* 2013
P. DACREMA, *Lettera aperta a uno studente universitario*, 2013
A. FERRARI, *Sgretolamento. Voci senza filtro*, 2013
J. GODELIER, *L'enigma del dono*, 2013
S. LATOUCHE, *Incontri di un «obiettore di crescita»*, 2013
PP. POGGIO (a cura di), *Il capitalismo americano e i suoi critici*, vol. 3 de *L'altronovecento. Comunismo eretico e pensiero critico*, 2013
G. SALE, *Islam contro Islam. Movimenti islamisti,* jihad, *fondamentalismo*, 2013
C. SCANU, *Mamma è in prigione*, 2013
Y. CARRIER, *Óscar Arnulfo Romero. Storia di un popolo, destino di un uomo*, 2014 (in prep.)
G. CORM, *Per una lettura profana dei conflitti. Sul «ritorno del religioso» nei conflitti contemporanei del Medio Oriente*, 2014 (in prep.)
S. LATOUCHE, *Jacques Ellul contro il totalitarismo tecnico*, 2014 (in prep.)